- 本书为中央级公益性科研院所基本科研业务费专项资金资助项目

"十二五"国家重点图书

中国农业科学院
农业经济与发展研究所
研究论丛
第 3 辑

IAED

Analysis on Scale-Breeding Economics of
the Pig Industry in China

中国生猪产业规模养殖经济分析

■ 吴敬学 沈银书 张存根 / 著

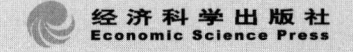

经济科学出版社
Economic Science Press

中国农业科学院农业经济与发展研究所
研究论丛编委会

主　　　任：秦　富

常务副主任：王济民

执行副主任：毛世平

编委会成员：（按姓氏笔画为序）

马　飞　朱立志　任爱荣　任爱胜

李宁辉　李先德　吴敬学　赵芝俊

夏　英　蒋和平

前　言

规模养殖是现代畜牧业的重要特征和发展方向。养猪业发达国家在生猪规模养殖方面已达到相当高的水平，有的已完成生猪产业工业化进程。养猪业是中国的传统和基础产业，具有"猪粮安天下"的独特作用。长期以来，中国养猪业一直以散养为主，规模养殖发展缓慢，直到进入 21 世纪，受到消费者对公共卫生与食品安全问题的日益关注、养殖市场风险与疫病风险的日趋增大、农村劳动力不断转移等因素的影响，迫使饲养管理水平较低的散养户加快退出养殖业，而规模养殖得以快速发展。

从现实需要和政策取向来看，规模养殖已成为中国未来养猪业的发展方向，目前正处于加快发展的关键时期。但与养猪业发达国家相比，中国生猪规模养殖水平并不高，行业集中度与生产水平都偏低。此外，中国的生猪规模养殖发展还面临着土地与饲料供给趋紧、资金投入不足、环境污染加大等突出问题。因此，在中国养猪业从传统散养向规模养殖加快转变和众多因素制约发展的背景下，如何提高中国生猪规模养殖的生产水平与效率，推动生猪规模养殖的合理布局，有效缓解生猪规模养殖带来的资源环境压力，实现生猪养殖业的持续健康发展，已成为中国养猪业面临的重要课题。

全书共分 8 个部分。

第 1 章分析了本书的研究背景与意义，综述国内外相关研究成果，提供本书的研究内容、方法和技术路线。

第 2 章概述了规模养殖相关的规模经济理论、区域优势理论、成本收益理论和全要素生产率理论，提出了我国生猪养殖规模的现有分类标准、区域畜产品比较优势的测算方法、成本与收益的计算方法以及全要素生产率的测算方法。

第 3 章综合分析了中国生猪规模养殖的发展趋势与发展动因。结果表明，进入 21 世纪以来，中国散养猪场数量不断减少，规模养殖猪场数量加速增长，规模养殖猪场养殖规模持续增大，导致生猪规模养殖比重不断提高。从猪场数量来看，散养猪场在 2003~2009 年期间净减少了超过 1/3，而同期规模养殖猪场则净增长了 1 倍多；从年出栏量来看，散养生猪在 1998~2009 年间减少 12%，而同期规模养殖生猪则增长了 3.7 倍，远超于规模猪场数量的增长幅度。生猪规模养殖的快速发展主要得益于人口增长与经济社会发展、技术进步、粮食增产、市场竞争、政策扶持等多种因素的推动。

第 4 章通过分析比较中国不同规模养殖生猪的区域分布与不同区域生猪生产的比较优势发现，中国生猪规模养殖有从东部向中西部和东北地区转移的趋势，但生猪生产的优势区域仍主要分布于东南沿海地区、长江中下游地区以及西南地区等水稻生产优势区，而华北的小麦、玉米生产优势区以及东北的玉米生产优势区并未成为生猪生产优势区域，这表明有必要采取更加积极的扶持政策措施加快生猪规模养殖向华北和东北地区转移。

第 5 章应用生猪单位增重的总成本与净利润指标，更加准确地分析比较了中国不同养殖规模生猪的成本效益变化特征，揭示了中国生猪养殖规模大小与成本效益的关系。研究结果显示，随着猪场规模扩大，生猪养殖成本呈现"U"型变化，而养殖效益则呈现倒"U"型变化，中小规模具有一定的成本效益优势，而大规模养殖并不呈现规模经济，表明中国养猪业应坚持适度规模发展原则，不应过度追求规模数量的扩大，同时亟须提高规模养殖的技术管理水平。

第 6 章运用基于 DEA 的 Malmquist 指数法对中国不同养殖规模

的TFP增长率及其技术进步与技术效率变化率的时空变化进行分析比较，探讨了不同规模养殖生猪的TFP增长率与增长源泉。结果显示，不同规模养殖生猪的TFP都呈正向增长（年均0.7%~1.8%），但增长源泉不同，其中散养主要源于技术进步，中小规模养殖主要源于技术效率改善，而大规模养殖主要源于技术进步和技术效率改善的共同作用，表明今后除需继续加强大规模养殖的技术研发与推广力度外，还要侧重加强生猪散养的技术推广以及中小规模养殖的技术研发。

第7章对中美两国生猪规模养殖的发展水平进行了分析比较，并总结归纳了美国生猪规模养殖的发展经验。结果表明，中国的生猪规模养殖水平与美国尚存在很大的差距。

最后，第8章在上述分析基础上提出了促进中国生猪规模养殖的政策建议。第一，充分发挥不同养殖规模的优势，构建合理的生猪养殖规模结构。第二，加大科技创新与应用力度，不断提升生猪生产水平。第三，创新生产组织形式，加快生猪产业化进程。第四，有序推动生猪规模养殖区域移动，促进生猪规模养殖合理布局。第五，提高猪场粪污的治理能力，促进生猪规模养殖可持续发展。

可以预见，随着国家政策的持续扶持、城镇化进程与新农村建设的推进、居民对猪肉质量要求的提高，中国的生猪规模养殖仍将呈现加速发展的态势。希望本书有助于推动中国生猪规模养殖的快速健康发展，尽快缩小中国与发达国家的生猪产业规模养殖水平，实现中国由养猪大国走向养猪强国的梦想。

作　者

2013年7月

目录

第1章 导 论 / 1
1.1 研究背景与意义 / 1
1.2 国内外研究动态 / 5
1.3 研究框架 / 13
1.4 研究方法及相关概念的界定 / 15
1.5 研究特色 / 16

第2章 相关理论基础 / 17
2.1 规模经济理论 / 17
2.2 区域优势理论 / 19
2.3 成本收益理论 / 23
2.4 全要素生产率理论 / 26

第3章 中国生猪规模养殖的发展现状分析 / 37
3.1 中国养猪业发展现状 / 37
3.2 中国生猪规模养殖的发展水平分析 / 45
3.3 中国生猪规模养殖的发展动因分析 / 51
3.4 小结 / 54

第4章　中国生猪规模养殖的区域分布与区域优势分析 / **56**

4.1　中国生猪规模养殖的区域分布与区域移动分析 / 56
4.2　中国生猪生产的区域优势分析 / 67
4.3　小结 / 76

第5章　中国不同养殖规模的生猪成本收益分析 / **78**

5.1　不同养殖规模的生猪成本构成及其变化趋势 / 78
5.2　不同养殖规模的生猪收益变化趋势 / 104
5.3　小结 / 110

第6章　中国不同养殖规模的生猪生产率分析 / **113**

6.1　不同养殖规模的生猪单要素生产率分析 / 113
6.2　不同养殖规模生猪的全要素生产率变化率
　　　及其分解项分析 / 116
6.3　不同生猪养殖规模的技术效率与前沿面投影分析 / 127
6.4　小结 / 134

第7章　美国生猪规模养殖的发展历程与启示 / **136**

7.1　美国生猪规模养殖的发展历程 / 136
7.2　中国生猪规模养殖水平与美国的比较分析 / 139
7.3　美国生猪规模养殖发展值得中国借鉴的经验 / 141
7.4　小结 / 149

第8章　研究结论与政策建议 / **151**

8.1　研究结论 / 151
8.2　政策建议 / 154

附录　中国加快生猪规模养殖的扶持政策 / **160**
参考文献 / **191**

第1章

导 论

1.1 研究背景与意义

1.1.1 研究背景

生猪产业在中国是关系国计民生的基础产业，是肉食品供应的主要来源，在畜牧业中一直占据主导地位。改革开放以来，中国生猪业取得了长足的发展，生猪存栏量从1980年的30 543.1万头增加到2010年的46 440.0万头，增长52%；出栏量从1980年的19 860.7万头增加到2010年的66 700.0万头，增长2.36倍；猪肉总产量从1980年的1 134.1万吨增加到2010年的5 070.0万吨，增长3.47倍；生猪产值从1985年的419.3亿元增加到2010年的9 202亿元，增长近22倍。2010年，猪肉产量占肉类总产量的64%，生猪产值占畜牧业总产值的44.2%，生猪业依然是中国畜牧业经济的主体，对调整农村经济结构、促进农民增收、保持国民经济的持续稳定增长发挥了重要作用。同时，中国也已成为世界猪肉生产与消费的第一大国，2010年生猪存栏量、出栏量与猪肉产量分别占世界总量的48.1%、48.5%与46.4%，对世界养猪业的影响日渐增大。

长期以来，中国生猪养殖以散养为主，但进入21世纪以来，特别是2006~2008年生猪价格发生大幅波动后，生猪规模养殖发展迅速。

从现实需求层面，消费者对公共卫生与食品安全问题的日益关注、养殖市场风险与疫病风险的日趋增大、农村劳动力不断转移等因素，迫使饲养管理水平较低的散养户加快退出养殖业，而规模养殖快速发展。

为推进畜禽散养向规模养殖方向转变，中国出台了一系列的扶持政策。2004～2010年中央连续出台的7个"一号文件"以及2006年7月1日开始实施的《中华人民共和国畜牧法》、2007年国务院发布的《关于促进畜牧业持续健康发展的意见》和2008年十七届三中全会作出的《中共中央关于推进农村改革发展若干重大问题的决定》都对加快标准化规模养殖、促进畜牧业生产方式转变作出了明确规定。2007年，国务院发布了《关于促进生猪生产发展稳定市场供应的意见》，提出扶持生猪标准化规模饲养，并对生猪标准化规模养猪场（小区）建设开始实施补助政策，同时国土资源部与农业部也就规模养殖用地问题联合发出《关于促进规模化畜禽养殖有关用地政策的通知》，促进规模化畜禽养殖发展。2010年农业部发布了《关于加快推进畜禽标准化规模养殖的意见》，提出"加快畜牧业生产方式转变，继续深入推进标准化规模养殖，以规模化带动标准化，以标准化提升规模化，逐步形成畜禽标准化规模养殖发展新格局"的目标，进一步加大政策和资金支持力度，并开始实施生猪养殖标准化示范创建活动。

在现实需求与国家政策扶持的推动下，全国年出栏50头以上养猪户的出栏量占全国出栏总量的比重从2000年的25.7%跃升到2009年的61.3%，10年翻了一番多。规模养猪在中国生猪生产发展中已起到举足轻重的作用。规模化养猪的发展，很大程度地提升了科学养猪技术，促进了生猪优良品种和优秀杂交组合的推广和应用，带动了与其配套的饲料、饲养、管理、疫病防治、产品加工、市场发展和养猪生产组织等发展，为中国从养猪大国走向养猪强国奠定了初步基础（苏振环，2009）。可以预见，随着国家政策的持续扶持、城镇化进程与新农村建设的推进、居民对猪肉质量要求的提高，生猪规模养殖仍将呈现加速发展的态势。

然而，因中国国情的制约，生猪规模养殖发展面临着一系列的挑战与重大难题。

一方面，中国的生猪规模养殖水平较低，与养猪发达国家还存在相当大的差距。首先，中国生猪规模化的起点低。中国对生猪散养户与规模户的统计是以年出栏50头生猪为界的。以此基准，2009年生猪规模户出栏量已达到总出栏量的60%以上，但年出栏500头以上养猪户的出栏量所占比重仅为31.7%，而年出栏5 000头以上养猪户的出栏量所占比重还不足10%。从养猪户的数量来看，散养户数量仍占绝对优势，其在养猪户中的比重高达96%以上，而年出栏50头以上养猪规模户所占比重在4%以下，年出栏5 000头以上规模户所占比重仅为万分之一左右。其次，中国的饲养、疫病防控、废弃物处理等技术管理水平相对落后，尚不能满足生猪规模养殖发展的需要，生猪生产水平与生产效率有待提高。有些养殖小区，形式上实施了规模的快速扩张，但并没有实行相应的标准化生产，本质上就是散养的规模化，仍然是传统的生产经营方式（颛锡良，2010）。2010年，中国生猪出栏率为143.5%，稍高于世界平均水平，但仅相当于德国的64.9%和美国的84.4%；而平均胴体重和每头存栏猪年产肉量分别为76.3千克和109.5千克，不及世界平均水平，比德国分别低17.3千克和97.6千克，比美国分别低16.0千克和47.5千克。此外，由于生猪养殖与猪肉加工技术水平的制约，中国猪肉品质难以达到国际标准，大大削弱了中国猪肉产品在国际贸易中的竞争力，从而导致出口量受限。

另一方面，中国的生猪规模养殖发展将受到土地资源、资金投入、饲料供给、环境保护等因素的严重制约。一是规模用地问题。养猪大户扩大规模或新建规模猪场都需要集中用地，而现在以"分散"为主要特点的土地经营方式又不可避免地限制了集中用地。同时，多数地方还未把生猪规模养殖用地真正纳入土地利用总体规划，用地问题依然制约着生猪规模养殖发展（尹正纯等，2009）。二是饲料原料问题。中国的土地资源有限，粮食产量将长期处于紧平衡状态，而规模养殖主要以使用工业饲料为主，规模比重的增加意味着对粮食的需求（特别是玉米）会进一步增大，势必会加深"人畜争粮"的矛盾，给未来的粮食供给带来巨大压力（殷耀等，2004）。三是融资问题。因生猪产业市场准入不规范以及养殖风险等因素，抑制了金融机构对生猪养殖业放贷的积极性，导致中国养猪企业特别是养猪大户，在计划扩大规模时因融资困难而面临资金短缺的困境（刘礼，2005；江宜航，2007）。四是人力资源问题。

中国从事养猪业的从业人员平均素质偏低，尤其是规模猪场管理人才缺乏（李继仁等，2011）。五是环境污染问题。生猪规模养殖造成的粪便集中污染现象日益严重，对周围资源与生态环境造成巨大压力（杨宏军等，2005；陈建新，2007；谭莹等，2010）。对此，中国政府部门已相继出台了相关环保政策法规，对养殖业污染物排放与治理进行规范。2010年底，环保部发布了《畜禽养殖业污染防治技术政策》，对规模化畜禽养殖场的污染防治设施建设、运行与监管提出了具体规定。2013年10月，国务院常务会通过了《畜禽规模养殖污染防治条例》，对畜禽养殖场和养殖小区的建设规划、污染防治配套设施、综合利用与治理等进行了严格规定。可以说，畜禽养殖污染防治已成为"十二五"时期环境监管的重点之一。政府环保政策的约束与废弃物治理成本的增加将对生猪规模养殖的发展产生一定的影响。

在中国养猪业从传统散养向规模养殖加快转变和众多因素制约发展的背景下，如何提高中国生猪规模养殖的生产水平与效率，推动生猪规模养殖的合理布局，有效缓解生猪规模养殖带来的资源环境压力，实现生猪养殖业的持续健康发展，已成为中国养猪业面临的重要课题。

1.1.2 研究意义

深入研究中国生猪规模养殖的发展趋势、区域布局、成本效益、生产率等有关经济问题，对于加快转变养猪业的发展方式，推动生猪产业的稳定、健康、持续发展具有重要意义。

从理论层面看，多角度分析生猪规模养殖的经济学问题，可以进一步验证生猪养殖的规模经济、区域优势、生产率理论，丰富实证研究的成果，拓宽生猪产业发展的理论视野。

从实践层面看，系统分析中国生猪养殖规模的发展趋势、成本效益与生产率的变动特征以及区域移动与区域优势特点，提出推动中国生猪规模养殖科学发展的政策措施，有利于促进生猪生产的合理布局，有利于提高生猪养殖效益与农民收入，有利于提升生猪养殖技术与疫病防控水平，有利于保障生猪的稳定生产与猪肉的稳定供给。

1.2 国内外研究动态

1.2.1 国内相关研究动态

1. 关于生猪规模养殖发展研究

大量研究认为，规模养殖是中国生猪养殖的发展方向，并对中国生猪养殖规模化的程度与模式进行了分析。

在规模化程度方面。张晓辉等（1997）利用1986~1995年10个典型省1万户农户连续调查数据分析发现，这10年养猪农户数量不断减少，而农户养猪规模逐渐扩大。张存根等（2006）和邓蓉等（2008）对1998~2001年期间中国生猪规模养殖的变化趋势分析表明，全国年出栏肉猪50头以上的猪场或专业户占全国猪年出栏总数的比重逐年提高，规模化集中度也有所提高，但中国生猪规模养殖的起点总体不高，较大规模的猪场不多。杨湘华（2008）利用中国1998~2004年生猪规模化生产数据进行分析，也得到相似的结果。冯永辉（2006）通过分析中国1999~2004年生猪养殖规模化进程发现，从2003年开始中国生猪规模化养殖步入快速发展轨道。刘少伯（2007）认为，集约化、标准化猪场生产效益稳定，散养户数量增长已步入"拐点"，将逐步自动退出养殖舞台。张美珍等（2010）认为，中国以50头为基数的生猪规模养殖，是单一家庭能承受的养殖规模，远非真正意义上的规模化生产。

在规模化模式方面。吴春明等（2004）认为，畜牧业规模化有区域规模化、畜牧小区和大规模化养殖3种形式。闫春轩（2008）认为，中国畜牧业的养殖方式已发生深刻变革，家庭规模养殖、小区养殖、专业场养殖已成为规模养殖的主要模式。薛继春等（2006）结合调查对不同规模养殖模式进行了分析评价，提出应鼓励发展小规模养殖，支持发展中规模养殖，适度发展大规模养殖。傅浩然等（2008）探讨了现代规模养猪生产的几种主要模式：专业化养猪公司模式、规模一体化养猪企业模式、多方合作养猪模式、专业化适度规模养猪模式、养猪协会模式。张军民等（2008）分析比较了中国目前生猪养殖模式，提出中国未来应发展"椭圆形"养猪模式：农户散养占10%~20%，中小规模标准化养殖场（小区）养殖占60%~70%，大规模集约化养殖占10%~20%。刁运华（2008）认为，受资金、成本、环保等多种因素的限制，中国未来养猪业将以适度规模的专业化家庭养猪生产为主体，并同其他养猪生产组织形成不同的养猪模式。

2. 关于生猪规模养殖的成本效益研究

王济民等（1999）对300多户四川省生猪饲养户的调查结果表明，饲养规模越大，成本利润率越高，养猪业专业化和规模化趋势日益增强。但张晓辉等（2006）对1999年15个主产省2 500户生猪饲养户的利润成本分析表明，31~100头生猪组（中等规模）是效益最好的规模组，而并未显示养殖效益随饲养规模扩大而提高的趋势。

更多研究是有关不同规模养殖的比较分析。沈琼等（2004）对中国1995~2002年养猪业的成本收益分析表明，生猪规模养殖与散养相比具有较强的盈利能力，并对生猪规模养殖成本效益优势的深层因素进行了分析。周胜利（2005）研究分析表明，专业户生猪饲养时间短，粮肉比、日增重、出栏率都高于散养户，因而其利润相对较高。于爱芝（2005）对中国1990~2002年生猪养殖的比较优势测定表明，国营集体大规模养殖有效地降低了生猪单位成本、提高了生产率，其比较优势水平大于专业户养殖和农户散养。张存根等（2006）和薛毫祥等（2006）对1991~1999年全国养猪的成本收益分析表明，成本纯收益率以专业户养猪方式为最高，农户散养次之，国营集体养猪方式最低。邓蓉等（2005）对1990~2003年中国生猪成本效益的分析表明，农户散养生猪的生产成本要高于规模养殖生猪，而规模养殖生猪的成本纯收益率要高于农户散养，并且波动幅度较小，显示出规模养殖的优势。李桦（2007）和杨湘华（2008）对2000~2005年中国生猪4种养殖方式的成本效益比较分析表明，每头总成本以农户散养为最高，中等规模与大规模养殖次之，小规模养殖最低；而每头净利润以小规模养殖为最高，中等规模与农户散养次之，大规模养殖最低。

其中，李桦（2007）的研究考虑了环境成本，但在总成本中所占比率很低，并不影响结果的走向。何亮（2009）对2004~2008年内蒙古临河区不同规模养猪农户的调查数据分析表明，与散养户（饲养10头以下生猪）相比，规模户（饲养10头以上生猪）的头均总成本较低，而纯收益较高。但刘芳等（2005）利用北京市1995~2002年生猪生产调查数据分析表明，农户散养的成本纯收益率最高，专业户养殖次之，而国营集体养殖最低。据此认为，应在适度支持规模养猪的基础上，继续大力鼓励农户散养与专业户养殖。詹和平（2004）对山东省1997~2002年生猪成本收益的研究以及杜丹清（2009）对浙江省2007年生猪养殖户的成本收益分析也得出类似的结果。

而李静等（2008）对1988~2006年中国生猪散养与专业养殖的成本收益分析表明，每头生猪总成本与总产值均以散养高于专业养殖；而成本利润率则因不同阶段而异，在1999年之前专业养殖略低，1999年之后散养略低。王明利（2008）通过1991~2007年中国生猪散养与规模养殖的成本收益对比分析研究也得出类似结果，规模养殖利润在2000年以前低于散养，此后开始高于散养。李桦（2007）运用生产函数对中国4种生猪养殖方式的规模经济报酬测定表明，1997~2005年中国小规模与中等规模养殖都处于规模报酬递增阶段，而大规模养殖则处于规模报酬递减阶段。

3. 关于生猪规模养殖的生产率研究

在参数方法研究方面。周咏（1999）采用超越对数生产函数对1993~1996年生猪生产率的研究发现，专业户养殖的综合效率高于散养。Ma等（2004）利用随机前沿生产函数研究表明，在1981~2001年的20年间，中国生猪业全要素生产率（TFP）年均增长1.67%，其中1.17%是由技术变化引起的，约占TFP年均增长率的70%。

在非参数方法研究方面。詹和平（2004）采用数据包络分析（DEA）方法对山东省1997~2002年生猪生产率的研究表明，技术效率以专业户养殖为最高，国营集体养猪场次之，散养生猪最低；而规模效率则以国营集体养猪场为最高，专业户养殖次之，散养生猪最低。马恒运等（2004）利用Tornqvist指数法研究表明，1981~2000年期间中国生猪的TFP年均增长率为 1.89%，但在后 10 年有所下降。杨湘华（2008）运用 DEA 方法对中国 2000~2005 年生猪生产率的研究表明，随着中国生猪生产的规模化程度不断提高，规模养殖的技术效率增长率提高，且表现出规模越大，技术效率增长率越高的规律。陈诗波等（2008）利用基于 Malmquist 指数的 DEA 方法，对中国 2001~2005 年生猪生产率研究表明，生猪规模生产的 TFP 年均增长率因受技术效率衰退和技术水平下降的共同影响而呈现负向增长。田露等（2008）采用非参数 HMB 指数方法对吉林省 1989~2005 年农户养猪生产率研究表明，农户养殖的 TFP 因规模效率的提高与技术进步而呈递增趋势。宁攸凉等（2010）采用 DEA 法研究表明，2001~2007 年中国大中城市生猪大规模养殖模式的技术效率与配置效率较高，且呈不断提高趋势。谭莹（2010）采用 DEA 法对 2002~2007 年中国生猪生产率的研究表明，规模养殖的综合效率与技术效率均高于散养，但其规模效率低于散养，同时在 2006 年后，规模养殖的综合效率出现下降的趋势，预示规模不经济。

4. 关于生猪规模养殖的区域优势与适度规模研究

在区域分布与区域优势研究方面。葛翔等（2003）对中国 1979~1999 年间养猪业的区域化与商品化生产特征进行了分析。黄德林（2004）通过区域优势分析表明，中国生猪和猪肉生产优势区域是西南地区，其次为华中地区和华北地区。冯永辉（2006）通过对中国 1999~2004 年中国生猪养殖区域变化特点分析认为，随着中国养猪业规模化进程加快，生猪养殖区域将在传统主产区保持平稳发展的基础上，向黄淮流域玉米、小麦主产区、东北粮食主产区以及其他边远地区转移。黄英伟（2007）对中国生猪 50 年的发展研究认为，生猪的主产区应以分布在玉米、大豆、小麦、水稻等粮食主产区比较合理。

张存根等（2006）和邓蓉等（2008）对 1998~2001 年期间中国生猪规模养殖区域布局的变化趋势分析表明，京津沪三大直辖市规模猪场数量仍占重要地位，尤其是年出栏肉猪 5 万头以上的大型猪场的比重增加较多。但从全国来看，中国规模猪场主要分布在农区省份，其中长江中下游地区作为主产区发展稳定，华南地区发展较快，而华北、东北与西南三个地区发展较慢。不过，分析认为，华北与东北两个地区有较好的饲料资源，其规模猪场将有较大的发展。胡浩等（2009）通过生猪生产资源禀赋优势研究发现，中国的生猪生产存在从东部地区向中西部地区、南方地区向北方地区转移或扩散的趋势。

在适度规模养殖方面。针对规模养殖带来生态环境、土地利用等方面的问题，很多学者围绕适度规模养殖课题进行了大量探讨。张琪（2006）提出，规模养殖要因畜、因地、因配套条件制宜，而不宜简单追求大规模养殖。何晓红等（2007）在解析畜牧业发达国家规模养殖的特点和影响因素的基础上认为，中国应发展适度规模的畜牧业养殖，不能盲目扩大生产规模。宾军宜（2007）针对规模养殖场建设出现的问题提出，养殖场在规模上应当以面源污染能否得到有效治理，或者以在生产过程中能否形成环保的良性循环为度。张存根（2009）认为，畜禽生产规模的日益扩大是畜牧业专业化、集约化发展的重要标志之一，但主张适度规模，不是规模越大越好。郭伟奇（2010）通过对畜牧业规模经营与经济效益之间规律性的分析，提出畜牧业规模经营的关键在于适度，并进一步分析畜牧业经营规模的影响因素。王林云（2003）认为，要适度调整和控制养猪场的规模，提倡规模养猪，但养猪场规模也不宜过大。刘玉满（2007）认为，在工业化和城市化的进程中，中国的畜牧业生产应借鉴欧洲模式，将越来越多的农户打造成家庭农场，以此推动畜牧业向规模化经营转变。李桦等（2006，2007）研究认为，从资源消耗与保护生态环境考虑，中国生猪规模养殖应以发展中等规模养猪为宜。张绪涛（2007）和丁正洪（2009）认为，在农村发展适度规模养殖是中国养殖业向规模化发展的必由之路。杜丹清（2009）认为，建立具有农户合作社性质的规模养殖模式更符合中国国情，鼓励农户以中小规模养殖取代现行家庭农户式的分散养殖。

黄德林（2004）分析表明，中国生猪养殖最优规模是小规模生产，其中华北地区是小规模生产，东北地区、东南沿海、西南地区是中规模生产，华中、西北地区是大规模生产。潘耀国（2009）认为，畜牧业的标准化规模养殖是大势所趋，但过度集中、过大规模有可能导致环境灾难，而猪场治污达标就有可能增加成本，导致养猪亏本。李齐贤（2009）认为，由于环境生态承载力有限，猪场养猪密度和猪场规模不宜过大，一个种猪场的规模以 200~550 头基础母猪为宜。张喜才等（2010）认为，从散养方式到大型规模养猪提升，需要有广大的中小型规模过渡，并且这种过渡期也会非常漫长。中小型规模将是中国养猪业最大的业态。

1.2.2 国外相关研究动态

1. 关于生猪养殖规模化发展研究

赫特（Hurt，1994）认为，肉鸡业在20世纪中期实现了工业化生产，而养猪业直到20世纪80年代才步入工业化进程，并对其驱动因素进行了分析。罗兹（Rhodes，1995）利用美国1959~1992年农业普查数据研究发现，猪场数量与猪场规模的变化存在补偿性的关系，即猪场总数与较小规模的猪场数量不断减少，而较大规模的猪场数量不断增加，并分析了养猪业结构性变化的驱动因素。麦克布赖德和基（McBride and Key，2003）认为，猪场规模的快速增长与专业化程度的不断提高是美国养猪业结构变化的两个重要特征，并对美国养猪业结构变化的诱致因素进行了探讨。比什瓦等人（Bishwa et al.，2003）分析表明，在1969~1997年期间，美国猪场数量下降了78%，而每个猪场年均销售的生猪数量却增长了10倍，从138头跃升到1491头，并使猪肉总产量增加了约17%。陈焕生等（2005）通过对猪场养殖规模的变化趋势分析认为，发达国家的主体养猪场正在向着1 000~10 000头的养殖规模发展。

2. 关于生猪规模养殖的成本效益研究

哈勒姆（Hallam，1991）研究表明，农场的生产成本与产量呈L型相关关系。夏马等人（Sharma et al.，1997）对美国夏威夷猪场的研究表明，总经济成本与猪场规模呈显著负相关，而净利润与猪场规模呈显著正相关。其主要原因是，大规模猪场的劳动力使用量显著较少，饲料购买价格显著较低，每头母猪年产断奶仔猪数更多。布鲁尔等人（Brewer et al.，1998）对1995年美国中西部大规模猪场（500头母猪）与中小规模猪场（100~250头母猪）的对比研究表明，大规模猪场的生猪生产成本要低于中小规模猪场。同时,大小规模猪场之间存在收益差异,但这种差异并不完全是由规模差异引起的。大规模猪场生产的猪肉瘦肉较多、均一,且上市活猪重量均匀,都有利于增加收益。

麦克布赖德和基(McBride and Key,2003)与布朗姆等人(Brum et al.,2004)利用1998年美国生猪调查数据的研究也证实了养猪业规模经济的存在——生猪生产成本随着猪场规模的扩大而明显降低。此外,他们的研究还表明,猪场的生猪平均成本存在明显的变异性,并且变异性在小规模猪场中最大,而在大规模与工业化规模猪场中最小。成本分析表明,中小规模猪场的生猪平均成本较高,但其中一些猪场的生猪成本并没有那么高,甚至比大规模猪场更有竞争力。据此认为,猪场生产成本并不完全取决于猪场规模大小,猪场经营者的管理能力对于降低生猪生产成本可能与规模经济同样重要。该结果与此前其他人员的研究结果一致(Kliebenstein et al.,1998;Rowland et al.,1998)。

麦克布赖德等人(McBride et al.,2007)对2004年美国生猪生产成本的评价结果也显示了生猪生产成本与猪场养猪规模之间的负相关关系。同时,在1982~2002年间,养猪场数量逐年减少,养猪逐渐向较少的大规模猪场集中,这种趋势也表明生猪生产存在显著的规模效应。

以上研究并未考虑因环境污染等因素而产生的外部成本。一些学者认为,工业化生产的低成本主要是通过对一些社会成本外部化而取得的,从而直接降低生产者的生产成本,并通过畜产品以外的成本转嫁给消费者,因此如果将这些外部成本算入生产成本中,则工业化模式将不具有成本优势(Sullivan et al.,2000;Mikesell et al.,2004;Stofferahn,2006)。谢弗等人(Schaffer et al.,2008)的研究证明了这一观点。其结果表明,在不考虑外部性时,集约化生猪养殖场(CAFO)的猪肉生产成本要低于放牧或传统生猪生产系统(相当于中小规模猪场),但如果将CAFO猪场的粪便处理费用考虑在内,则其生产成本可能要高于传统养猪系统。

3. 关于生猪规模养殖的生产率研究

夏马等人(Sharma et al.,1997)应用随机前沿生产函数和DEA模型测定了美国夏威夷猪场的规模效率与技术效率。罗兰等人(Rowland et al., 1998）利用 DEA 方法测定美国堪萨斯州 43 个猪场的相对技术效率、配置效率、规模效率等。本－贝尔哈桑等人（Ben-Belhassen et al., 2000）应用随机前沿生产函数测定了美国密苏里 1996 年养猪业的技术效率。汤瑟等人（2006）利用 DEA 模型评价 1998 年专业化猪场的效率组成。以上一些研究都是利用横截面数据测定生猪的生产率，并在某一时点上解释不同猪场的效率差异。

基等人（Key et al., 2008）尝试对猪场生产率随时间的变化率进行分解，利用随机前沿分析测定美国养猪业在 1992～2004 年期间的 TFP 增长率，并将其分解为技术变化、技术效率变化、规模效率变化和配置效率变化。结果发现，这 12 年的 TFP 增长几乎是由技术进步和规模效率改进引起的，TFP 增长率的地区间差异主要是由猪场规模增长率差异引起的。

4. 关于生猪规模养殖的区域分布与区域移动研究

养猪业的结构变化也导致养猪业的区域变化，由地理分散走向集约化（Abdalla et al., 1995）或发生地理位置的移动（Onal et al., 2000；Roe et al., 2002）。麦克布赖德和基（2003）对美国养猪业的区域差异性进行了探讨，而比什瓦（Bishwa et al., 2003）则对影响美国养猪业区域变化的因素进行了分析，其中饲料成本与运输成本是生猪生产与加工地点选择的两个重要因素，环境治理成本也是生猪生产地点重新选择的关键因素之一。谢弗等人（Schaffer et al., 2008）提出了"污染物避难所假说（Pollution Haven Hypothesis）"，即生猪生产在美国南部与西部非传统地区扩大，是由于这些地区的环境管制不严。但研究发现，这种假说在两个时期存在差异：在前期，那些寻求从事一体化生猪生产的养猪经营者发现其潜在的利益因粮食产区严格的环境管制而降低，从而寻找生猪避难所；而在后期，由于在当地的大量投资，采用新技术后，满足环境保护要求并不难，因而很可能成为现行更好的办法。

1.2.3 对已有文献的评述

国内外学者在生猪养殖规模的发展变化、规模养殖的成本效益与生产率以及区域布局与适度规模等方面进行了大量探索，为本书研究提供了重要的参考资料与研究方法，但从经济学角度对中国生猪规模养殖的研究还不够系统深入，主要存在以下一些不足。

一是不同学者的研究结果因研究时段、数据来源、所用方法不同而难以比较，而且不同学者对同一个问题的研究还存在结论自相矛盾的现象。

二是对散养与规模养殖的比较研究较多，但对不同规模养殖的比较研究较少，尤其是 2000 年以来的研究更少，而这一时期正是中国生猪规模养殖快速发展的时期，需要加以深入研究。这里还需要提及的是，国家发改委发布的《全国农产品成本收益资料汇编》在 2000 年对生猪规模重新分类，与之前的分类有较大不同，因此更需要对 2000 年以来的情况独立进行研究。

三是在某些方面特别是区域优势的研究多为定性研究，而量化研究较少。

四是多角度对生猪规模养殖的经济学问题进行系统研究还不多见。

1.3 研究框架

1.3.1 研究技术路线

本书以 2000～2010 年为主要研究时段，围绕中国生猪规模养殖的有关经济学问题展开分析研究，试图找出影响生猪规模养殖发展的深层次因素，并提出相应对策建议，以促进中国养猪业的持续健康发展。研究思路如图 1-1 所示。

1.3.2 研究内容

基于以上研究思路，本书各章内容安排如下：

第 1 章：导论。分析研究的背景与意义，综述相关的国内外研究动态，提出研究思路，介绍研究方法，界定相关概念，指出本书的特色。

```
                    ┌──────────────┐
                    │  问题的提出   │
                    └──────┬───────┘
                           │
                    ┌──────▼───────┐
                    │  相关理论基础 │
                    └──────┬───────┘
                           │
              ┌────────────▼─────────────┐
              │ 中国生猪规模养殖的发展现状分析 │
              └────────────┬─────────────┘
                           │
        ┌──────────────────▼──────────────────┐
        │      中国生猪规模养殖的经济学分析     │
        │ ┌──────────┐ ┌──────────┐ ┌──────────┐│
        │ │生猪规模养殖│ │不同养殖规 │ │不同养殖规 ││
        │ │的区域分布与│ │模的生猪成 │ │模的生猪生 ││
        │ │区域优势分析│ │本效益分析 │ │产率分析  ││
        │ └──────────┘ └──────────┘ └──────────┘│
        └──────────────────┬──────────────────┘
                           │            ┌─────────────┐
                           │◄───────────│美国生猪规模养│
                           │            │殖的发展历程与│
                           │            │启示          │
                           │            └─────────────┘
                    ┌──────▼───────┐
                    │研究结论与政策建议│
                    └──────────────┘
```

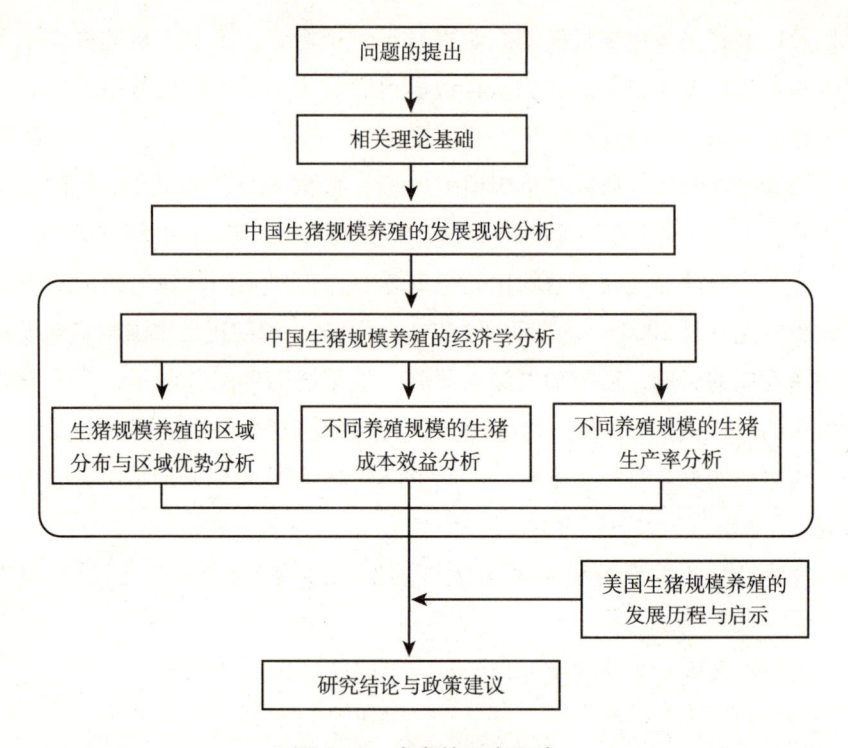

图 1-1　本书的研究思路

第 2 章：相关理论基础。阐述与规模养殖相关的规模经济理论、区域优势理论、成本效益理论、全要素生产率理论，为本书研究奠定了理论基础。

第 3 章：中国生猪规模养殖的发展现状分析。回顾改革开放以来中国养猪业的发展现状，分析中国生猪规模养殖的发展变迁，揭示生猪规模养殖的发展动因。

第 4 章：中国生猪规模养殖的区域分布与区域优势分析。分析中国不同养殖规模生猪在不同地区的分布与移动特征，以及中国生猪生产在不同地区的比较优势。

第 5 章：中国不同养殖规模的生猪成本收益分析。分析中国不同养殖规模的生猪成本效益特征及其变化趋势，探讨生猪成本效益的影响因素。

第 6 章：中国不同养殖规模的生猪生产率分析。分析中国不同养殖规模的生猪单要素生产率与全要素生产率及其分解项的变化趋势，探讨不同养殖规模生猪生产率指标的时空变动特征以及全要素生产率增长的主要动因。

第 7 章：美国生猪规模养殖的发展历程与启示。分析美国养猪业的发展变迁，比较中美两国生猪规模养殖的发展特点，总结美国养猪业发展对中国的启示。

第8章：研究结论与政策建议。概括总结本书的主要结论，并在此基础上提出相关的政策建议。

1.4 研究方法及相关概念的界定

1.4.1 研究方法

本书在相关理论的基础上，以实证分析为主，采用定性与定量分析相结合的方法，其中定量分析采用以下方法：（1）指标分析法，主要用于中国生猪规模养殖发展现状的分析与评价；（2）比较分析法，主要用于不同养殖规模的生猪成本效益与生产率的比较以及中国养猪业与养猪发达国家的比较；（3）计量分析法，主要采用基于 DEA 的 Malmquist 指数法测算不同养殖规模生猪的全要素生产率变化率及其分解项变化率，采用综合优势比较法测算不同区域的生猪养殖优势等。

1.4.2 相关概念的界定

生猪散养与规模养殖在《中国畜牧业年鉴》与《全国农产品成本收益资料汇编》中有不同的界定标准。前者规定，一个猪场年出栏生猪数50头以下的为散养，50头以上（含）的为规模养殖；而后者规定，一个猪场年均存栏生猪数30头以下（含）的为散养，30头以上的为规模养殖。显然，二者对生猪散养与规模养殖的界定存在差异，但这种差异并不会对本书研究造成障碍。在具体分析时，只要在同样条件下采用相同标准或者使用同一套数据，就不会影响分析的结果。

本书采用《中国统计年鉴》区域划分方法，将全国（港、澳、台地区除外）分为东部、中部、西部和东北地区4个区域。其中，东部地区包括北京、天津、河北、上海、江苏、浙江、福建、山东、广东和海南10个省

(市)；中部地区包括山西、河南、湖南、湖北、安徽、江西6个省；西部地区包括广西、贵州、重庆、四川、云南、西藏、陕西、甘肃、青海、内蒙古、宁夏、新疆12个省（市、区）；东北地区包括辽宁、吉林、黑龙江3省。

1.5 研究特色

本书以2000~2010年为主要研究时段，围绕中国生猪规模养殖的有关经济学问题展开分析，试图找出影响生猪规模养殖发展的深层次因素，并提出相应对策建议，以促进中国养猪业的持续健康发展。本书在以下几个方面有所突破：

一是分析中国生猪规模养殖的发展变迁，揭示生猪规模养殖的发展动因；

二是分析中国生猪规模养殖的区域分布变化趋势，揭示中国生猪规模养殖的区域移动特征；

三是运用区域比较优势指数分析中国生猪生产的区域优势特征，揭示中国生猪生产优势区域；

四是首次应用生猪单位增重的成本效益更加准确地分析中国不同养殖规模的生猪成本效益变化特征，揭示生猪养殖规模大小与成本效益的关系；

五是应用基于DEA的Malmquist指数法测算不同养殖规模生猪的全要素生产率（TFP）变化率及其技术进步与技术效率的变化率，揭示不同养殖规模生猪TFP增长的主要源泉；

六是分析美国生猪规模养殖的发展变迁，比较中美两国生猪规模养殖的发展特点，归纳总结美国养猪业发展对中国的启示。

第2章

相关理论基础

2.1 规模经济理论

2.1.1 规模经济的形成原理

规模经济理论是阐述生产规模与经济效益之间关系的理论,它属于长期生产理论问题。成本理论认为,成本有短期成本和长期成本之分。短期成本可分为固定成本和变动成本。其中,变动成本随产量的变动而变动。但在长期,一切生产要素都可以调整,一切成本都是可变的,没有固定成本和变动成本之分。由于企业在长期可以调整生产规模,对于任一个产量水平总可以通过生产规模的调整来实现最低的生产成本,因此长期总成本是每一种产出水平下可以实现的最低成本。如图2-1所示,长期平均成本曲线呈"U"型,随着产量的增加,长期平均成本先下降、后上升。这主要是由规模经济因素决定的。在初始阶段,要投入大量生产要素,但随着产量的增加,生产要素得到充分利用,使得成本增加的比率小于产量增加的比率,表现为规模报酬递增,平均成本减少;而后,继续投入生产要素,但因生产规模过大,使得生产的各个环节和各个部门之间协调和合作的难度加大,从而降低了生产与管理的效率,导致成本增加的比率大于产量增加的比率,表现为规模报酬递减,平均成本增加(高鸿业等,2004;张广胜等,2003)。

规模养殖可以一次采购大批量的饲料原料,节约了交易费用和运输成

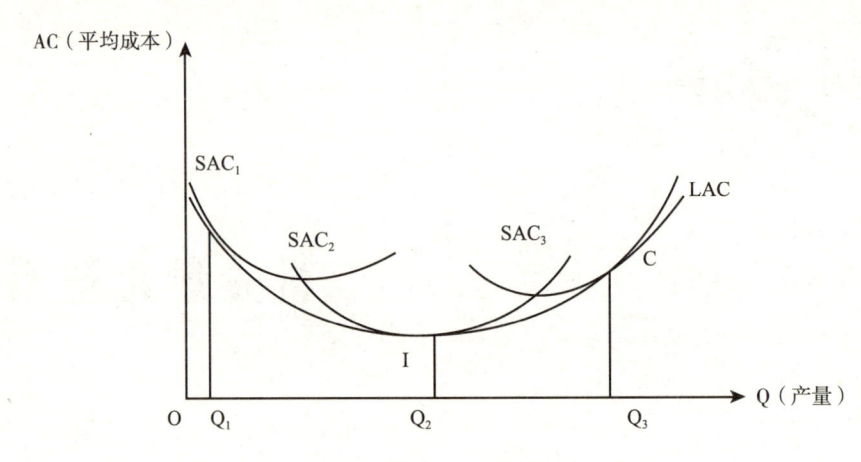

图 2-1　长期平均成本曲线

本；同时，大量购入，增强了购买者的影响力，增加了讨价还价的空间，得到比小批量低的进货价格。规模养殖也可以进行规模销售，降低单位产品的销售费用（李桦，2007）。

2.1.2　生猪养殖规模的分类

中国对于生猪养殖规模存在两种分类标准：一种是农业部根据生猪养殖场（户）年出栏生猪数量对生猪养殖规模的分类；另一种是国家发改委根据生猪养殖场（户）年存栏生猪数量对生猪养殖规模的分类。

1. 农业部对生猪养殖规模的分类

该分类标准是指农业部畜牧业司发布的《中国畜牧业年鉴》有关生猪养殖规模的划分标准。农业部畜牧业司从 1998 年开始通过《中国畜牧业年鉴》发布生猪规模养殖的数据，其生猪养殖规模是以年出栏生猪数量来确定的。

生猪散养是指养殖场（户）年出栏生猪数量在 50 头以下的养殖组织形式，规模养殖是指养殖场（户）年出栏生猪数量在 50 头以上（含）的养殖组织形式。其中，规模养殖又分为年出栏生猪数 50～99 头、100～499 头、500～2 999 头、3 000～9 999 头、10 000～49 999 头和 50 000 头以上

6种类型。从2008年开始，500～2 999头组织形式又细分为500～999头和1 000～2 999头两种类型，3 000～9 999头组织形式又细分为3 000～4 999头和5 000～9 999头两种类型。

有些专家学者将以上规模养殖类型归并为三种：小型规模猪场（年出栏生猪50～499头）、中型规模猪场（年出栏生猪500～9 999头）和大型规模猪场（年出栏生猪1万头以上）。

2. 国家发改委对生猪养殖规模的分类

该分类标准是指国家发改委价格司发布的《全国农产品成本收益资料汇编》有关生猪养殖规模的划分标准。在2000年之前，该汇编将生猪养殖规模分为农户散养、专业户养殖和国营集体养殖三种类型，而从2000年开始则分为农户散养、小规模养殖、中等规模养殖和大规模养殖。在此，着重对2000年以后的划分标准作一简述。

生猪养殖规模是指所调查的养殖数量，一般按调查期（一般为1年）内平均存栏数量确定，即年均存栏生猪数量等于期初存栏数量与期末存栏数量的平均值。

生猪散养是指养殖场（户）年均存栏生猪数在30头以下（包括30头）的养殖组织形式，规模养殖是指养殖场（户）年均存栏生猪数量在30头以上的养殖组织形式。其中，规模养殖又分为小规模（年均存栏生猪数量为30～100头）、中规模（年均存栏生猪数量为100～1 000头）和大规模（年均存栏生猪数量为1 000头以上）养殖三种类型，从而将中国的生猪养殖方式分为散养、小规模养殖、中规模养殖和大规模养殖四种类型。

2.2　区域优势理论

2.2.1　比较优势理论的产生与发展

区域农产品比较优势的理论基础本质上与国家农产品比较优势理论没有太大区别，都来源于国际贸易理论中的比较优势理论体系。这一体系大致经历了亚当·斯密（Adam Smith）的绝对优势理论、大卫·李嘉图（David Ricardo）的比较优势理论、赫克歇尔-俄林（Hikchel-Ohlin）的要素禀赋理论等传统比较优势理论，以及当今世界流行的新贸易理论和竞争优势理论等几个阶段。

绝对优势理论认为，各国都应遵循"专业分工"和"趋利避害"的原则，利用自己具有优势的资源来生产具有绝对优势的产品，并通过国际自由贸易去交换自己需要而在本国生产成本相对较高的其他产品，从而实现各国资源的有效利用和各种产品的大量生产，最终惠及所有贸易成员。绝对优势理论的局限在于，它无法解释一国在所有产品的生产上都具有优势，而另一国在所有产品的生产上都不具优势的情况下依然可以开展贸易的现象。

比较优势理论认为，各国无需具备绝对资源优势，只要具有相对比较优势就可进行专业化生产，并通过国际贸易获益。比较优势理论的局限在于，它仅考察了劳动力对贸易分工的影响，而忽略了资本、技术和自然资源等其他生产要素的作用。

要素禀赋理论认为，各国要素禀赋的差别是造成比较优势差异的主要原因。劳动力丰裕的国家，生产劳动密集型产品就具有比较优势；而资本丰裕的国家，生产资本密集型产品就具有比较优势。要素禀赋理论的思路虽然与比较优势理论基本相似，但对比较优势成因的认识更加具体。

上述传统比较优势理论都是建立在产品无差别、技术水平不变、零交易成本等假设条件下，不能完美解释现实中的贸易问题。为此，经济学家另辟蹊径，针对现代贸易问题创立了一系列的新贸易理论，如克鲁格曼在1979年提出的"规模经济理论"、波斯纳在1961年提出的"技术差距理论"、弗农在1966年提出的"产品生命周期理论"、巴拉萨和格鲁拜尔在20世纪60年代提出的"产业内贸易理论"、生产区位理论等，从不同的角度诠释比较优势的成因，扩展了比较优势理论的范畴。但新贸易理论产生于市场经济相对较为成熟的发达国家，而不能完全解释发展中国家的经济问题。

竞争优势理论认为，一国兴衰的根本原因在于能否在国际市场中取得竞争优势，其关键是该国企业能否通过自主创新机制形成具有优势的主导产业。竞争优势理论从企业参与国际市场竞争的角度解释国际贸易现象，进一步拓展了比较优势理论的视野，对于解释当今迅速变化的国际经济现实具有较强的说服力（马惠兰，2004）。

2.2.2 区域畜产品比较优势的内涵

比较优势理论是研究区域比较优势的重要理论基础，但由于区域与国家在政治、经济、历史文化背景等方面具有一定的差异。因此，不能完全照搬比较优势理论来研究区域的比较优势。研究区域比较优势，必须对该区域在自然资源、政治、经济、技术、劳动力、资本、区位等各方面形成的发展环境作出全面系统的评价，综合分析该区域对某一产品的生产有别于其他区域的有利发展条件。

所谓区域畜产品比较优势，是指在市场经济条件下，一个国家的某一区域通过有效利用本区域内相对丰裕的生产要素，为国内或国际市场生产和提供完全成本较低、市场竞争力较强的畜产品的潜力。这里的完全成本包括生产成本、运输成本和其他交易费用，市场竞争力体现为国际或国内市场上占有较大的市场份额，并能经受市场检验的能力（马惠兰，2004）。

2.2.3 区域畜产品比较优势的测算

对比较优势的测算有多种方法，主要包括显示比较优势指数法、国内资源成本法、概率优势分析法、区位商系数法、资源禀赋系数法、综合比较优势指数法等。其中，综合比较优势指数法适用于区域畜产品比较优势的测算，包括规模比较优势指数、效率（或产量）比较优势指数及其综合比较优势指数。

1. 规模优势指数（Scale Advantage Index，SAI）

规模优势指数，是指一国某区域的某种畜禽存栏量占该区域内所有畜禽存栏量的比重与该种畜禽在全国的存栏量占全国所有畜禽存栏量的比重的比率。计算公式为：

$$SAI_{ij} = \frac{S_{ij}/S_i}{S_j/S}$$

式中，SAI_{ij} 表示一国 i 区域生产 j 种畜禽的存栏规模优势指数；S_{ij} 表示一国 i 区域 j 种畜禽的存栏量；S_i 表示一国 i 区域所有畜禽的存栏量；S_j 表示全国 j 种畜禽的存栏量；S 表示全国所有畜禽的存栏量。

将所有畜禽的数量都折合成猪单位，具体折算比例如下：1 头大牲畜（不包括奶牛）= 3 个猪单位，1 头奶牛 = 4.5 个猪单位，1 只羊 = 0.3 个猪单位，1 只家禽 = 0.03 个猪单位（汪三贵等，1993）。

规模优势指数反映了一国内的不同区域对生产同一种畜禽产品的相对规模优势。$SAI_{ij} > 1$，表明该区域生产该种畜禽产品在国内具有规模优势，取值越大，规模优势越强；$SAI_{ij} < 1$，表明该区域生产该种畜禽产品在国内处于规模劣势，取值越小，规模劣势越显著；$SAI_{ij} = 1$，表明该区域生产该种畜禽产品处于全国平均水平，既没有规模优势，也不存在规模劣势。

2. 产量优势指数（Production Advantage Index，PAI）

产量优势指数，是指一国某区域的某种畜禽产量占该区域内所有畜禽产量的比重与该种畜禽在全国的产量占全国所有畜禽产量的比重的比率。计算公式为：

$$PAI_{ij} = \frac{P_{ij}/P_i}{P_j/P}$$

式中，PAI_{ij} 表示一国 i 区域生产 j 种畜禽的产量优势指数；P_{ij} 表示一国 i 区域 j 种畜禽产品的产量；P_i 表示一国 i 区域所有畜禽产品的产量；P_j 表示全国 j 种畜禽产品的产量；P 表示全国所有畜禽产品的产量。

将所有畜禽的产量都折合成折肉单位，具体折算比例如下：1 千克肉 = 1 个折肉单位，1 千克蛋 = 0.8 个折肉单位，1 千克奶 = 0.25 个折肉单位，1 千克毛绒 = 5 个折肉单位（汪三贵等，1993）。

产量优势指数反映了一国内的不同区域对生产同一种畜禽产品的相对产量优势。$PAI_{ij} > 1$，表明该区域生产该种畜禽产品在国内具有产量优势，取值越大，产量优势越强；$PAI_{ij} < 1$，表明该区域生产该种畜禽产品在国内处于产量劣势，取值越小，产量劣势越显著；$PAI_{ij} = 1$，表明该区域生产该种畜禽产品处于全国平均水平，既没有产量优势，也不存在产量劣势。

3. 综合比较优势指数（Aggregated Advantage Index，AAI）

综合比较优势指数，是将影响区域畜产品比较优势的所有因素考虑在内的综合评价指标。但该指标在现实中很难测定。上述规模优势指数和产量优势指数从不同侧面反映了区域畜产品的比较优势，但都不能反映区域畜产品的总体比较优势（李瑾等，2009）。因此，一般应用规模优势指数和产量优势指数的几何平均数来测算区域畜产品的综合比较优势指数。计算公式为：

$$AAI_{ij} = \sqrt{SAI_{ij} \times PAI_{ij}}$$

式中，AAI_{ij}表示一国 i 区域生产 j 种畜禽的综合比较优势指数。$AAI_{ij} > 1$，表明一国 i 区域生产 j 种畜禽产品在国内具有综合比较优势；$AAI_{ij} < 1$，表明一国 i 区域生产 j 种畜禽产品在国内处于综合比较劣势；$AAI_{ij} = 1$，表明一国 i 区域生产 j 种畜禽产品处于全国平均水平，既没有综合比较优势，也不存在综合比较劣势。

2.3 成本收益理论

2.3.1 成本有关理论

1. 成本的内涵

成本有经济成本和会计成本之分。经济成本，往往是指机会成本，即稀缺资源用于某一用途获得收入时，而放弃在其他方面使用所能带来的收入。它并不是发生的原始成本。而会计成本，则是指生产产品或提供服务时已经发生的真实成本，实际上是一种历史成本。研究表明，中国现行的农产品成本收益核算指标体系实际上就是基于会计成本的核算指标体系

(韩峰, 2005)。

2. 畜产品成本的定义与构成

(1) 畜产品成本的定义。

简单来说, 畜产品成本就是指生产过程中耗费的资金、劳动力和土地等所有生产要素的成本之和, 也即为畜产品总成本。

(2) 畜产品成本的构成。

根据最新的《全国农产品成本收益资料汇编》, 畜产品成本的构成如图 2-2 所示。

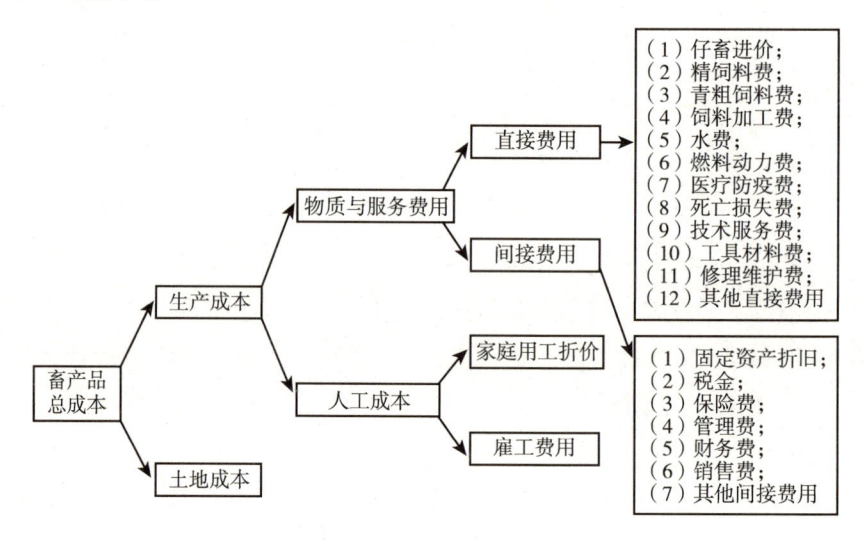

```
畜产品总成本
├── 生产成本
│   ├── 物质与服务费用
│   │   ├── 直接费用 ──(1) 仔畜进价;
│   │   │              (2) 精饲料费;
│   │   │              (3) 青粗饲料费;
│   │   │              (4) 饲料加工费;
│   │   │              (5) 水费;
│   │   │              (6) 燃料动力费;
│   │   │              (7) 医疗防疫费;
│   │   │              (8) 死亡损失费;
│   │   │              (9) 技术服务费;
│   │   │              (10) 工具材料费;
│   │   │              (11) 修理维护费;
│   │   │              (12) 其他直接费用
│   │   └── 间接费用 ──(1) 固定资产折旧;
│   │                  (2) 税金;
│   │                  (3) 保险费;
│   │                  (4) 管理费;
│   │                  (5) 财务费;
│   │                  (6) 销售费;
│   │                  (7) 其他间接费用
│   └── 人工成本
│       ├── 家庭用工折价
│       └── 雇工费用
└── 土地成本
```

图 2-2 畜产品成本的构成

其中, 畜产品生产成本, 是指生产过程中为生产畜产品而投入的各项资金 (包括实物和现金) 和劳动力的成本, 即除土地外各种资源的耗费, 包括物质与服务费用和人工成本两部分。

物质与服务费用, 是指生产过程中消耗的各种生产资料和购买各项服务的支出以及与生产相关的其他实物或现金支出分摊到单位畜群上的费用, 包括直接费用和间接费用两部分。直接费用, 是指不需分摊, 可以直接计入畜产品中的费用, 如仔畜进价、精饲料费、技术服务费等。间接费用, 指与畜产品生产过程有关, 但需要经过分摊才能计入畜产品成本的费用, 或与直接生产过程没有关系或关系不密切的费用支出, 如固定资产折旧、税金、管理费等。

人工成本，是指生产过程中直接使用的劳动力的成本，包括家庭用工折价和雇工费用两部分。家庭用工折价，是指生产过程中耗费的家庭用工天数与劳动日工价的乘积。雇工费用，是指因雇佣他人（包括雇用临时工、合同工）劳动而实际支付的所有费用（包括工资、合理的餐费等）。

土地成本，是指生产者为获得饲养场地的经营使用权而实际支付的租金或承包费。

当然，根据现代农产品成本理论，畜产品成本还应包括环境成本，即因生产经营活动引起环境资源恶化而造成的环境损失价值（郑少锋，2002；李桦，2007；柴斌锋，2009）。但由于目前环境成本还难以计量，所以本书不作考虑。

2.3.2 收益有关理论

1. 价格、收益与利润的内涵

（1）价格。

价格，是价值的货币表现。从价值构成上，农产品价格包括已消耗生产资料的价值、生产者为自己劳动创造的价值以及生产者为社会和集体劳动创造的价值三部分。如果不计环境成本，则农产品价值（W）可表示为：

$$W = (C + V + M_1) + M_2$$

式中，C 和 V 分别表示农产品生产所消耗的物化劳动和活劳动；M_1 和 M_2 分别表示土地成本和利润。

（2）收益与利润。

收益，是指生产者出售自己的产品所得到的全部货币收入，也即为总收益。

利润，是指总收益与总成本之差。

2. 畜产品的收入与收益

（1）畜产品的收入。

畜产品收入，是指畜产品生产者出售畜产品所获得的销售收入，一般用产值来表示。

根据《全国农产品成本收益资料汇编》，畜产品产值为主产品产值与副产品产值之和，计算公式如下：

$$产值合计 = 主产品产值 + 副产品产值$$

$$主产品产值 = 实际出售主产品的收入 + 留存主产品折算的收入$$

$$副产品产值 = 实际出售副产品的收入 + 自己利用副产品折算的收入$$

（2）畜产品的收益。

根据《全国农产品成本收益资料汇编》，畜产品的净利润是指畜产品产值减去生产过程中投入的资本、劳动力和土地等全部生产要素成本后的余额，即畜产品收入（或产值）与总成本之差，计算公式如下：

$$净利润 = 产值合计 - 总成本$$

成本利润率是反映生产中消耗的全部资源的净回报率。其计算公式为：

$$成本利润率 = \frac{净利润}{总成本} \times 100\%$$

2.4 全要素生产率理论

2.4.1 生产率的内涵

生产率分析是探求增长源泉和确定增长质量的主要工具。所谓生产率，是指生产过程中投入要素（如劳动力、资本、原材料等）转变为实际产出的效率，为产出量与投入量之比。根据所选投入要素的数量多少，生产率一般可分为单要素生产率（Partial Factor Productivity，PFP）和全要素生产率（Total Factor Productivity，TFP）。

1. 单要素生产率

所谓单要素生产率，是指总产出量与所选的单一生产要素投入量之比。该指标反映的是产出量与某种投入要素之间的效率关系，常见的有劳动生产率和资本生产率。它是传统生产率研究的常用指标，但仅能衡量一段时期内所选的某一生产要素投入的产出效率，而不能反映全部要素投入的效率（张军等，2003）。

2. 全要素生产率

所谓全要素生产率，是指总产出量与所有生产要素综合投入量之比。该指标是针对全部生产要素的投入进行测算，而不是仅仅涉及某一个生产要素。全要素生产率由于考虑了所有投入要素，因而能更加真实地衡量全部生产要素投入的产出效率，成为分析经济增长源泉的重要工具和制定经济可持续增长政策的重要依据。

3. 全要素生产率增长率（或变化率）

全要素生产率增长率（Total Factor Productivity Growth，TFP_g）或全要素生产率变化率（Total Factor Productivity Change，TFP_{ch}），是指除了劳动力和资本这两大生产要素外，所有其他生产要素带来的产出变化率。它是研究两个时点之间或某一时期的全要素生产率的变化量。从政策的角度来说，全要素生产率的水平对一国的短期竞争力影响较大，但长期来看，全要素生产率的增长与一国或地区的经济增长方式密切相关，是决定一国或地区经济增长的根本因素，因此对全要素生产率增长率（或变化率）的研究更具实践意义（金剑，2007）。事实上，多数研究都是测定全要素生产率的增长率（或变化率），而不是某一时点全要素生产率的具体数值。本书也是以全要素生产率变化率为研究指标。

2.4.2 全要素生产率理论的产生与发展

1766年，法国重农学派的创始人魁奈（Quesnay）首次提出了生产率概念。而定量研究生产率对经济增长的作用则是始于20世纪20年代道格拉斯对生产函数理论的提出。早期对生产率的研究主要是单要素生产率分析。而在第二次世界大战之后，其研究重点开始转向全要素生产率。

一般认为，荷兰的经济学家丁伯根（Tinbergen）最早开展全要素生产率的研究，他于1942年发表了有关生产率测算的重要论文，在资本和劳动投入函数中添加了时间变量，以测定生产效率的变动水平。随后，美国的经济学家施蒂格勒（Stigler）也于1947年独立提出了全要素生产率的概念，通过使用要素边际产品加权确定实际要素的投入数据。

1954年，美国的经济学家戴维斯（Davis）出版了《生产率核算》一书，首次明确了全要素生产率的内涵，指出全要素生产率的测算应针对劳动、资本、原材料和能源等生产过程中所使用的全部生产要素，而不是仅仅涉及部分要素。因此，戴维斯被西方学术界誉为全要素生产率的鼻祖。

1957年，新古典增长理论的代表人物、美国经济学家索洛（Solow）发表了《技术变化与总量生产函数》一文，第一次将技术进步因素纳入经济增长模型，将人均产出增长扣除劳动和资本投入这两个生产要素导致的产出增长后剩余的部分，归为技术进步的结果，称为"索洛余值"。实际上，"索洛余值"就是经济增长中要素投入所不能解释的部分，既包括技术进步的作用，也包括被忽视变量等因素的影响，因而将其称为全要素生产率增长率更为准确。

1962年，美国的经济学家丹尼森（Denison）将投入要素分为不同类型，通过赋予的不同权重进行加权得到总投入，并在此基础上测算全要素生产率，从而大幅提高了测值的可靠性。

1967年，乔根森（Jorgenson）与格里切斯（Griliehes）采用超越对数函数对部门和总量两个层次的生产率进行了度量，将资本和劳动投入的增长细分为数量增长和质量增长，从而提高了投入要素测量的准确度。

以上所介绍的生产率测算方法，都是基于技术充分有效的假定条件，从而将产出增长扣除要素投入增长之后的全要素生产率增长全部归为技术进步的结果，但却忽略了全要素生产率增长的另一个重要组成部分——技术效率改善的影响。此后，有学者提出了允许技术无效的生产前沿面法（Production Frontier Analysis）来测算全要素生产率，该方法更加接近生产和经济增长的实际状况，并且可以从全要素生产率变化率中分离出各种影响因素的作用，从而使经济增长源泉的研究更加深入。生产前沿面法可分为参数方法和非参数方法。其中，参数方法又分为确定性前沿生产函数法和随机前沿生产函数法，非参数方法主要是数据包络分析法（Data Envelopment Analysis，DEA）。

1968年，艾格纳和褚（Aigner and Chu）提出了确定性前沿生产函数法；1977年，艾格纳、洛弗尔和施密特（Aigner、Lovell and Schmidt）以及缪森和范·登·布罗克（Meeusen and Van den Broeck）各自独立提出了随机前沿生产函数法。

1978年，查恩斯、库珀和罗兹（Chanes、Cooper and Rhodes）首先提出了DEA法。其优点是，无须对生产函数进行先验假定和对参数进行估计，直接利用线性优化对前沿生产函数与距离函数进行估算，并对全要素生产率增长进行分解。DEA法的出现使TFP的研究进入了一个新阶段。但该方法并不能对仅有一个主体的全要素生产率增长进行估算。

1982年，凯夫等人（Caves et al.）首先将瑞典经济学家曼奎斯特（Malmquist）于1953年提出的Malmquist指数与DEA法相结合，建立了生产率估算的又一种重要方法。由于该方法属于非参数法，因而不需要价格信息以及成本最小化等条件的约束，通过利用多种要素投入与产出变量的关联性分析，将引起全要素生产率变动的原因分解为技术变化和技术效率变化，并将技术效率变化进一步分解为纯技术效率变化和规模效率变化，从而使得估计的结果更具有政策含义。

2.4.3 全要素生产率增长率的测定方法

1. 参数方法

参数方法，又称经济计量方法，一般以生产函数为基础，根据给定的投入和产出观测数据，在满足某些假定条件下，利用回归分析方法确定表达式中的参数，并在此基础上测算全要素生产率增长。参数方法主要包括生产函数法和随机前沿分析法。

生产函数法是测算全要素生产率增长的主要方法。目前，依据索洛等提出的一般生产函数或柯布－道格拉斯生产函数测算生产率增长仍然是理论界和实践中测算生产率增长的重要方法。其他经济计量方法都是在生产函数法的基础上发展起来的。生产函数的具体形式有很多，其中应用广泛的主要包括柯布－道格拉斯生产函数、固定替代弹性（CES）生产函数和超越对数生产函数。

随机前沿分析法（Stochastic Frontier Analysis，SFA）是生产函数法与随机前沿理论相结合的产物，是生产函数法的扩展和补充，包括确定性前沿生产函数和随机前沿生产函数。

2. 非参数方法

参数方法需要某种具体的生产函数形式，并且规定一系列假设条件，因而其应用受到一定的限制。而非参数方法则无须设定这些限制条件与具体函数形式，避免了因生产函数不当而带来的误差。非参数方法主要包括指数法、DEA 法以及基于 DEA 的 Malmquist 指数法。下面重点介绍后两种方法。

（1）DEA 法。

DEA 法是以相对效率概念、前沿理论和线性规划理论为基础而发展起来的一种效率评价方法，常用于评价生产单元间的相对有效性，特别适合于多投入多产出的前沿生产函数的研究。其最基本的模型包括 CCR 模型、BCC 模型、CCGSS 模型。

① 测定综合技术效率的不变规模报酬模型（CCR 模型）。

之所以将不变规模报酬模型称为 CCR 模型，是因为该模型是由查恩斯、库珀和罗兹（Charnes、Cooper and Rhodes，1978）提出的。该模型假设规模报酬不变（CRS），存在从投入角度与产出角度两个方向进行测算，在此仅介绍投入角度计算模型。假设有 n 个决策单元（DMU_i）（$i = 1, 2, \cdots, n$），每个决策单元都是以 m 种投入生产 k 种产品，分别以 m 维向量 X_i 和 k 维向量 Y_i 表示第 i 个生产单元的投入量和产出量，则 CCR 模型下的生产可能集 T_c 为：

$$T_c = \{(X,Y) \mid X \geq \sum_{i=1}^{n} \lambda_i X_i, Y \leq \sum_{i=1}^{n} \lambda_i Y_i, \lambda_i \geq 0, 1 \leq i \leq n\}$$

基于 T_c 建立的投入角度综合技术效率评价模型（加入松弛变量 S_A、S_B 及摄动量 e）为：

$$\text{Min}[\theta_c - \varepsilon(e_1^T S_A + e_2^T S_B)]$$

$$s.t. \sum_{i=1}^{n} \lambda_i X_i + S_A = \theta_c X_0$$

$$\sum_{i=1}^{n} \lambda_i Y_i - S_B = Y_0$$

$$\lambda_i \geq 0; i = 1, 2, \cdots, n; S_A \geq 0, S_B \geq 0$$

上式中，X_0、Y_0 分别表示被评价决策单元（DMU_0）的投入和产出向量；θ_c 表示 DMU_0 的综合技术效率，是包含了纯技术效率和规模效率的一种综合效率。当该问题的解为 θ_c^*，λ^*，S_A^*，S_B^* 时，可判别如下结论：(1) 若 $\theta_c^* = 1$，且 $S_A^* = 0$，$S_B^* = 0$ 时，则 DMU_0 为综合有效，并且同时技术有效和规模有效；(2) 若 $\theta_c^* = 1$，且 $S_A^* \neq 0$ 或 $S_B^* \neq 0$ 时，则 DMU_0 为弱综合有效；(3) 若 $\theta_c^* < 1$ 时，则 DMU_0 为非综合有效。

② 测定纯技术效率的可变规模报酬模型（BCC 模型）。

用 CCR 模型测定的综合技术效率值（θ_c），包含了纯技术效率（θ_v）和规模效率（θ_s）两方面的内容。为了将 θ_v 从 θ_c 中分离出来，获得决策单元的 θ_v 测值，班克、查恩斯和库珀（Banker, Charnes and Cooper, 1984）对不变规模报酬的生产可能集进行改造，提出了可变规模报酬模型，又称为 BCC 模型。在 BCC 模型下的生产可能集 T_v 为：

$$T_v = \left\{ (X,Y) \mid X \geq \sum_{i=1}^{n} \lambda_i X_i, Y \leq \sum_{i=1}^{n} \lambda_i Y_i, \sum_{i=1}^{n} \lambda_i = 1, \lambda_i \geq 0, 1 \leq i \leq n \right\}$$

基于 T_v 建立的投入角度纯技术效率评价模型（加入松弛变量 S_A、S_B 及摄动量 e）为：

$$\text{Min}[\theta_v - \varepsilon(e_1^T S_A + e_2^T S_B)]$$

$$s.t. \sum_{i=1}^{n} \lambda_i X_i + S_A = \theta_v X_0$$

$$\sum_{i=1}^{n} \lambda_i Y_i - S_B = Y_0$$

$$\sum_{i=1}^{n} \lambda_i = 1$$

$$\lambda_i \geq 0; i = 1, 2, \cdots, n; S_A \geq 0, S_B \geq 0$$

上式中，θ_v 表示 DMU_0 的纯技术效率，其他符号与上节中的定义相同。当该问题的解为 θ_v^*，λ^*，S_A^*，S_B^* 时，可判别如下结论：(1) 若 $\theta_v^* = 1$，

且 $S_A^* = 0$，$S_B^* = 0$ 时，则 DMU$_0$ 为技术有效，即在现有技术条件下，不能减少某种投入或增加某种产出；(2) 若 $\theta_v^* = 1$，且 $S_A^* \neq 0$ 或 $S_B^* \neq 0$ 时，则 DMU$_0$ 为弱技术有效，即在现有技术条件下，存在某些投入未被充分利用或产出还可增加的情况；(3) 若 $\theta_v^* < 1$ 时，则 DMU$_0$ 为技术无效率，即在保持现有产出不变的前提下，所有投入指标可按 ($1 - \theta_v^*$) 的比例减少。

③ 规模效率的测定与规模报酬的判别。

通过运行 CCR 模型和 BCC 模型可以得到不变规模报酬下的综合技术效率（θ_c）和可变规模报酬下的纯技术效率（θ_v），可以推算决策单元的规模效率水平（θ_s）。三者的关系如下：

$$\theta_c = \theta_v \times \theta_s$$

或

$$\theta_s = \theta_c / \theta_v$$

$\theta_s = 1$，表明决策单元的生产规模处于最优；$\theta_s < 1$，表明决策单元的生产规模未达最优或规模无效率。

规模过大或规模过小都可能带来规模无效率。仅仅获得 $\theta_s < 1$，还不能判定决策单元的生产处于规模报酬递增还是规模报酬递减的阶段。为此，科埃利（Coelli，1996）提出了非增规模报酬（NIRS）模型，即将 BCC 模型的约束条件 $\sum_{i=1}^{n} \lambda_i = 1$ 改为 $\sum_{i=1}^{n} \lambda_i \leq 1$ 就变成 NIRS 模型，从而达到非增规模效率（θ_n）。

当 $\theta_s < 1$ 时，求解 θ_n，并与 θ_s 比较：(1) 当 $\theta_s = \theta_n$ 时，则判定决策单元的生产处于规模报酬递减阶段；(2) 当 $\theta_s \neq \theta_n$ 时，则判定决策单元的生产处于规模报酬递增阶段。

(2) 基于 DEA 的 Malmquist 指数法。

DEA 可用于测算狭义技术进步和生产率增长指标，但仅能用于相对效率的分析，而不能测算出生产率增长的具体真实水平。

实践中，常将 Malmquist 指数与前沿分析技术结合运用，并在此基础上实现对生产率增长的分解和测算。

Malmquist 指数法是基于 DEA 法而提出的。Malmquist 指数最早由瑞典经济学和统计学家曼奎斯特于 1953 年提出，用来分析不同时期的消费变化。1982 年，凯夫等人（Caves et al.）首先将该指数用于生产率变化的测算，分别从产出角度（Output-orienied）和投入角度（Input-oriented）构建了 Malmquist 生产率指数（Malmquist produetivity index）的概念。此后，Malmquist 指数又与 DEA 法相结合，在生产率测算中得到广泛应用。1992 年，费尔等人（Färe et al.）建立了用于考察 TFP 增长的 Maimquist 生产率指数，进而应用 Shephard 距离函数将生产率增长分解为技术进步与技术效率变动。

① Malmquist TFP 指数的定义。

传统的 Malmquist 指数是在 Shephard 产出距离函数的基础上定义的。令 $x^t = (x_1^t, x_2^t, \cdots, x_n^t)$，$y^t = (y_1^t, y_2^t, \cdots, y_m^t)$ 分别表示时期 t 的投入和产出向量（$t = 1, 2, \cdots, T$），生产可能集为：

$$T^t = \{(x^t, y^t): 产出 y^t 能用投入 x^t 生产出来\}$$

与生产可能集相关的产出集为：

$$p^t(x^t) = \{y^t: (y^t, x^t) \in T^t\}$$

假设产出集满足闭集、有界、凸性、输入/输出强可处理性，对规模收益不做限制，则 Shephard 产出距离函数定义为：

$$D_0^t(x^t, y^t) = \min\{\theta: (y^t/\theta) \in p^t(x^t)\}$$

用 (x_t, y_t) 和 (x_{t+1}, y_{t+1}) 分别表示时期 t 和时期 $t+1$ 的投入产出向量，用 $D_0^t(x^t, y^t)$ 和 $D_0^t(x^{t+1}, y^{t+1})$ 分别表示以 t 时期生产技术为参照，时期 t 和 $t+1$ 投入产出向量的产出距离函数，则以 t 时期生产技术 T^t 为参照、t 到 $t+1$ 时期的 Malmquist 数量指数定义为：

$$M_0^t(x^t, y^t, x^{t+1}, y^{t+1}) = \frac{D_0^t(x^{t+1}, y^{t+1})}{D_0^t(x^t, y^t)}$$

类似地，以 $t+1$ 时期生产技术 T^{t+1} 为参照的 t 时期到 $t+1$ 时期的 Malmquist 数量指数为：

$$M_0^{t+1}(x^t, y^t, x^{t+1}, y^{t+1}) = \frac{D_0^{t+1}(x^{t+1}, y^{t+1})}{D_0^{t+1}(x^t, y^t)}$$

以上即为 CCD 模型 Malmquist 指数。但无论是基于产出的距离函数还是基于投入的距离函数，都仅仅考虑了投入或产出的变化，而未将投入与产出作为一个整体考虑，导致基于投入角度和基于产出角度所测算的结果往往不一致。此外，不同时期在生产技术上的差异也会导致不同的测算结果，即 $M_0^t\ (x^t,\ y^t,\ x^{t+1},\ y^{t+1}) \neq M_0^{t+1}\ (x^t,\ y^t,\ x^{t+1},\ y^{t+1})$。为消除时期 t 或时期 $t+1$ 选择的随意性可能引起的差异，费尔等人用上述两式的几何平均值作为最终的 Malmquist 生产率指数，并以此测算 t 时期到 $t+1$ 时期的全要素生产率（TFP）变化。

$$M_0^{t,t+1}\ (x^t,\ y^t,\ x^{t+1},\ y^{t+1}) = \left[\frac{D_0^t\ (x^{t+1},\ y^{t+1})}{D_0^t\ (x^t,\ y^t)} \times \frac{D_0^{t+1}\ (x^{t+1},\ y^{t+1})}{D_0^{t+1}\ (x^t,\ y^t)}\right]^{1/2}$$

当 $M_0^{t,t+1}\ (x^t,\ y^t,\ x^{t+1},\ y^{t+1}) > 1$ 时，表示 t 时期到 $t+1$ 时期的 TFP 呈增长趋势；反之，则为下降趋势。

② Malmquist 指数的分解。

如果用图 2-3 的产出量表示 Malmquist 指数，则：

$$M_0^{t,t+1}\ (x^t,\ y^t,\ x^{t+1},\ y^{t+1}) = \left[\left(\frac{od/of}{oa/od} \times \frac{oc/oe}{oa/ob}\right)\right]^{1/2}$$

这个表达式可进一步变化为：

$$M_0^{t,t+1}\ (x^t,\ y^t,\ x^{t+1},\ y^{t+1}) = \left(\frac{od}{of}\right)\left(\frac{ob}{oa}\right)\left[\left(\frac{od/oe}{od/of} \times \frac{oa/ob}{oa/oc}\right)\right]^{1/2} = TE_{ch} \times T_{ch}$$

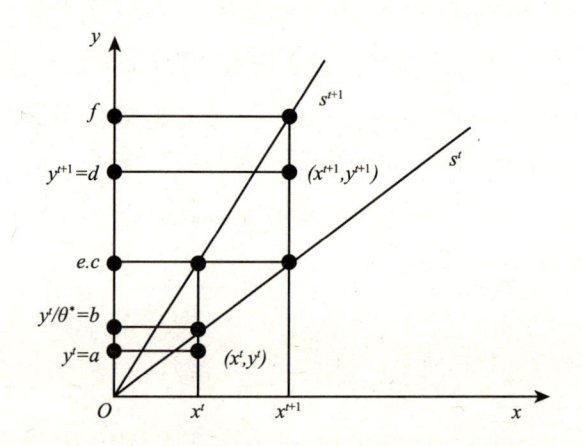

图 2-3 产出角度的 Malmquist 生产率指数示意图

这样，Malmquist 生产率指数可被分解为相对技术效率的变化（TE_{ch}）和技术进步的变化（T_{ch}）(Färe et al., 1992)。

上式可变换为如下形式：

$$M_0^{t,t+1}(x^t, y^t, x^{t+1}, y^{t+1}) = \frac{D_0^{t+1}(x^{t+1}, y^{t+1})}{D_0^t(x^t, y^t)} \times \left[\frac{D_0^t(x^{t+1}, y^{t+1})}{D_0^{t+1}(x^{t+1}, y^{t+1})} \times \frac{D_0^t(x^t, y^t)}{D_0^{t+1}(x^t, y^t)}\right]^{1/2}$$

即

$$T_{ch} = \left[\frac{D_0^t(x^{t+1}, y^{t+1})}{D_0^{t+1}(x^{t+1}, y^{t+1})} \times \frac{D_0^t(x^t, y^t)}{D_0^{t+1}(x^t, y^t)}\right]^{1/2}$$

$$TE_{ch} = \frac{D_0^{t+1}(x^{t+1}, y^{t+1})}{D_0^t(x^t, y^t)}$$

当 $T_{ch} > 1$ 时，表示技术进步，导致生产前沿的上移；反之，表示技术衰退，引起生产前沿的下移。$TE_{ch} > 1$ 时，表示技术效率提高；反之，表示技术效率衰退。

TE_{ch} 可进一步分解为可变规模报酬假设下的纯技术效率变化（PE_{ch}）和规模效率变化（SE_{ch}）两部分：

$$TE_{ch} = \frac{D_0^{t+1}(x^{t+1}, y^{t+1})}{D_0^t(x^t, y^t)} = \frac{D_0^{t+1}(x^{t+1}, y^{t+1}/C)/D_0^{t+1}(x^{t+1}, y^{t+1}/V)}{D_0^t(x^t, y^t/C)/D_0^t(x^t, y^t/V)}$$

$$\times \frac{D_0^{t+1}(x^{t+1}, y^{t+1}/V)}{D_0^t(x^t, y^t/V)}$$

$$= \frac{S_0^{t+1}(x^{t+1}, y^{t+1})}{S_0^t(x^t, y^t)} \times \frac{D_0^{t+1}(x^{t+1}, y^{t+1})}{D_0^t(x^t, y^t)} = SE_{ch} \times PE_{ch}$$

从而得到：

$$TFP_{ch} = M_0^{t,t+1}(x^t, y^t, x^{t+1}, y^{t+1}) = T_{ch} \times SE_{ch} \times PE_{ch}$$

Malmquist 生产率指数的分解各个指标所代表的含义如图 2-4 所示。

③ Malmquist 生产率指数的估算。

对于 Malmquist 生产率指数的估算，一般需计算 $D_0^t(x^t, y^t)$、$D_0^{t+1}(x^{t+1}, y^{t+1})$、$D_0^t(x^{t+1}, y^{t+1})$ 和 $D_0^{t+1}(x^t, y^t)$ 4 个基于 DEA 的距离函数，即：

$$[D_0^t(x^t, y^t)]^{-1} = \max_{\theta, \lambda} \theta \qquad [D_0^{t+1}(x^{t+1}, y^{t+1})]^{-1} = \max_{\theta, \lambda} \theta$$

$$s.t. \ -\theta y_{i,t} + Y_t \lambda \geq 0 \qquad s.t. \ -\theta y_{i,t+1} + Y_{t+1}\lambda \geq 0$$

$$x_{i,t} - X_t \lambda \geq 0 \qquad x_{i,t+1} - X_{t+1}\lambda \geq 0$$

$$\lambda \geq 0 \qquad \lambda \geq 0$$

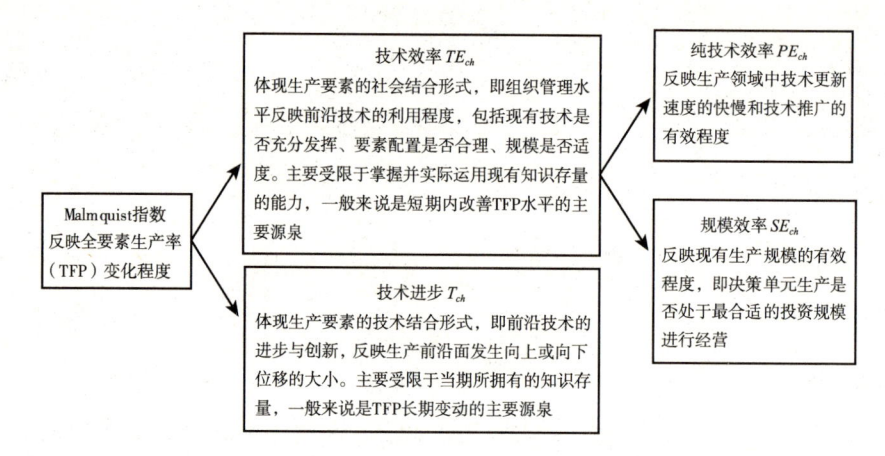

```
┌─────────────────┐      ┌──────────────────────────┐      ┌──────────────────────┐
│                 │      │  技术效率 TE_ch           │      │ 纯技术效率 PE_ch     │
│                 │      │  体现生产要素的社会结合   │      │ 反映生产领域中技术更新│
│                 │      │  形式，即组织管理水平反   │      │ 速度的快慢和技术推广的│
│                 │      │  映前沿技术的利用程度，   │      │ 有效程度             │
│ Malmquist 指数  │ ───▶ │  包括现有技术是否充分发   │ ───▶ └──────────────────────┘
│ 反映全要素生产率│      │  挥、要素配置是否合理、规 │
│ （TFP）变化程度 │      │  模是否适度。主要受限于   │      ┌──────────────────────┐
│                 │      │  掌握并实际运用现有知识   │      │ 规模效率 SE_ch       │
│                 │      │  存量的能力，一般来说是   │ ───▶ │ 反映现有生产规模的有 │
│                 │      │  短期内改善TFP水平的主    │      │ 效程度，即决策单元生 │
│                 │      │  要源泉                   │      │ 产是否处于最合适的投 │
│                 │      └──────────────────────────┘      │ 资规模进行经营       │
│                 │                                         └──────────────────────┘
│                 │      ┌──────────────────────────┐
│                 │      │  技术进步 T_ch            │
│                 │ ───▶ │  体现生产要素的技术结合   │
└─────────────────┘      │  形式，即前沿技术的进步   │
                         │  与创新，反映生产前沿面   │
                         │  发生向上或向下位移的大   │
                         │  小。主要受限于当期所拥   │
                         │  有的知识存量，一般来说   │
                         │  是TFP长期变动的主要源泉  │
                         └──────────────────────────┘
```

图 2-4　Malmquist 生产率指数的分解及各个指标所代表的含义
（杨顺元，2006；李谷成，2008）

资料来源：杨顺元（2006）；李谷成（2008）。

$$[D_0^t(x^{t+1}, y^{t+1})]^{-1} = \max_{\theta,\lambda}\theta \qquad [D_0^{t+1}(x^t, y^t)]^{-1} = \max_{\theta,\lambda}\theta$$

$$s.t. \quad -\theta y_{i,t+1} + Y_t\lambda \geq 0 \qquad s.t. \quad -\theta y_{i,t} + Y_{t+1}\lambda \geq 0$$

$$x_{i,t+1} - X_t\lambda \geq 0 \qquad\qquad x_{i,t} - X_{t+1}\lambda \geq 0$$

$$\lambda \geq 0 \qquad\qquad\qquad\qquad \lambda \geq 0$$

基于 DEA 的 Malmquist 指数法，除具有 DEA 的优点外，还具有以下自身独特的优点：不需要有关投入产出的价格信息，对于价格信息不充分的情况也适用；不需要进行行为假设，研究具有更强的适应性；计算简便，使用广泛。主要缺点是不能对单个国家或地区测算生产率指数，样本所包含的决策单元必须在 1 个以上。

第3章

中国生猪规模养殖的发展现状分析

3.1 中国养猪业发展现状

中国生猪生产和猪肉消费在畜牧业生产和动物性食品消费中一直占有很重要的地位,对世界养猪业的影响也越来越大。

3.1.1 生猪生产

1. 产量

自 20 世纪 80 年代以来,中国的生猪生产快速发展,猪肉产量不断提高。生猪存栏量从 1980 年的 30 543.1 万头分别增加到 1990 年的 36 240.8 万头、2000 年的 41 633.6 万头、2010 年的 46 440.0 万头,年均增长 1.68%;出栏量从 1980 年的 19 860.7 万头分别增加到 1990 年的 30 991.0 万头、2000 年的 52 673.0 万头、2010 年的 66 700.0 万头,年均增长 7.61%;猪肉总产量从 1980 年的 1 134.1 万吨分别增加到 1990 年的 2 281.1 万吨、2000 年的 4 031.0 万吨、2010 年的 5 070.0 万吨,年均增长 11.2%(见表 3-1)。从年增长率来看,以猪肉总产量最高,其次是生猪出栏量,生猪存栏量要低得多。2010 年,猪肉总产量、生猪出栏量和生猪存栏量分别是 1980 年的 4.47 倍、3.36 倍和 1.52 倍。从生猪产值来看,1985 年仅为 419.3 亿元,而 1990 年、2000 年和 2010 年则分别增加到 1 067.0 亿元、3 840.2亿元、9 202亿元（见表3-2），是1985年的2.54倍、9.16倍和21.95倍。可见，改革开放以来，中国养猪业取得了长足的进步。

表3-1　　　　1980~2010年中国生猪与猪肉产量及其在中国与
世界肉类产量中所占的比重

年份	年末存栏量（万头）	年出栏量（万头）	猪肉年产量（万吨）	在中国肉类总产量中的比重（%）	在世界猪肉总产量中的比重（%）
1980	30 543.1	19 860.7	1 134.1	88.9	21.5
1985	33 139.6	23 875.2	1 654.7	85.9	27.5
1990	36 240.8	30 991.0	2 281.1	79.8	32.5
1995	44 169.0	48 051.0	3 648.4	69.4	46.0
2000	41 633.6	51 862.3	4 031.4	65.8	44.6
2005	43 319.1	60 367.4	4 555.3	65.6	45.5
2010	46 440.0	66 700.0	5 070.0	64.0	46.4

资料来源：根据历年《中国统计年鉴》和FAOSTAT数据计算。

表3-2　　　　1985~2010年中国生猪产值及其在畜牧业
总产值中所占的比重

年份	畜牧业总产值（亿元）	生猪产值（亿元）	生猪产值占畜牧业总产值的比重（%）
1985	796.9	419.3	52.6
1990	1 964.1	1 067.0	54.3
1995	6 045.0	3 239.5	53.6
2000	7 393.1	3 840.2	51.9
2005	13 310.8	6 443.5	48.4
2010	20 825.7	9 202.0	44.2

资料来源：根据历年《中国农村统计年鉴》数据计算。

由于其他畜禽生产相对于养猪业发展更快，使得中国猪肉产量与生猪产值所占比重呈逐步下降的趋势，其中猪肉产量占全国肉类总产量的比重由1980年的88.9%下降到1990年的79.8%、2000年的65.8%、2010年的64.0%（见表3-1）；生猪产值占畜牧业总产值的比重由1985年的52.6%下降到2000年的51.9%、2010年的44.2%（见表3-2），但猪肉产量与生猪产值在畜牧业中维持最大份额的地位将在今后较长时期内无法撼动。

此外，中国也是世界上最大的猪肉生产国，而且所占比重越来越大。中国猪肉占世界猪肉总产量的比重在1980年仅为21.5%，到1990年和2000年分别增加到32.5%和44.6%，而在2010年则增加到46.4%，接近一半。

2. 区域发展

中国的养猪生产表现为明显的区域差异，主要集中在四川盆地、黄淮流域、长江中下游和东北等四大地区。这些地区也是粮食主产区，饲料资源相对丰富，具有区域优势。养猪业为耗量型畜牧业，可就地将粮食转化为畜产品，从而降低生产成本，提高农作物附加值。2009年，全国生猪存栏量、出栏量与猪肉产量分别为46 996万头、64 538.6万头和4 890.8万吨。其中，四川省无疑是中国生猪生产第一大省，其生猪存栏量、出栏量与猪肉产量分别为5 000万头以上、近7 000万头和近500万吨，占全国的比重分别为10.9%、10.7%和9.7%。排在第二、第三位的分别为河南、湖南两省，其生猪存栏量、出栏量与猪肉产量都在4 000万头以上、5 000万头以上和近400万吨，两省累计占全国的比重分别达到18.2%、16.5%和16.1%。从第四位至第八位，按存栏量大小排序依次为山东、云南、湖北、广东、广西，各省份生猪存栏量在3 000万～2 000万头之间，五省份累计占全国的比重达到27.2%；按出栏量大小排序依次为山东、湖北、广东、河北、广西，每省份生猪出栏量在4 200万～3 000万头之间，五省（区）累计占全国的比重达到27.8%。另有11个省份的生猪存栏量在1 000万头以上，分别为河北、江苏、贵州、辽宁、重庆、江西、安徽、黑龙江、福建、浙江、吉林，累计占全国的比重达到35.1%；12个省份的生猪出栏量在1 000万头以上，分别是云南、江苏、贵州、辽宁、重庆、江西、安徽、黑龙江、福建、浙江、吉林、陕西，累计占全国的比重达到38.6%。存栏量排名前十位和前十九位省份累计占全国存栏总量的比重分别达到64.2%和91.4%，其猪肉产量占全国的比重分别为62.6%和92.1%；出栏量排名前十位和前二十位省份累计占全国出栏总量的比重分别达到 63.7% 和 93.7%，其猪肉产量占全国的比重分别为 62.6% 和 93.6%。剩余 11 个省份的生猪存栏量、出栏量与猪肉产量合计都不足全国的 7%，尤其是北京、天津、上海、西藏、宁夏、青海和新疆等 7 省份生猪养殖量很少，累计存栏不足 1 000 万头，占全国的比重仅 2% 左右（见表 3-3）。

表 3-3　　2009 年中国生猪存栏量和出栏量前二十位省份排名情况

指标		排名	累计占全国总量比重（%）
存栏量	前十位	四川、河南、湖南、山东、云南、湖北、广东、广西、河北、江苏	64.2
	前十九位	四川、河南、湖南、山东、云南、湖北、广东、广西、河北、江苏、贵州、辽宁、重庆、江西、安徽、黑龙江、福建、浙江、吉林	91.4
出栏量	前十位	四川、河南、湖南、山东、湖北、广东、河北、广西、云南、江苏	63.7
	前二十位	四川、河南、湖南、山东、湖北、广东、河北、广西、云南、江苏、贵州、辽宁、重庆、江西、安徽、黑龙江、福建、浙江、吉林、陕西	93.7

中国的生猪主销区集中在长三角、珠三角、环渤海地区，主要包括北京、上海、天津、广东、福建、浙江等六省（市），这些地区经济发达，消费水平较高。

3. 生产水平

近 30 年来，中国生猪的养殖水平也在逐步提高。通过良种与实用技术的推广应用，提高了良种覆盖率、胴体瘦肉率和饲料转化率，大大缩短了饲养周期。生猪出栏率在 1980 年仅为 65.0%，1990 年和 2000 年分别增加到 85.5% 和 126.5%，2010 年达到 143.5%；生猪平均胴体重从 1980 年的 57.7 千克增加到 1990 年 73.7 千克、1995 年的 76.1 千克，此后增长缓慢，2010 年达到 76.3 千克；每头存栏猪年产肉量从 1980 年的 37.5 千克增加到 1990 年的 63.0 千克、2000 年的 97.0 千克、2010 年的 109.5 千克

（见表 3-4）。生猪出栏率、平均胴体重、每头存栏猪年产肉量在 30 年期间分别增加了 120.8%、32.2%、192.0%。但是，目前中国的生猪养殖水平仅处于世界平均水平，与养猪业发达国家相比还有相当大的差距。以每头存栏猪年产肉量为例，美国、德国和澳大利亚均超过 145 千克，分别是中国的 1.43 倍、1.89 倍和 1.34 倍（见表 3-5）。

表 3-4　　　　1980~2010 年中国生猪的生产水平变化情况

年份	生猪出栏率（%）	平均胴体重（千克）	每头存栏猪年产肉量（千克）
1980	65.0	57.7	37.5
1985	72.0	69.4	50.0
1990	85.5	73.7	63.0
1995	108.8	76.1	82.8
2000	126.5	76.7	97.0
2005	139.4	75.7	105.5
2010	143.5	76.3	109.5

资料来源：根据历年《中国统计年鉴》和 FAOSTAT 数据计算。

表 3-5　　　　2010 年发达国家生猪生产水平情况

年份	生猪出栏率（%）	平均胴体重（千克）	每头存栏猪年产肉量（千克）
世界平均	142.4	79.4	113.1
美国	170.1	92.3	157.0
德国	221.2	93.6	207.1
丹麦	152.9	82.8	126.6
澳大利亚	201.1	73.0	146.5
日本	171.3	76.9	131.7

资料来源：根据 FAOSTAT 数据计算。

3.1.2　猪肉消费

中国也是猪肉消费大国，猪肉在中国居民肉类消费中一直占主导地位。2010 年，全国猪肉产量 5 071.2 万吨，人均占有量 36.6 千克，人均消费量（不含户外消费量和肉制品）17.5 千克，城乡居民家庭猪肉消费总量 2 352.8 万吨。其中，2010 年城镇居民人均消费猪肉为 20.7 千克，消费总量为 1 386.4 万吨,占肉类消费的 59.7%;农村居民人均消费猪肉为 14.4 千克,消费总量为 966.4 万吨,占肉类消费的 72.0%。农村居民人均猪肉消费量仅为城镇居民人均猪肉购入量的 69.6%(见表 3-6)。

表 3-6　　　　　　　1980~2010 年中国居民猪肉消费水平

年份	城乡人口之比	居民人均消费量(千克)				居民消费总量(万吨)			
		城镇	农村	城乡之比	全国	城镇	农村	城乡之比	全国
1980	0.24:1	19.0	7.3	2.60:1	9.6	363.7	580.8	0.63:1	944.5
1985	0.31:1	17.2	10.3	1.67:1	11.9	431.6	831.8	0.51:1	1 263.4
1990	0.36:1	18.5	10.5	1.76:1	12.6	557.4	886.8	0.63:1	1 444.2
1995	0.41:1	17.2	10.6	1.62:1	12.5	606.4	909.3	0.67:1	1 515.7
2000	0.60:1	16.7	13.3	1.26:1	14.5	768.0	1 073.5	0.72:1	1 841.5
2005	0.75:1	20.2	15.6	1.29:1	17.6	1 132.7	1 151.9	0.99:1	2 284.6
2006	0.78:1	20.0	15.5	1.29:1	17.5	1 154.1	1 143.0	1.01:1	2 297.1
2007	0.81:1	18.2	13.4	1.36:1	15.6	1 080.7	974.9	1.11:1	2 055.6
2008	0.84:1	19.3	12.7	1.52:1	15.7	1 170.9	916.1	1.23:1	2 087.0
2009	0.87:1	20.4	14.0	1.46:1	17.0	1 274.8	998.0	1.28:1	2 272.8
2010	1:1	20.7	14.4	1.44:1	17.5	1 386.4	966.4	1.43:1	2 352.8

注:居民消费总量不含户外消费量和肉制品,数值为估计值,即居民人均消费量乘以人数。
资料来源:历年《中国统计年鉴》。

20 世纪 80 年代以来,随着猪肉产量与居民收入水平的不断提高,中国居民人均猪肉消费量总体逐年增长,从 1980 年的 9.6 千克增加到 2005 年的 17.6 千克,年均增长 3.2%,2005 年以后由于受到猪肉价格上涨等因素的影响而略有下降,2009 年又开始回升。这种趋势也体现在城镇居民人均猪肉消费量、农村居民人均猪肉消费量与全国居民猪肉消费总量上。与此同时,居民人均猪肉消费存在显著的城乡差异,但总体也呈现逐年缩小的趋势,城乡居民人均猪肉消费量之比从 1980 年的 2.6:1 降低到目前的 1.5:1 左右。由于 2005 年后城镇化进程加快,城市人口增长较快,使得城乡居民猪肉消费总量呈现明显不同的变化趋势。城镇居民猪肉消费总量从 1980 年以来一直呈绝对增长态势,且从 2006 年开始超过农村居民猪肉消费总量;而农村居民猪肉消费总量从 1980~2005 年也是逐年增长,但从 2006 年开始呈现下降趋势。这种趋势导致了城乡居民猪肉消费总量之比的变化（从 1980 年的 0.63∶1 增加到 2005 年的 0.99∶1），城乡居民猪肉消费得到平衡，而从 2006 年开始，城乡居民猪肉消费总量之比发生逆转，到 2010 年时达到 1.43∶1（见表 3-6）。

3.1.3 进出口贸易

中国生猪进出口贸易包括活猪与猪肉产品两大部分。总体而言，中国生猪主要以内销为主，进出口在国际市场上所占份额相对较少。

猪肉是中国肉类进出口的主要品种之一，对中国肉类贸易有着举足轻重的影响。2009 年，中国猪肉进出口 70.65 万吨，占肉类进出口总量（198.6 万吨）的 35.1%。其中，猪肉出口 17.86 万吨，进口 52.79 万吨，逆差约 35 万吨。出口来源地包括湖南、广东、四川、河南、云南、重庆、山东、吉林、黑龙江、新疆、江苏等 10 多个省份，主要出口到中国香港、日本、吉尔吉斯坦等亚洲地区和国家，三地合计占中国猪肉出口总量的 80% 以上；进口来源地主要是丹麦、加拿大、美国等欧美国家，三国合计占中国猪肉进口总量的近 80%，丹麦取代美国成为中国猪肉第一进口国。进出口猪肉种类包括冷（鲜、冻）猪肉、猪杂碎、干（熏、腌、渍）猪肉、猪肉香肠、猪肉罐头与火腿等，其中出口种类以冷（鲜、冻）猪肉和猪肉罐头及火腿为主，2009 年合计约占中国猪肉出口总量的 70%；进口种类以猪杂碎为主，其次为冷（鲜、冻）猪肉，其他种类进口很少，2009 年猪杂碎和冷（鲜、冻）猪肉进口量分别占中国猪肉进口总量的 74.1% 和 25.7%。此外，2009 年，中国还出口活猪 169 万头，主要供应香港地区；进口活猪 2833 头，全部为种猪（见表 3-7）。

表 3-7　　1980~2009 年中国活猪及猪肉产品进出口贸易变化

年份	活猪				猪肉		
	进口量（万头）	出口量（万头）	出口量占出栏量比重（%）	净出口量（万头）	进口量（万吨）	出口量（万吨）	净出口量（万吨）
1980	0.0320	246.8	1.24	246.8	—	—	—
1985	0.0407	315.0	1.32	315.0	—	—	—
1990	0.0073	299.9	0.97	299.9	0.0112	22.59	22.58

续表

年份	活猪 进口量（万头）	活猪 出口量（万头）	活猪 出口量占出栏量比重（%）	活猪 净出口量（万头）	猪肉 进口量（万吨）	猪肉 出口量（万吨）	猪肉 净出口量（万吨）
1995	9.7377	253.7	0.53	244.0	0.4762	24.25	23.77
1997	1.2742	228.1	0.50	226.8	0.5208	16.71	16.19
1998	0.4127	220.0	0.40	219.6	2.56	16.8	14.22
2000	0.3364	203.9	0.39	203.6	23.73	12.13	-11.60
2005	0.3238	176.9	0.29	176.6	19.98	41.31	21.33
2006	0.2489	172.3	0.28	172.0	21.88	45.32	23.44
2007	0.2414	160.9	0.28	160.7	47.31	26.91	-20.40
2008	1.1613	164.5	0.27	163.3	91.39	17.17	-74.22
2009	0.2833	169.0	0.26	168.7	52.79	17.86	-34.95

资料来源：根据历年《中国统计年鉴》与《中国海关统计年鉴》的相关数据整理。

活猪与猪肉一直是中国传统的出口产品，但进入20世纪90年代以后，活猪出口量总体呈现下降趋势，从1990年的近300万头下降到2007年的161万头，此后稍有增加，但占中国生猪出栏量的比重一直呈现下降的态势，从1980年的1.24%降低到2009年的0.26%。相比而言，中国猪肉出口量极不稳定，低则10多万吨，高则40多万吨。因受国内需求的强劲影响，在未来相当长的时期内，中国猪肉出口量大幅度增加的可能性不大。

活猪与猪肉进口也呈现一定的变化特征。活猪进口量除了1995年、1997年与2008年在1万头以上外，一般在5 000头以下，远低于活猪出口量。而猪肉进口量在1997年以前不足1万吨，但从1998年后迅速上升，并逐年递增，进入21世纪后达到20万吨左右。2007年，因猪肉供应不足、价格急剧上涨而导致猪肉尤其是鲜冻猪肉进口量大增，比2006年翻了1倍多，达到近50万吨；而在2008年，因北京举办奥运会对优质猪肉需求的增加而使当年猪肉进口量达到91.4万吨的峰值。

从净出口量来看，由于活猪进口量相对于出口量可以忽略不计，因此活猪进出口总是呈现较大的顺差；而猪肉进出口则交替出现顺差与逆差，最高顺差出现在1995年，约为24万吨，最大逆差出现在2008年，约为74万吨。

3.2 中国生猪规模养殖的发展水平分析

中国工厂化养猪始于20世纪80年代，当时主要是出于丰富大中城市的"菜篮子"和解决活猪（或猪肉）出口的需要。到了20世纪90年代，规模化养猪有了较快的发展（张存根等，2006）。但对全国生猪规模养殖数据的统计始于1998年，发表于历年《中国畜牧业年鉴》，从而为系统研究中国生猪规模养殖的现状和变化趋势提供了数据来源。下面利用1998年以来生猪规模养殖的统计数据来分析中国生猪规模养殖比重的变化趋势。

3.2.1 生猪散养与规模养殖比重的变化趋势

从猪场数量来看，中国散养猪场数量有逐年大幅减少的趋势，从2003年的10 677.9万个减少到2009年的6 459.9万个，净减少4 218万个，减少了超过1/3，而规模养殖猪场数量则有逐年大幅增加的趋势，从2003年的113.9万个增加到2009年的253.8万个，净增加139.9万个，增长了1倍多。可见，进入21世纪以来，中国的散养猪场与规模养殖猪场的数量呈现反向变化趋势，散养猪场不断退出生猪市场，而规模养殖猪场加快进入生猪市场。由于散养猪场绝对数量减少较多，因此中国猪场总数也呈现逐年大幅减少的趋势，从2003年的10 791.8万个下降到2009年的6 713.7万个（见图3-1）。

由于散养猪场数量仍占绝对优势，因此其占猪场总数的比重虽然也呈逐年降低的趋势，但降低幅度不大，从2003年的98.94%降低到2009年的96.22%，仅降低了3个百分点左右。换句话说，规模养殖猪场数量占猪场总数的比重在2003～2009年也仅增长了3个百分点左右，从2003年的1.06%增长到2009年的3.78%。

从猪场年出栏量来看，中国散养生猪年出栏量在1998～2009年间出现不规则的变化特征，但总趋势仍然是逐年降低，不过，与猪场数量的变化

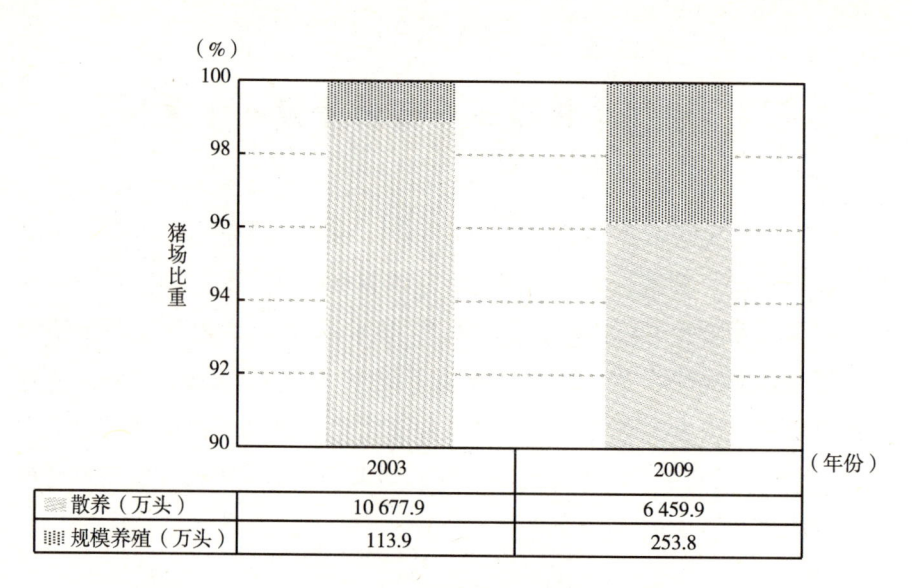

	2003	2009
散养（万头）	10 677.9	6 459.9
规模养殖（万头）	113.9	253.8

图 3-1 中国生猪散养与规模养殖猪场数量及比重的变化趋势

相比，其降低幅度要小得多，从 1998~2009 年仅减少 12%，从 2003~2009 年也仅减少 27%，其重要原因在于散养猪场的平均养殖规模也在逐年增大，2002 年为 4.3 头，而到 2009 年则增大到 5.3 头，从而抵消了因猪场数量减少对年出栏量的降低效应。而规模养殖生猪年出栏量则出现明显的逐年增长特征，2009 年分别比 1998 年和 2002 年增长了 3.7 倍和 2.3 倍，远超于规模猪场数量增长的幅度，其原因在于规模猪场的平均养殖规模也在逐年增大，从 1998 年的 112.5 头增加到 2009 年的 212.9 头。所有猪场的平均养殖规模从 2003 年的 6.1 头增长到 2009 年的 13.1 头，扩大了 1 倍多。

从图 3-2 可看出，散养生猪年出栏量占总出栏量的比重呈逐年降低趋势，从 1998 年的 76.80% 降低到 2009 年的 38.67%，而规模养殖年出栏量占总出栏量的比重（即"生猪规模养殖比重"）则呈逐年增长的变化趋势，从 1998 年的 23.20% 增长到 2009 年的 61.33%，期间增长了 1.6 倍，其中 2003 年以后呈加速增长态势，2008 年首次突破 50%。这是由于散养猪场数量不断减少、规模养殖猪场数量加速增长以及规模养殖猪场养殖规模持续增大等因素共同作用的结果。

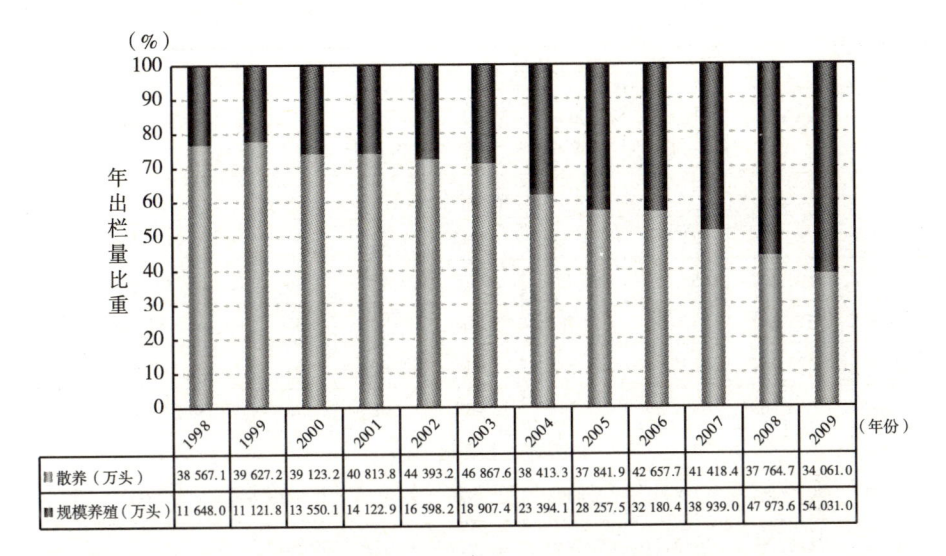

图3-2 中国生猪散养与规模养殖年出栏量及比重的变化趋势

年份	散养(万头)	规模养殖(万头)
1998	38 567.1	11 648.0
1999	39 627.2	11 121.8
2000	39 123.2	13 550.1
2001	40 813.8	14 122.9
2002	44 393.2	16 598.2
2003	46 867.6	18 907.4
2004	38 413.3	23 394.1
2005	37 841.9	28 257.5
2006	42 657.7	32 180.4
2007	41 418.4	38 939.0
2008	37 764.7	47 973.6
2009	34 061.0	54 031.0

3.2.2 不同规模猪场数量及其所占比重的变化趋势

从规模猪场的增长速度来看，2002年以前和2006年以后的各年份同比增长率都在10%以下，而在2002~2006年之间各年份同比增长率皆在10%以上，2004年和2005年高达20%以上（见表3-8）。

表3-8　1998~2009年不同规模猪场数量及其所占比重

年份	50~99	100~499	500~2 999	3 000~9 999	1万~49 999	5万以上	合计（同比增长）
				猪场数量（个）			
1998	697 930	156 325	16 069	2 468	614	11	873 417
1999	637 434	154 650	16 815	2 368	629	12	811 908（-7.04%）
2000	685 802	165 462	21 437	2 867	669	13	876 250（7.92%）
2001	703 777	193 450	22 956	2 798	747	16	923 744（5.42%）
2002	790 307	212 909	27 495	3 242	862	28	1 034 843（12.03%）
2003	851 429	249 016	33 844	3 388	911	30	1 138 618（10.03%）
2004	1 056 793	328 811	46 175	4 162	1 048	44	1 437 033（26.21%）

续表

年份	年出栏数						合计 (同比增长)
	50~99	100~499	500~2 999	3 000~9 999	1万~49 999	5万以上	
猪场数量（个）								
2005	1 382 874	391 434	54 780	5 094	1 221	39	1 835 442（24.72%）
2006	1 581 697	458 184	60 054	5 690	1 317	44	2 106 986（14.79%）
2007	1 577 645	542 014	113 784	9 004	1 803	50	2 244 300（6.52%）
2008	1 623 484	633 791	148 686	12 916	2 432	69	2 421 378（7.89%）
2009	1 653 865	689 739	175 798	15 459	3 083	96	2 538 040（4.82%）
不同规模猪场占规模猪场总数的比重（%）							合计（%）
1998	79.9080	17.8981	1.8398	0.2826	0.0703	0.0013	100
1999	78.5106	19.0477	2.0710	0.2917	0.0775	0.0015	100
2000	78.2656	18.8830	2.4464	0.3272	0.0763	0.0015	100
2001	76.1875	20.9419	2.4851	0.3029	0.0809	0.0017	100
2002	76.3697	20.5740	2.6569	0.3133	0.0833	0.0027	100
2003	74.7774	21.8700	2.9724	0.2976	0.0800	0.0026	100
2004	73.5399	22.8812	3.2132	0.2896	0.0729	0.0031	100
2005	75.3428	21.3264	2.9846	0.2775	0.0665	0.0021	100
2006	75.0692	21.7459	2.8502	0.2701	0.0625	0.0021	100
2007	70.2956	24.1507	5.0699	0.4012	0.0803	0.0022	100
2008	67.0479	26.1748	6.1406	0.5334	0.1004	0.0028	100
2009	65.1631	27.1760	6.9265	0.6091	0.1215	0.0038	100

资料来源：根据历年《中国畜牧业年鉴》数据整理。括号中的数据为同比增长率。

从猪场数量变化来看，各种不同规模猪场的数量均呈逐年增加趋势，但相对增长速度不同，导致其占规模猪场总数的比重呈现不同的变化特征，其中年出栏生猪 50~99 头的猪场所占比重具有明显的逐年降低趋势，从 1998 年的 79.91% 降低到 2009 年的 65.16%，而其他规模猪场所占比重都具有逐年提高的趋势，尤其是年出栏生猪 500~2 999 头的猪场所占比重提高明显，从 1998 年的 1.840% 增加到 2009 年的 6.927%。按小、中、大规模猪场分析，年出栏生猪 50~499 头的小型规模猪场从 1998 年的

97.81%降低到2009年的92.34%,仍占规模猪场总数的90%以上;年出栏生猪500~9 999头的中型规模猪场所占比重已从1998年的2.122%增加到2009年的7.536%;年出栏生猪1万头以上的大型规模猪场所占比重从1998年的0.0716%增加到2009年的0.1253%,不足0.2%。

3.2.3 不同规模猪场年出栏量及其所占比重的变化趋势

从规模猪场总出栏量增长的速度来看,除了1999年和2001年以外,其他年份的各年份同比增长率都在10%以上,其中2000年、2004年、2005年、2007年和2008年这5年都高达20%以上(见表3-9)。

表3-9　　1998~2009年不同规模猪场年出栏量及其所占比重

年份	50~99	100~499	500~2 999	3 000~9 999	1万~49 999	5万以上	合计（同比增长）
			猪场年出栏量（万头）				
1998	4 586.22	3 213.37	1 733.37	1 187.29	853.97	73.73	11 647.95
1999	4 336.59	2 975.29	1 746.33	1 085.90	898.81	78.92	11 121.84（-4.52%）
2000	4 754.43	3 688.80	2 300.93	1 627.80	1 082.58	95.54	13 550.08（21.83%）
2001	4 977.26	4 165.14	2 406.49	1 342.17	1 115.39	116.48	14 122.93（4.23%）
2002	5 363.74	5 165.14	2 936.32	1 643.23	1 283.88	205.84	16 598.15（17.53%）
2003	5 899.85	5 963.93	3 647.70	1 741.97	1 418.12	235.84	18 907.41（13.91%）
2004	7 382.14	7 502.24	4 542.57	2 061.53	1 567.32	338.29	23 394.09（23.73%）
2005	9 490.67	8 810.05	5 344.90	2 500.89	1 814.41	296.58	28 257.50（20.79%）
2006	10 565.82	10 375.64	6 066.56	2 792.83	2 045.56	333.96	32 180.37（13.88%）
2007	10 424.39	10 995.64	10 293.90	4 110.20	2736.14	378.72	38 938.99（21.00%）
2008	11 086.16	13 498.77	13 287.90	5 888.53	3 665.94	546.34	47 973.64（23.20%）
2009	11 394.69	14 743.69	15 523.94	7 067.36	4 570.54	7 30.75	54 030.97（12.63%）

续表

年份	年出栏数						合计(%)
	50~99	100~499	500~2 999	3 000~9 999	1万~49 999	5万以上	
不同规模猪场年出栏量占规模猪场总出栏量的比重（%）							
1998	39.3736	27.5874	14.8813	10.1931	7.3315	0.6330	100
1999	38.9917	26.7518	15.7018	9.7637	8.0815	0.7096	100
2000	35.0878	27.2235	16.9809	12.0132	7.9895	0.7051	100
2001	35.2424	29.4920	17.0396	9.5035	7.8977	0.8248	100
2002	32.3153	31.1188	17.6906	9.9001	7.7351	1.2401	100
2003	31.2039	31.5428	19.2924	9.2132	7.5003	1.2473	100
2004	31.5556	32.0690	19.4176	8.8122	6.6996	1.4460	100
2005	33.5864	31.1777	18.9150	8.8504	6.4210	1.0496	100
2006	32.8331	32.2421	18.8517	8.6787	6.3565	1.0378	100
2007	26.7711	28.2381	26.4360	10.5555	7.0267	0.9726	100
2008	23.1089	28.1379	27.6983	12.2745	7.6416	1.1388	100
2009	21.0892	27.2875	28.7316	13.0802	8.4591	1.3525	100

资料来源：根据历年《中国畜牧业年鉴》数据整理。

从猪场出栏量的变化来看，各种不同规模猪场的出栏量均呈现逐年增加趋势，但相对增长速度不同，导致其占规模猪场总出栏量的比重呈现不同的变化特征。其中，年出栏生猪50~99头的猪场所占比重具有明显的逐年降低趋势，从1998年的39.37%降低到2009年的21.09%；年出栏生猪100~499头、3 000~9 999头、1万~49 999头的猪场所占比重保持相对稳定；而年出栏生猪500~2 999头和5万头以上的猪场所占比重具有逐年提高趋势，2009年都比1998年增长1倍左右。这种变化特征是由于不同规模猪场的养殖规模以及不同规模猪场所占比重的变化特征综合作用的结果。按小、中、大规模猪场分析，年出栏生猪50~499头的小型规模猪场出栏量从1998年的66.96%降低到2009年的48.38%，已降低到50%以下；年出栏生猪500~9 999头的中型规模猪场所占比重已从1998年的25.07%增加到2009年的41.81%，几乎与小型规模猪场并驾齐驱；而年出栏生猪1万头以上的大型规模猪场所占比重从1998年的8.96%增加到2009年的9.80%，仍不足10%。以上分析表明，中国生猪规模养殖水平并不高，行业集中度仍然偏低。

3.3 中国生猪规模养殖的发展动因分析

自 20 世纪 90 年代以来，中国生猪规模养殖的快速发展得益于多种因素的推动，主要包括人口增长与经济社会发展、技术进步、粮食增产、市场竞争、政策扶持等因素。

3.3.1 人口增长与经济社会发展

人口增长和经济发展增加了对猪肉的需求量，拉动了生猪规模养殖的发展。中国总人口自 1980 年以来一直呈逐渐增长态势，从 1980 年的 9.8705 亿元增加到 2009 年的 13.3474 亿元，无疑加大了对猪肉的需求。

改革开放以来，中国经济持续快速发展，居民收入水平不断提高，生活质量大幅改善，人均猪肉消费量也随之逐年增长，从 1980 年的 9.6 千克增加到 2009 年的 17.0 千克，从而进一步推动了生猪生产规模的扩张。同时，中国城镇化水平也在不断提高，大批农村剩余劳动力进城务工就业，致使大量农户因比较效益低而放弃生猪养殖，促进了有实力的生猪养殖户或企业扩大养殖规模。

3.3.2 技术进步

规模养殖有利于先进技术的推广应用（郭剑，2003），其技术优势是中国生猪规模养殖的主要诱因（韩洪云等，2010）。改革开放以来，中国养猪业在育种与繁殖技术（熊远著，2006；陈斌等，2007）、营养与饲料配制技术（张子仪，2006）、疫病防控技术（蔡宝祥，2000）以及环境工程技术（周道雷等，2005）等方面都取得了一系列重要成果，为生猪规模养殖提供了技术保障。

由于先进技术特别是配合饲料技术与国外优良猪种杂交改良技术的广泛应用，使得规模养殖生猪的生产性能要优于散养生猪。如表 3-10 所示，

2009年规模养殖的饲养天数要比散养生猪短22天,而且生猪饲养天数随着养殖规模的增大而减少;规模养殖的平均日增重比散养生猪高0.083千克;尽管计算饲料转化率未将粗饲料统计在内,但规模养殖的饲料转化率仍然略好于散养生猪;规模养殖的劳动效率与净利润都要显著高于散养生猪,其中规模养殖每50千克增重所需的劳动时间仅为散养生猪的1/3,净利润为散养生猪的1.5倍。

表3-10　　　　2009年中国不同规模猪场生猪的生产水平

指标	散养	规模养殖	小规模（31~100头）	中规模（101~1 000头）	大规模（>1 000头）
生猪平均饲养天数（从仔猪购进至上市出售）	163	141	146	145	131
平均日增重（千克）	0.582	0.665	0.655	0.652	0.670
饲料转化率（千克精饲料消耗量/千克增重）	3.044	3.041	3.042	3.086	3.085
劳动生产率（小时/50千克增重）	33.5	10.7	15.0	10.2	6.7
净利润（元）	86.9	129.2	141.6	128.3	117.9

资料来源:根据《2010全国农产品成本收益资料汇编》数据整理。

3.3.3　粮食增产

从生猪生产增长速度来看,粮食增产尤其是玉米增产为生猪规模养殖发展提供了饲料基础。经皮尔逊（Pearson）相关分析表明,2000~2009年间中国猪肉产量与粮食产量和玉米产量均呈极显著的相关关系（r分别为0.800和0.882）,也就是说,猪肉产量自2000年以来与粮食产量和玉米产量一直保持着基本同步的发展趋势（见图3-3）。

3.3.4　市场竞争

随着居民收入水平的不断提高,在带动了猪肉消费量增加的同时,对猪肉品质、安全性等也提出了更高要求。千家万户散养难以适应这一市场

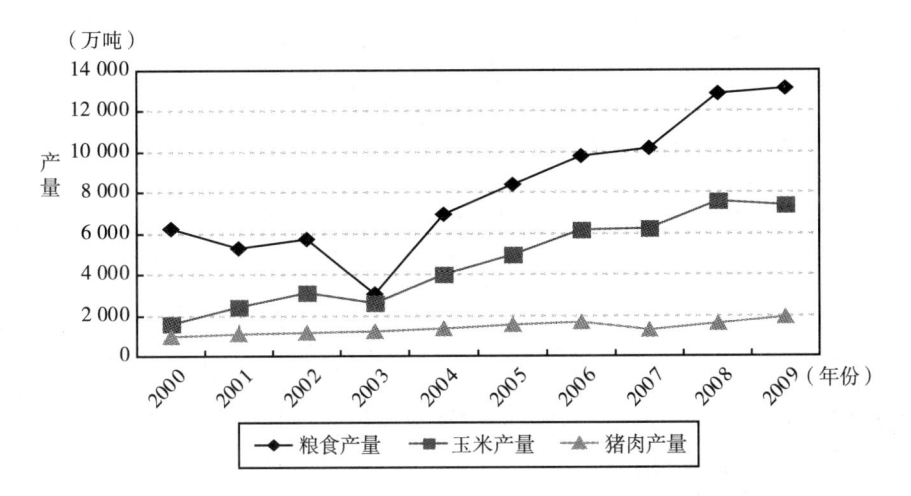

图 3-3　2000~2009 年中国粮食产量、玉米产量与猪肉产量的变化趋势

注：图中标示值分别为粮食产量、玉米产量和猪肉产量的实际产量减去 40 000 万吨、9 000 万吨和 3 000 万吨。

变化，而规模猪场具有技术、资金、管理等多方面的优势，能够适应这一市场需求的变化。这也是生猪规模养殖企业首先在大、中城市郊区迅速发展的原因所在（张晓辉等，2006）。

生猪散养户由于抵御市场风险和疫病风险的能力较弱而逐渐退出生猪养殖市场，特别是 2006~2008 年生猪价格发生大幅波动后，全国生猪养殖户加速退出，而规模化养殖快速发展。2009 年生猪规模养殖比重达 61.33%，比 2006 年提高 18.33 个百分点。在市场拉动下，各地推进生猪规模养殖发展的积极性较高，行业内知名龙头企业纷纷延伸产业链条，建设高标准化生产示范基地，成为带动生猪规模养殖发展的重要力量（张毅，2010）。

3.3.5　政策推动

政府的重视与扶持是养猪业向规模化发展的重要推动力量（于潇萌等，2007）。从 20 世纪 90 年代以来，为推进生猪散养向规模化养殖方向转变，中国出台了一系列的扶持政策，如促进生猪养殖产业化、加强生猪养殖小区建设、加快推进生猪标准化规模养殖、实施生猪养殖标准化示范创建活动等。杨朝英等（2008）调查分析表明，中国对生猪生产的政策支持及调控对象主要为规模猪场，而对生猪散养户的调控及支持力度明显不足。这也印证了中国生猪扶持政策对规模养殖的倾斜取向。

3.4 小　　结

（1）改革开放以来，中国养猪业快速发展，在畜牧业和肉类消费中一直占据主导地位，对世界养猪业的影响日益增大，但生产水平与世界养猪发达国家仍有较大差距。

2010 年，中国生猪存栏量、出栏量和猪肉产量分别达到 46 440.0 万头、66 700.0 万头和 5 070.0 万吨，为 1980 年的 1.52 倍、3.36 倍和 4.47 倍。其中，猪肉产量仍占全国肉类总产量的 64.0%，占世界猪肉总产量的 46.4%。目前中国生猪的养殖水平仅处于世界平均水平，还远远落后于养猪业发达国家。2010 年中国生猪出栏率仅相当于德国的 64.9%，平均胴体重和每头存栏猪年产肉量还不及世界平均水平，仅为德国的 81.5% 和 52.8%。

（2）进入 21 世纪以来，中国散养猪场数量不断减少，规模养殖猪场数量加速增长，规模养殖猪场养殖规模持续增大，生猪规模养殖比重不断提高。

从猪场数量来看，散养猪场逐年大幅减少，在 2003～2009 年期间净减少了 1/3 多，而规模养殖猪场则逐年大幅增加，同期净增长了 1 倍多；从猪场所占比重来看，规模养殖猪场数量占猪场总数的比重逐年小幅增长，从 2003 年的 1.06% 增长到 2009 年的 3.78%。从年出栏量来看，散养生猪呈现逐年小幅降低趋势，在 1998～2009 年间减少 12%；而规模养殖生猪则出现明显的逐年大幅增长特征，同期增长了 3.7 倍，远超于规模猪场数量的增长幅度。从出栏量所占比重来看，散养生猪所占比重逐年降低，而规模养殖生猪所占比重则逐年增长，从 1998 年的 23.20% 增长到 2009 年的 61.33%，期间增长了 1.6 倍。

（3）各种不同规模猪场的数量或年出栏量均呈逐年增加的趋势，但由于相对增长速度不同,导致其占规模猪场总数或规模猪场总出栏量的比重呈现不同的变化特征。

年出栏生猪50~499头的小型规模猪场及其年出栏量所占比重逐年降低,2009年分别降至92.34%和48.38%;年出栏生猪500~9 999头的中型规模猪场及其年出栏量所占比重逐年增加,2009年分别增至7.536%和41.81%;年出栏生猪1万头以上的大型规模猪场及其年出栏量所占比重也为逐年增长,2009年分别增至0.1253%与9.80%。

(4) 中国生猪规模养殖的快速发展得益于多种因素的推动。

主要包括人口增长与经济社会发展、技术进步、粮食增产、市场竞争、政策扶持等因素。

第4章

中国生猪规模养殖的区域分布与区域优势分析

由于不同地区资源禀赋、经济发展条件、产业政策不同,生猪生产往往呈现一定的区域分布与区域优势特征。本章利用历年《中国畜牧业年鉴》和《新中国农业60年统计资料》有关统计数据来分析中国不同规模养殖生猪的区域分布与不同区域生猪生产的比较优势特征,以期了解中国生猪规模养殖的区域移动特点和不同地区对生猪规模养殖的重视程度。

4.1 中国生猪规模养殖的区域分布与区域移动分析

4.1.1 不同区域生猪规模养殖比重的变化趋势

总的来说,东部、中部、西部和东北四个地区生猪规模养殖场及其出栏量在本地区生猪所有养殖场及其出栏量中所占比重皆呈逐年增加趋势,但变化幅度存在一定的差异(见图4-1和图4-2)。

从规模猪场的比重来看,东北地区最高,变化幅度也最大,从2003年的3.78%增加到2009年的14.77%,说明东北地区具有较好的规模养殖基础;其次是东部地区,从2003年的1.89%增加到2009年的9.05%;再次

第4章 中国生猪规模养殖的区域分布与区域优势分析

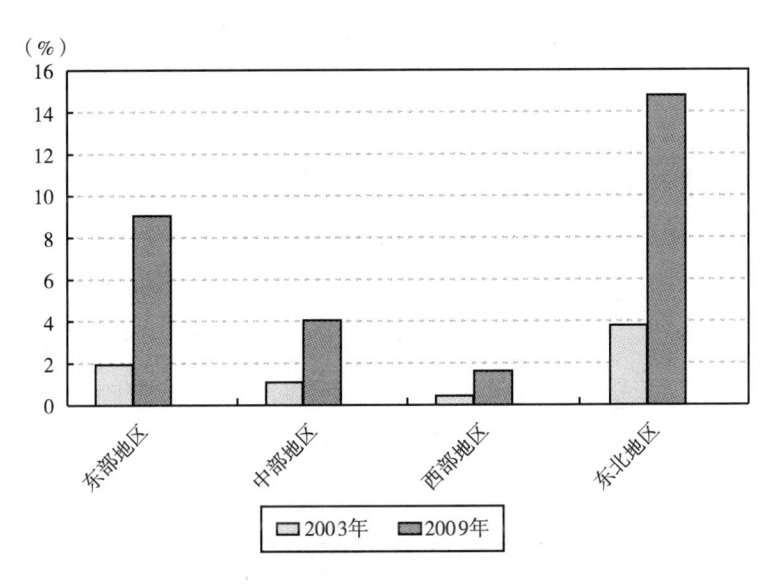

图4-1 不同区域生猪规模养殖场所占比重的变化

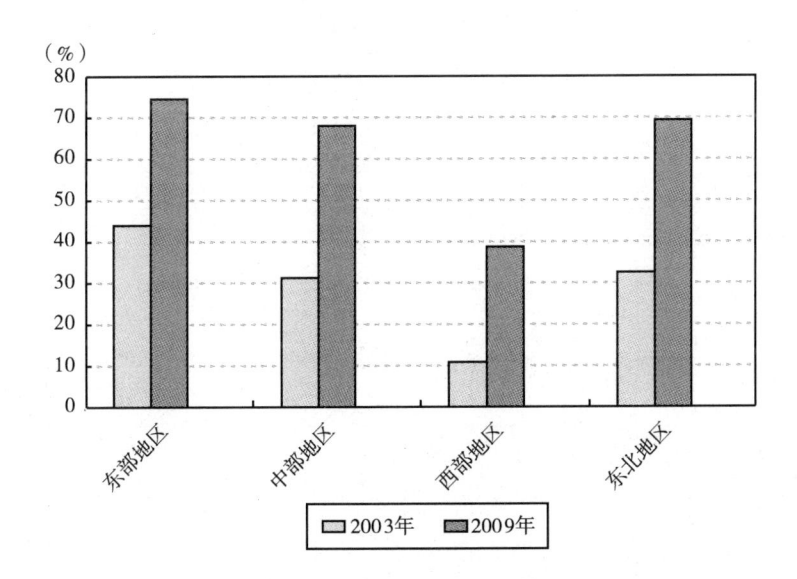

图4-2 不同区域生猪规模养殖出栏量所占比重的变化

是中部地区，从2003年的1.07%增加到2009年的4.01%；西部地区最低，年间变化幅度也最低，从2003年的0.37%增加到2009年的1.61%，低于全国平均值（见表4-1）。

表4-1　不同区域规模养殖猪场与出栏量所占比重的变化趋势　　单位：%

区域	省份	规模猪场所占比重 2003	规模猪场所占比重 2009	规模猪场出栏量所占比重 2003	规模猪场出栏量所占比重 2009
东部地区	北京	35.67	41.38	89.91	91.20
	天津	10.47	69.45	63.14	96.50
	上海	26.24	26.08	83.86	90.73
	河北	1.73	8.45	35.70	72.01
	江苏	0.72	5.10	20.50	59.55
	浙江	2.32	7.29	60.05	79.87
	福建	1.43	8.62	56.77	79.59
	山东	3.26	16.41	37.45	72.34
	广东	2.18	8.03	57.31	84.17
	海南	0.43	1.43	27.29	53.67
	平均	1.89	9.05	43.83	74.24
中部地区	山西	1.94	8.37	32.41	62.85
	河南	1.44	8.19	43.28	81.57
	湖南	1.39	4.45	30.46	62.21
	湖北	0.51	1.87	19.89	59.34
	安徽	0.74	2.86	22.04	62.89
	江西	0.88	3.50	31.38	73.44
	平均	1.07	4.01	30.97	67.90
西部地区	广西	0.47	1.75	16.33	45.93
	贵州	0.10	0.39	2.60	14.21
	重庆	0.13	0.98	5.19	37.61
	四川	0.42	2.13	9.92	43.47
	云南	0.27	0.91	7.52	16.96
	西藏	0.03	0.42	0.48	8.44
	陕西	0.48	3.38	13.97	57.26
	甘肃	0.65	2.12	22.97	52.48
	青海	0.36	0.58	7.00	26.62
	内蒙古	0.25	2.19	6.01	42.24
	宁夏	0.87	1.93	23.24	47.89
	新疆	6.55	21.72	44.15	73.79
	平均	0.37	1.61	10.64	38.62
东北地区	辽宁	3.89	11.67	42.49	69.63
	吉林	0.63	15.38	8.64	68.54
	黑龙江	8.92	19.27	43.48	69.08
	平均	3.78	14.77	32.11	69.07
全国		1.06	3.78	28.75	61.33

从规模养殖出栏量的比重来看，东部地区最高，东北地区与中部地区次之，西部地区仍然最低。但年间变化幅度以东北地区与中部地区最高，分别从 2003 年的 32.11% 与 30.97% 增加到 2009 年的 69.07% 与 67.90%，说明这两个地区的规模养殖增长较快；东部与西部地区次之，分别从 2003 年的 43.83% 与 10.64% 增加到 2009 年的 74.24% 与 38.62%。具体到省份，东部地区的北京、天津和上海三个直辖市的规模养殖比重排列全国前三位，2009 年分别达到 91.20%、96.50% 和 90.73%；东部地区的广东和中部地区的河南在 2009 年的规模养殖比重也在 80% 以上，分别为 84.17% 和 81.57%；规模养殖比重在 70%~80% 之间的省份有东部地区的河北、浙江、福建、山东，中部地区的江西，以及西部地区的新疆；规模养殖比重在 60%~70% 之间的省份有中部地区的山西、湖南、安徽，以及东北的三个省；规模养殖比重在 50%~60% 之间的省份有东部地区的江苏、海南，中部地区的湖北，西部地区的陕西、甘肃；规模养殖比重在 50% 以下的省份有 9 个，都在西部地区，包括生猪生产第一大省的四川（见表 4-1）。这说明，生猪养殖大省，未必是生猪规模养殖强省。生猪规模养殖比重的高低取决于地区经济发展水平的高低，东部地区经济发展相对发达，其生猪规模养殖比重也较高，而西部地区经济发展相对较差，其生猪规模养殖比重也较低。

4.1.2 不同区域不同规模猪场在全国所占比重的变化趋势

总体来说，东部与中部地区规模猪场在全国所占比重相对较高，各占全国的 30% 左右，而西部与东北地区规模猪场所占比重相对较低，各占全国的 20% 左右。从年度变化来看，东部、中部与东北有逐年降低的趋势，尤以中部地区较为明显，从 1998 年的 39.35% 降低到 2009 年的 29.10%，而西部地区有逐年增大的趋势，从 1998 年的 12.00% 上升到 2009 年的 23.64%。这表明，规模猪场发展有向西部转移的趋势（见图 4-3）。

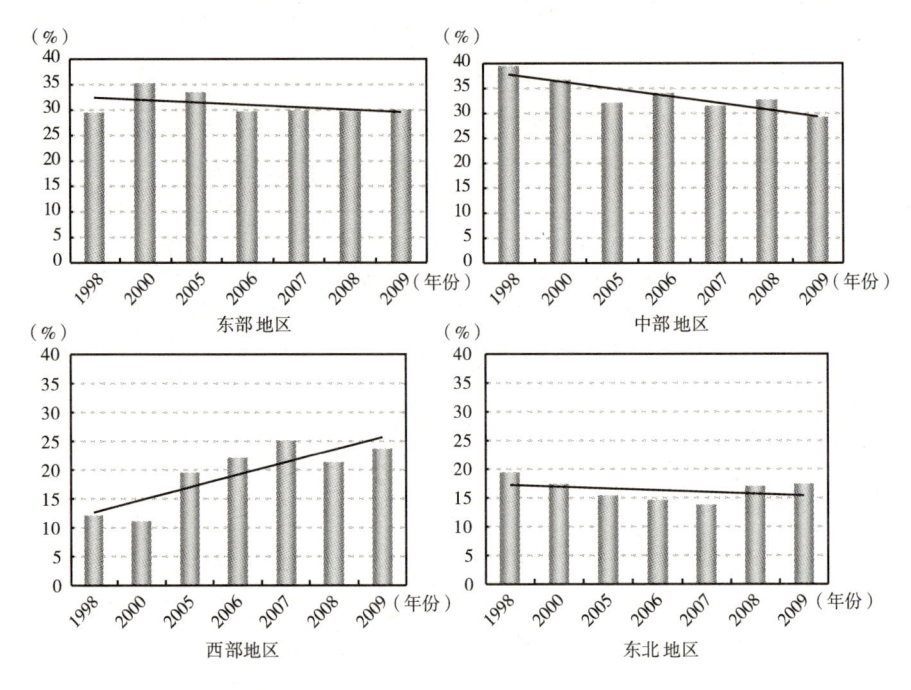

图 4-3 不同区域规模猪场在全国规模猪场中所占比重的变化趋势

对于不同年出栏头数的规模猪场，不同地区所占比重呈现不同的变化特征。从 2009 年各个地区不同规模猪场所占比重来看，东部地区与中部地区从小规模向大规模变化呈现依次增大的趋势，即猪场规模越大，其在全国所占比重越大，尤其是东部地区年出栏头数为 5 万头以上的规模猪场在 4 个地区中一直占据最大份额；西部与东北地区则相反，即猪场规模越大，其所占比重越小（见图 4-4）。从年度变化来看，年出栏头数为 50~99 头和 100~499 头的规模猪场在不同地区的分布与图 4-3 所示的变化趋势相似。而年出栏头数为 500 头以上的规模猪场在不同地区的分布则有所不同，东部地区所占比重下降较多，中部、西部与东北地区都呈现不同程度的上升趋势（见图 4-5）。这表明，年出栏头数为 500 头以下的规模猪场发展有逐年从其他地区向西部地区转移的趋势，而年出栏头数为 500 头以上的规模猪场发展有逐年从东部地区向中部、西部与东北地区转移的趋势（见表 4-2）。

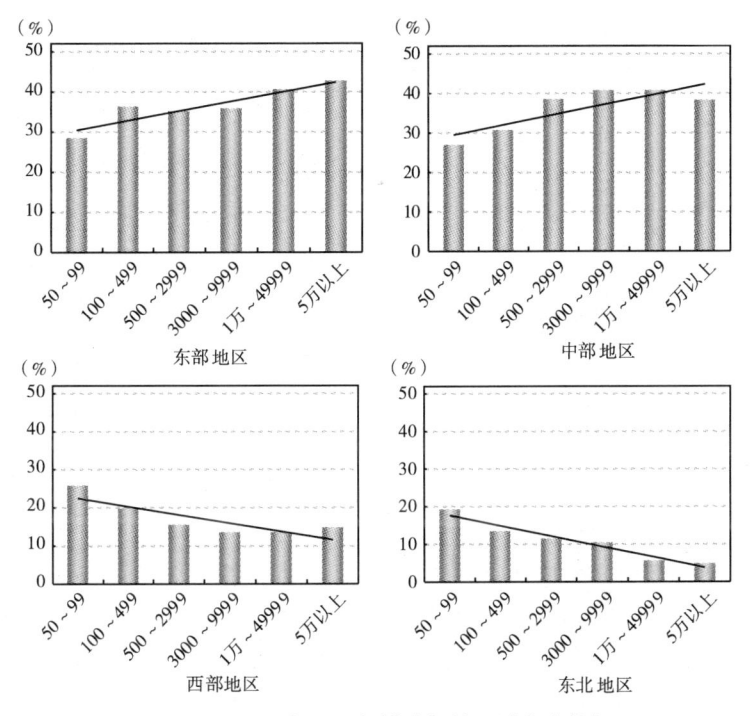

图 4-4　2009 年不同规模猪场的区域分布特征

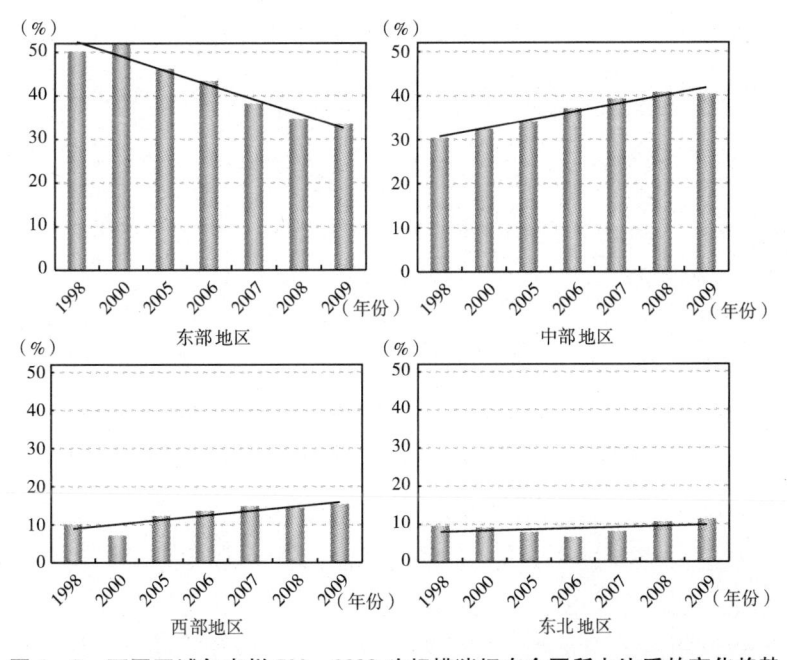

图 4-5　不同区域年出栏 500~2999 头规模猪场在全国所占比重的变化趋势

表 4-2　不同规模养殖场所占比重的区域分布

年份	区域	50~99	100~499	500~2 999	3 000~9 999	1万~49 999	5万以上	平均
1998	东部	26.31	40.61	50.02	55.79	66.29	81.82	29.42
	中部	40.75	34.30	30.39	26.58	22.48	9.09	39.35
	西部	12.84	8.48	10.08	10.33	5.54	9.09	12.00
	东北	20.10	16.60	9.51	7.29	5.70	0.00	19.24
2000	东部	32.20	44.88	51.76	55.01	65.47	91.67	35.18
	中部	38.27	29.70	32.37	26.40	23.47	0.00	36.46
	西部	11.47	9.37	6.95	12.21	5.98	8.33	10.96
	东北	18.05	16.04	8.92	6.38	5.08	0.00	17.40
2005	东部	30.48	41.92	46.05	49.14	54.46	56.41	33.37
	中部	31.90	32.11	34.03	33.55	32.84	33.33	32.01
	西部	20.93	14.63	12.25	10.82	8.93	10.26	19.34
	东北	16.69	11.34	7.67	6.50	3.77	0.00	15.28
2006	东部	27.03	36.69	43.19	45.96	50.95	55.26	29.66
	中部	33.20	36.03	36.91	37.61	37.59	34.21	33.94
	西部	24.77	13.49	13.45	11.69	7.97	10.53	21.94
	东北	15.00	13.79	6.45	4.75	3.49	0.00	14.45
2007	东部	27.28	35.50	38.10	38.21	45.87	52.00	29.87
	中部	29.02	36.62	39.20	42.20	39.82	36.00	31.43
	西部	28.82	16.49	14.62	13.46	10.54	12.00	25.05
	东北	14.88	11.39	8.09	6.13	3.77	0.00	13.65
2008	东部	27.27	34.00	34.67	34.79	41.20	50.72	29.54
	中部	30.59	35.23	40.73	46.15	42.35	33.33	32.52
	西部	23.28	17.49	14.23	10.61	11.72	8.70	21.12
	东北	18.87	13.28	10.37	8.45	4.73	7.25	16.82
2009	东部	27.54	34.67	33.31	36.15	36.36	43.75	29.94
	中部	26.86	31.38	40.23	37.73	41.76	35.42	29.10
	西部	26.14	20.00	15.25	14.75	14.48	15.63	23.64
	东北	19.45	13.94	11.21	11.37	7.40	5.21	17.32

4.1.3 不同区域不同规模猪场出栏量在全国所占比重的变化趋势

总体来说,东部与中部地区规模猪场出栏量在全国所占比重相对较高,各占全国的1/3左右,而西部与东北地区规模猪场出栏量所占比重相对较低,各占全国的15%左右。这一趋势与规模猪场的区域分布相似。从年度变化来看,与规模猪场的区域分布不同,东部地区规模猪场出栏量在全国所占比重有逐年降低的趋势,从1998年的42.31%降低到2009年的34.62%;中部与西部地区有逐年增大的趋势,分别从1998年的32.44%与12.27%增加到2009年的34.32%与18.25%;而东北地区变化不大。这表明,生猪规模养殖有逐年从东部地区向中、西部转移的趋势(见图4-6)。

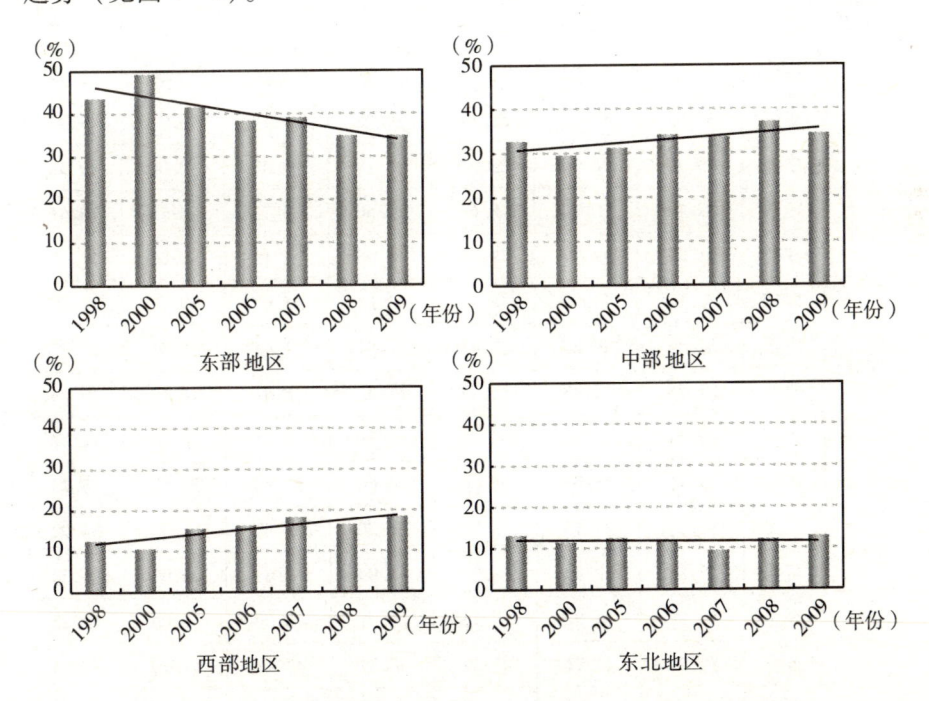

图4-6 不同区域规模养殖出栏量在全国所占比重的变化趋势

对于不同年出栏头数的规模猪场出栏量,在不同地区的分布也呈现不同的变化特征。从各个地区不同规模猪场出栏量所占比重来看，东部地区与中部地区从小规模向大规模变化呈现依次增大的趋势，即猪场规模越大，其所占比重越大，尤其是东部地区年出栏头数为5万头以上的规模猪场出栏量在4个地区中一直占据最大份额；西部与东北地区则相反，即猪场规模越大，其所占比重越小（见表4-3、图4-7）。这表明，东部与中部地区的生猪规模养殖水平较高，而西部与东北地区相应较低。

表4-3　　　　不同规模养殖场出栏量所占比重的区域分布

年份	区域	50~99	100~499	500~2 999	3 000~9 999	1万~49 999	5万以上	平均
1998	东部	28.28	44.50	51.84	59.64	64.99	82.64	42.31
	中部	40.03	30.13	26.44	24.64	24.17	8.68	32.44
	西部	13.87	13.39	11.38	9.45	5.14	8.68	12.27
	东北	17.82	11.97	10.34	6.28	5.70	0.00	12.98
2000	东部	33.41	51.60	58.81	59.38	69.29	93.72	49.07
	中部	39.13	25.46	23.37	25.19	20.48	0.00	29.32
	西部	12.24	10.76	8.61	10.56	5.11	6.28	10.41
	东北	15.22	12.17	9.21	4.86	5.12	0.00	11.20
2005	东部	32.07	41.97	48.11	49.58	55.02	59.02	41.50
	中部	32.54	29.20	30.41	32.91	31.41	30.31	31.03
	西部	21.28	13.48	11.72	11.33	8.81	10.68	15.25
	东北	14.11	15.36	9.75	6.18	4.75	0.00	12.22
2006	东部	29.16	38.05	45.20	46.60	51.18	57.59	38.23
	中部	33.10	34.18	33.85	36.50	35.51	31.36	34.02
	西部	23.88	12.95	13.21	11.99	8.31	11.05	16.20
	东北	13.87	14.82	7.75	4.91	5.00	0.00	11.55
2007	东部	30.29	41.71	41.32	40.32	47.71	51.70	38.93
	中部	29.03	31.49	36.66	40.36	36.81	38.02	33.58
	西部	27.29	16.26	14.94	13.57	11.11	10.28	18.15
	东北	13.39	10.53	7.09	5.74	4.37	0.00	9.34

续表

年份	区域	50~99	100~499	500~2999	3000~9999	1万~49999	5万以上	平均
2008	东部	28.16	35.72	35.16	37.04	43.76	54.53	34.81
	中部	30.71	34.27	40.42	44.75	40.31	31.64	36.88
	西部	23.16	17.08	14.32	10.23	11.08	7.94	16.30
	东北	17.97	12.94	10.11	7.98	4.85	5.88	12.00
2009	东部	28.50	36.32	34.92	35.67	40.37	42.59	34.62
	中部	26.75	30.59	38.41	40.70	40.75	38.13	34.32
	西部	25.64	19.62	15.39	13.36	13.33	14.61	18.25
	东北	19.11	13.46	11.28	10.27	5.54	4.67	12.81

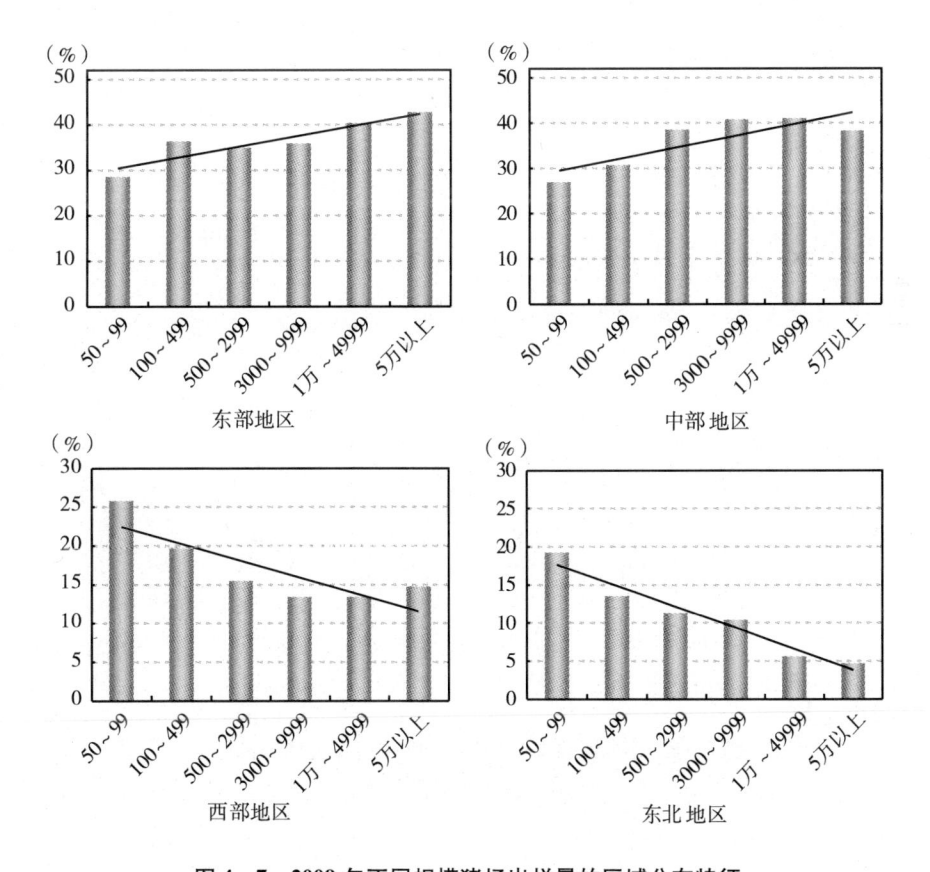

表头：年出栏头数（头）

图 4-7　2009 年不同规模猪场出栏量的区域分布特征

从年度变化来看，除年出栏量为 50~99 头的规模猪场出栏量外（见图 4-8），其他规模猪场出栏量在不同地区的分布与图 4-6 所示的变化趋势相似，而且猪场规模越大，这种趋势越明显（见图 4-9）。这也表明，生猪规模养殖有逐年从东部地区向中、西部转移的趋势。

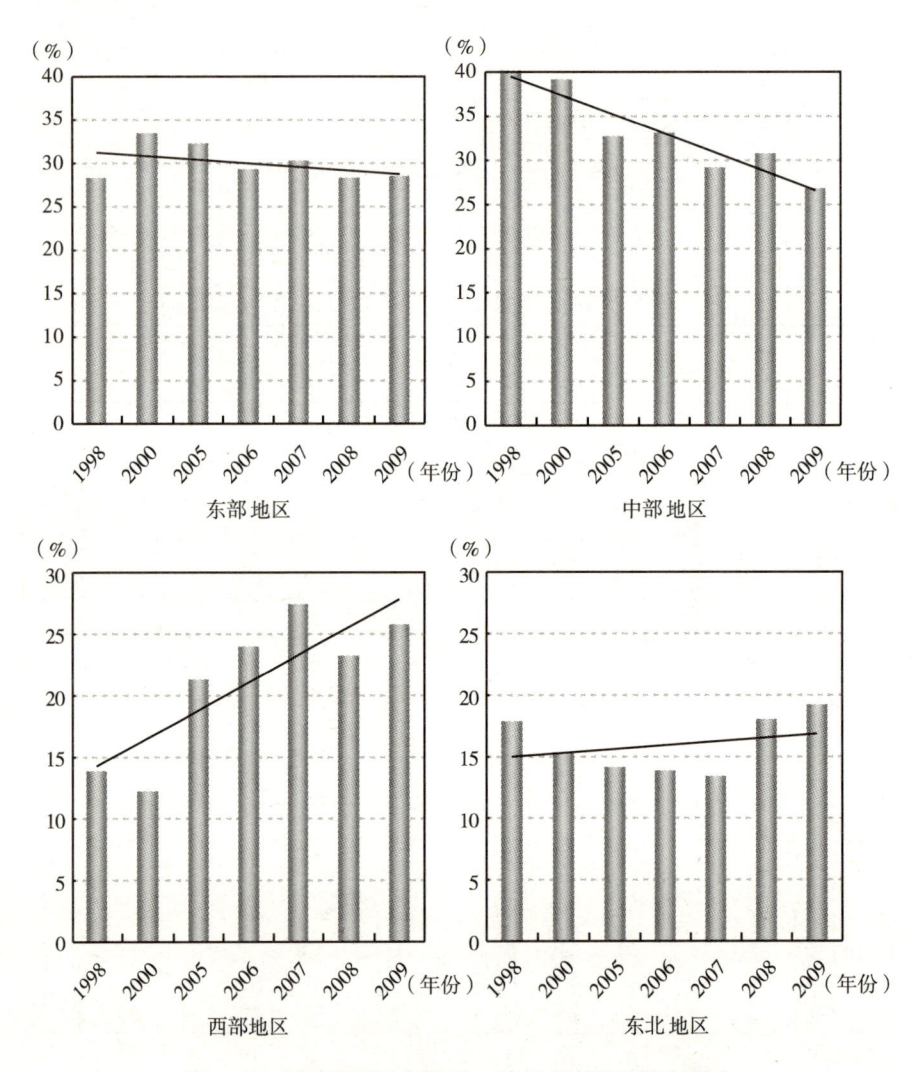

图 4-8 不同区域年出栏 50~99 头规模猪场出栏量在全国所占比重的变化趋势

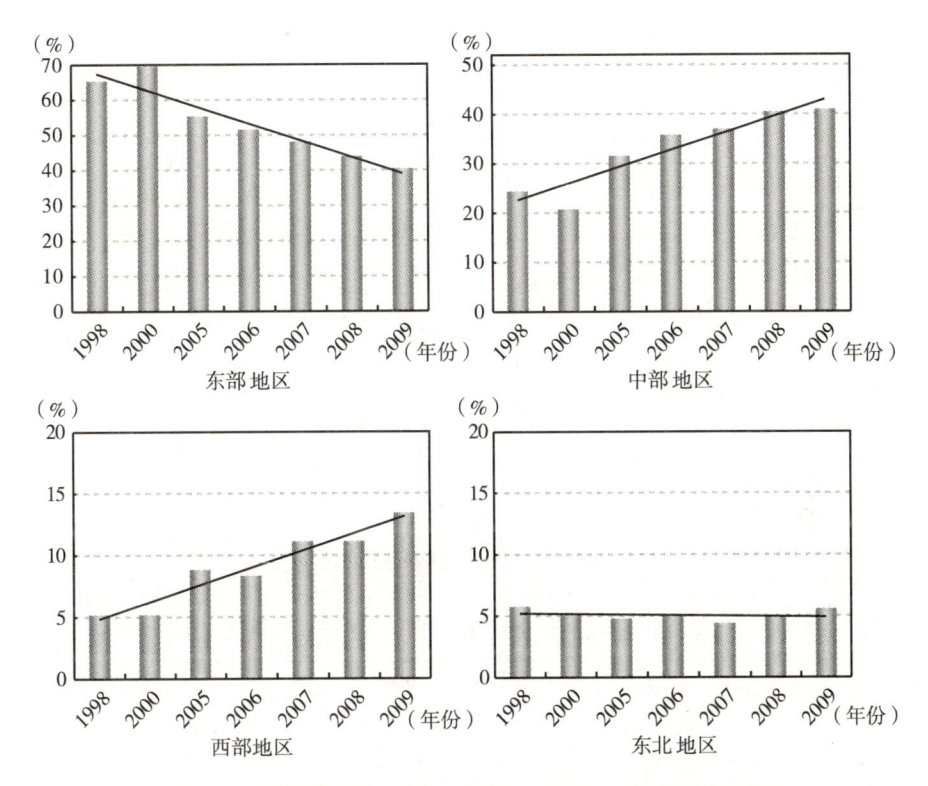

图 4-9 不同区域年出栏 10 000~49 999 头规模猪场出栏量在全国所占比重的变化趋势

4.2 中国生猪生产的区域优势分析

4.2.1 存栏规模优势指数 (SAI) 分析

SAI 测算结果表明，2001 年以来东部与中部地区的生猪养殖具有明显的规模优势，并呈现逐年增强趋势；而西部与东北地区生猪养殖处于规模劣势，且西部生猪 SAI 逐年降低，东北地区 SAI 基本保持稳定（见图 4-10）。

表 4-4 显示了 2001~2009 年我国各区域 SAI 的变化情况。

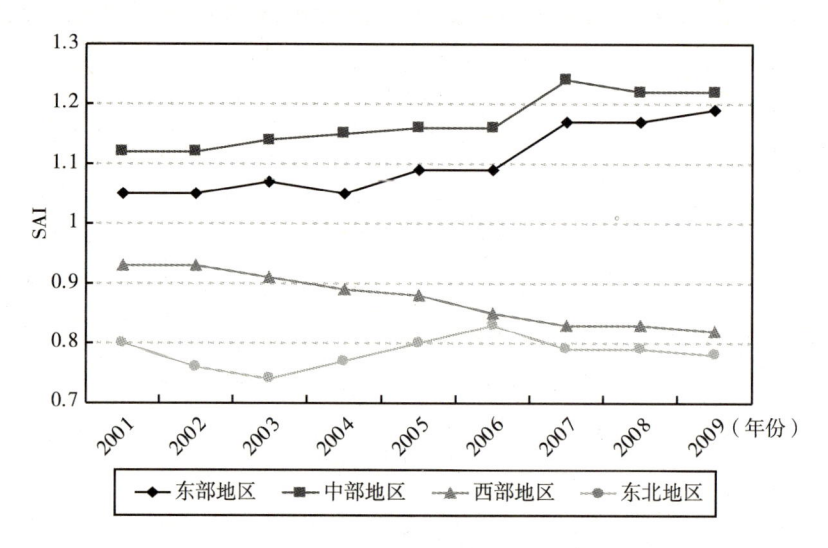

图 4-10　不同地区生猪 SAI 变化趋势

表 4-4　　　　不同区域生猪存栏规模优势指数（SAI）测算值

区域	省份	2001	2002	2003	2004	2005	2006	2007	2008	2009
东部地区	北京	1.25	1.26	1.20	1.22	1.22	1.17	1.07	1.11	1.14
	天津	1.20	1.42	1.37	1.18	1.19	1.26	1.11	1.21	1.18
	上海	1.50	1.49	1.46	0.97	1.66	1.60	1.50	1.63	1.67
	河北	0.83	0.84	0.86	0.80	0.85	0.85	0.82	0.85	0.87
	江苏	1.46	1.44	1.47	1.48	1.45	1.42	1.42	1.39	1.38
	浙江	1.76	1.70	1.74	1.77	1.75	1.74	1.69	1.69	1.70
	福建	1.56	1.57	1.64	1.68	1.71	1.72	1.73	1.69	1.70
	山东	0.78	0.79	0.81	0.82	0.84	0.84	0.95	0.95	0.98
	广东	1.18	1.17	1.19	1.21	1.25	1.28	1.39	1.34	1.33
	海南	0.86	0.88	0.97	0.98	1.01	1.04	1.16	1.18	1.15
	区域	1.05	1.05	1.07	1.05	1.09	1.09	1.17	1.17	1.19
中部地区	山西	0.63	0.63	0.63	0.54	0.60	0.62	0.76	0.78	0.87
	河南	0.89	0.90	0.92	0.93	0.93	0.93	1.03	1.02	1.04
	湖南	1.30	1.28	1.30	1.30	1.35	1.40	1.37	1.34	1.32
	湖北	1.57	1.58	1.55	1.55	1.56	1.54	1.53	1.50	1.50
	安徽	1.09	1.05	1.14	1.17	1.21	1.12	1.28	1.26	1.25
	江西	1.19	1.15	1.14	1.18	1.19	1.22	1.33	1.28	1.25
	区域	1.12	1.12	1.14	1.15	1.16	1.16	1.24	1.22	1.22

续表

区域	省份	2001	2002	2003	2004	2005	2006	2007	2008	2009
西部地区	内蒙古	0.52	0.47	0.40	0.35	0.35	0.33	0.30	0.28	0.30
	广西	1.26	1.28	1.22	1.24	1.30	1.20	1.21	1.19	1.16
	重庆	1.74	1.75	1.78	1.76	1.71	1.60	1.69	1.66	1.61
	四川	1.35	1.33	1.36	1.34	1.30	1.26	1.23	1.21	1.18
	贵州	1.05	1.10	1.05	1.07	1.01	1.05	1.03	1.01	1.00
	云南	1.06	1.08	1.11	1.10	1.09	1.08	1.03	1.06	1.05
	西藏	0.03	0.02	0.03	0.03	0.03	0.03	0.02	0.03	0.03
	陕西	0.89	0.92	0.89	0.89	0.87	0.81	1.12	1.10	1.12
	甘肃	0.54	0.57	0.55	0.56	0.53	0.55	0.47	0.45	0.45
	青海	0.13	0.13	0.13	0.14	0.13	0.13	0.11	0.12	0.13
	宁夏	0.51	0.54	0.53	0.46	0.45	0.44	0.34	0.34	0.35
	新疆	0.11	0.14	0.13	0.13	0.14	0.14	0.10	0.13	0.14
	区域	0.93	0.93	0.91	0.89	0.88	0.85	0.83	0.83	0.82
东北地区	辽宁	0.96	1.03	0.94	0.94	0.95	0.98	0.84	0.84	0.83
	吉林	0.70	0.45	0.49	0.51	0.53	0.52	0.73	0.72	0.72
	黑龙江	0.73	0.75	0.74	0.80	0.85	0.92	0.79	0.80	0.79
	区域	0.80	0.76	0.74	0.77	0.80	0.83	0.79	0.79	0.78

资料来源：作者根据相关数据计算得出。

在东部地区，北京、天津、上海、江苏、浙江、福建、广东等七省市的生猪 SAI 从 2001 年以来始终大于 1，海南的生猪 SAI 从 2005 年开始超过 1，说明这些经济发达省市的生猪养殖都具有规模优势，不过，北京、天津、江苏、浙江四省市的生猪规模优势在逐年减弱，而上海、福建、广东、海南四省市的生猪规模优势在逐年增大。河北、山东两省的生猪养殖尽管不具有规模优势，但其 SAI 逐年增大。

在中部地区，除了山西外，湖南、湖北、安徽、江西四省的生猪 SAI 始终大于 1，河南的生猪 SAI 从 2007 年开始超过 1，表明这些省份的生猪养殖具有规模优势，而且湖南、安徽、江西、河南的生猪规模优势在逐年增强。山西的生猪 SAI 也在逐年增大。

在西部地区，广西、重庆、四川、贵州、云南等五省市的生猪 SAI 始终大于 1，陕西的生猪 SAI 从 2007 年开始超过 1，表明这些省市的生猪养殖具有规模优势，同时上述五省市的生猪规模优势在逐年减弱。内蒙古、甘肃、青海、宁夏、西藏、新疆等六省区的生猪 SAI 基本都在 0.5 以下，且逐年减小。

在东北地区，辽宁、吉林、黑龙江三省的生猪 SAI 都小于 1，说明东北三省的生猪养殖还不具有规模优势，同时辽宁的生猪 SAI 相对高于吉林和黑龙江两省，但其有逐年降低的趋势，而吉林和黑龙江两省的生猪 SAI 有逐年增大趋势。

4.2.2 产量优势指数（PAI）分析

PAI 测算结果表明，2001 年以来中部与西部地区的生猪养殖具有明显的生产优势，但西部地区的生猪生产优势有逐年减弱趋势，中部地区的生猪生产优势基本保持稳定；而东部与东北地区的生猪生产处于劣势，但有逐年增强的趋势（见图 4-11）。

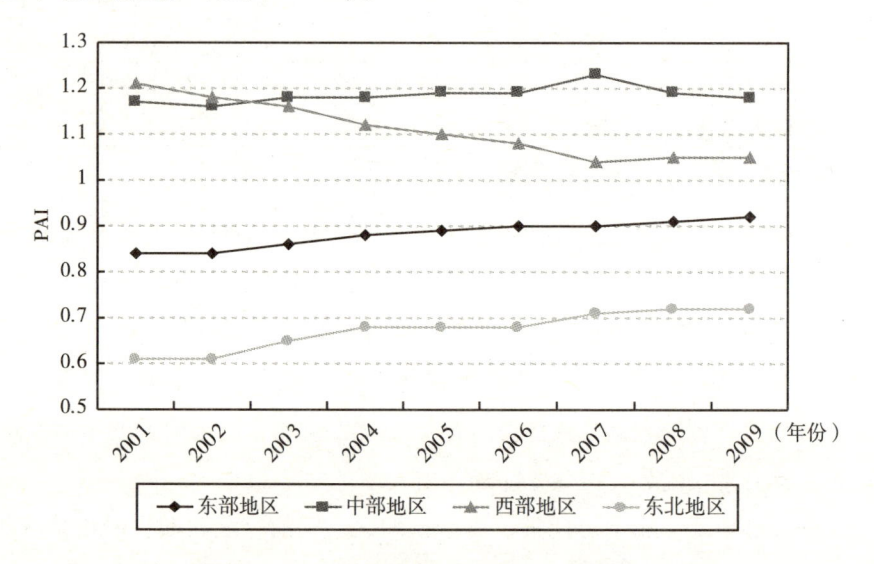

图 4-11 不同地区生猪 PAI 变化趋势

表 4-5 显示了 2001~2009 年我国各区域 PAI 的变化情况。

在东部地区，浙江、福建、广东、海南 4 省的生猪 PAI 从 2001 年以来始终大于 1，并有逐年增大趋势，上海的生猪 PAI 从 2007 年开始超过 1，说明这些省市的生猪养殖具有明显的生产优势。而北京、天津、河北、江苏、山东等省市的生猪 PAI 都始终低于 1，生猪生产优势不强（见表 4-5）。

表 4-5　　　不同区域生猪产量优势指数（PAI）测算值

区域	省份	2001	2002	2003	2004	2005	2006	2007	2008	2009
东部地区	北京	0.69	0.72	0.70	0.68	0.71	0.74	0.69	0.69	0.71
	天津	0.71	0.74	0.82	0.82	0.84	0.86	0.72	0.76	0.79
	上海	0.71	0.73	0.76	0.47	0.90	0.91	1.00	1.07	1.04
	河北	0.68	0.67	0.69	0.70	0.71	0.71	0.61	0.63	0.68
	江苏	0.90	0.89	0.91	0.95	0.93	0.94	0.94	0.94	0.91
	浙江	1.28	1.27	1.29	1.35	1.31	1.36	1.39	1.39	1.36
	福建	1.27	1.29	1.35	1.38	1.42	1.44	1.53	1.57	1.59
	山东	0.66	0.66	0.68	0.68	0.68	0.71	0.72	0.72	0.73
	广东	1.22	1.24	1.29	1.33	1.36	1.35	1.33	1.32	1.29
	海南	1.12	1.15	1.24	1.28	1.34	1.38	1.35	1.33	1.30
	区域	0.84	0.84	0.86	0.88	0.89	0.90	0.90	0.91	0.92
中部地区	山西	0.81	0.79	0.79	0.79	0.76	0.80	0.86	0.78	0.75
	河南	0.91	0.92	0.59	0.54	0.51	0.46	0.49	0.48	0.49
	湖南	1.20	1.23	0.81	0.74	0.70	0.64	0.75	0.73	0.74
	湖北	1.61	1.58	1.02	0.91	0.86	0.79	0.90	0.89	0.91
	安徽	1.04	1.02	1.05	1.04	1.07	1.10	1.14	1.14	1.12
	江西	1.41	1.38	1.34	1.38	1.41	1.42	1.58	1.54	1.52
	区域	1.17	1.16	1.18	1.18	1.19	1.19	1.23	1.19	1.18
西部地区	内蒙古	0.70	0.64	0.49	0.43	0.39	0.37	0.27	0.27	0.27
	广西	1.55	1.52	1.60	1.57	1.58	1.54	1.40	1.37	1.34
	重庆	1.48	1.46	1.48	1.49	1.49	1.50	1.62	1.52	1.51
	四川	1.43	1.41	1.41	1.41	1.41	1.41	1.36	1.38	1.39
	贵州	1.66	1.64	1.69	1.66	1.69	1.67	1.83	1.80	1.74
	云南	1.62	1.62	1.64	1.66	1.66	1.64	1.62	1.53	1.49
	西藏	0.06	0.06	0.06	0.07	0.08	0.07	0.08	0.07	0.07
	陕西	0.92	0.85	0.82	0.87	0.83	0.80	0.91	0.90	0.90
	甘肃	1.03	1.03	1.02	1.00	0.98	0.97	0.90	0.89	0.88
	青海	0.39	0.39	0.40	0.43	0.45	0.46	0.38	0.49	0.49
	宁夏	0.46	0.48	0.51	0.47	0.45	0.44	0.39	0.36	0.37
	新疆	0.15	0.17	0.19	0.23	0.23	0.23	0.17	0.24	0.24
	区域	1.21	1.18	1.16	1.12	1.10	1.08	1.04	1.05	1.05

续表

区域	省份	2001	2002	2003	2004	2005	2006	2007	2008	2009
东北地区	辽宁	0.70	0.66	0.73	0.77	0.76	0.74	0.82	0.79	0.77
	吉林	0.51	0.55	0.59	0.63	0.66	0.68	0.70	0.78	0.78
	黑龙江	0.59	0.61	0.59	0.58	0.58	0.57	0.57	0.58	0.58
	区域	0.61	0.61	0.65	0.68	0.68	0.68	0.71	0.72	0.72

资料来源：根据相关数据计算得出。

在中部地区，安徽和江西两省的生猪 PAI 始终大于 1，且逐年增大，生猪生产优势明显。湖南和湖北两省除在 2001 年、2002 年具有明显的生猪生产优势外，2002 年后失去生猪生产优势。山西和河南两省则一直处于生猪生产劣势。

在西部地区，广西、重庆、四川、贵州、云南等 5 省市的生猪 PAI 始终大于 1，具有明显生猪生产优势。其他 7 个省份的生猪生产优势不明显。

在东北地区，除了黑龙江保持基本稳定外，辽宁和吉林两省的生猪 PAI 有逐年增大趋势。

4.2.3 综合比较优势指数（AAI）分析

AAI 测算结果表明，2001 年以来东部地区的生猪 AAI 逐年增大，从 2007 年开始超过 1，成为生猪养殖综合比较优势地区；中部地区的生猪养殖具有明显的综合比较优势，且逐年增强；西部地区的生猪 AAI 则逐年降低，在 2001~2003 年期间具有综合比较优势，但此后丧失优势地位；而东北地区的生猪养殖综合比较优势不明显，但有逐年增强的趋势（见图 4-12）。可以推断，2001 年以来东部和中部地区始终将生猪生产放在优先发展的位置，持续加强支持力度，推动其优势地位不断增强；东北地区的生猪生产也逐年得到加强，但发展速度仍然相对缓慢；西部地区分布有广大的牧区，适合发展牛羊业，而传统养猪发达的西南地区因受到肉牛快速发展的影响，其生猪生产相对发展缓慢，导致整个西部地区的生猪综合比较优势持续下降。

表 4-6 显示了 2001~2009 年我国各区域 AAI 的变化情况。

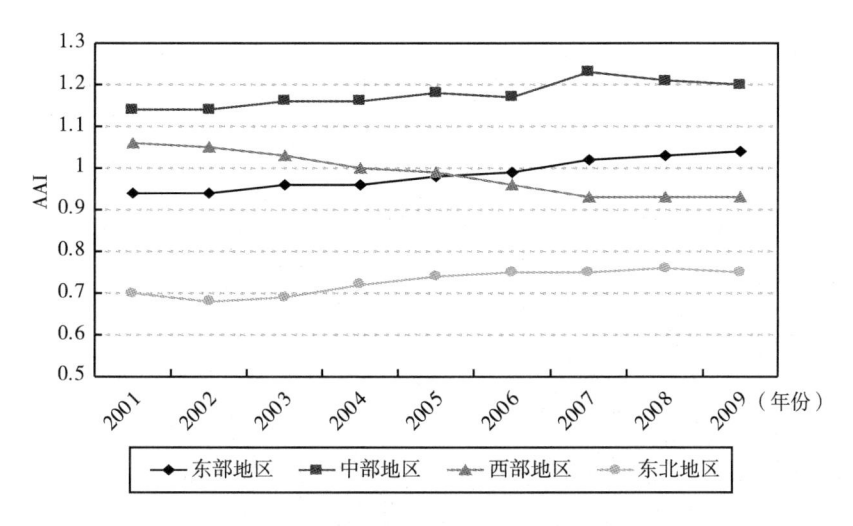

第4章 中国生猪规模养殖的区域分布与区域优势分析

图 4-12 不同地区生猪 AAI 变化趋势

表 4-6　不同区域生猪综合比较优势指数（AAI）测算值

区域	省份	2001	2002	2003	2004	2005	2006	2007	2008	2009
东部地区	北京	0.93	0.95	0.92	0.91	0.93	0.93	0.86	0.87	0.90
	天津	0.92	1.03	1.06	0.99	1.00	1.04	0.90	0.96	0.97
	上海	1.03	1.04	1.05	0.67	1.22	1.20	1.23	1.32	1.32
	河北	0.75	0.75	0.77	0.75	0.78	0.78	0.71	0.73	0.76
	江苏	1.15	1.13	1.16	1.19	1.17	1.15	1.16	1.14	1.12
	浙江	1.50	1.47	1.50	1.55	1.51	1.54	1.53	1.53	1.52
	福建	1.40	1.42	1.49	1.52	1.56	1.57	1.62	1.63	1.64
	山东	0.72	0.72	0.74	0.75	0.76	0.77	0.83	0.83	0.84
	广东	1.20	1.21	1.24	1.27	1.30	1.31	1.36	1.33	1.31
	海南	0.98	1.00	1.09	1.12	1.16	1.20	1.25	1.25	1.22
	区域	0.94	0.94	0.96	0.96	0.98	0.99	1.02	1.03	1.04
中部地区	山西	0.72	0.70	0.71	0.65	0.67	0.70	0.81	0.78	0.80
	河南	0.90	0.91	0.74	0.71	0.69	0.66	0.71	0.70	0.71
	湖南	1.25	1.25	1.03	0.98	0.97	0.95	1.01	0.99	0.99
	湖北	1.59	1.58	1.26	1.19	1.16	1.11	1.17	1.16	1.17
	安徽	1.06	1.04	1.10	1.11	1.14	1.11	1.20	1.20	1.18
	江西	1.30	1.26	1.24	1.28	1.29	1.32	1.45	1.40	1.38
	区域	1.14	1.14	1.16	1.16	1.18	1.17	1.23	1.21	1.20

续表

区域	省份	2001	2002	2003	2004	2005	2006	2007	2008	2009
西部地区	内蒙古	0.60	0.55	0.44	0.39	0.37	0.35	0.28	0.28	0.29
	广西	1.40	1.39	1.40	1.40	1.43	1.36	1.30	1.27	1.25
	重庆	1.60	1.60	1.62	1.62	1.60	1.55	1.66	1.59	1.56
	四川	1.39	1.37	1.38	1.37	1.36	1.33	1.29	1.29	1.28
	贵州	1.32	1.34	1.33	1.33	1.30	1.32	1.37	1.35	1.32
	云南	1.31	1.32	1.35	1.35	1.34	1.33	1.29	1.28	1.25
	西藏	0.04	0.04	0.04	0.04	0.05	0.05	0.04	0.04	0.04
	陕西	0.90	0.88	0.85	0.88	0.85	0.80	1.01	1.00	1.00
	甘肃	0.75	0.76	0.75	0.75	0.72	0.73	0.65	0.63	0.63
	青海	0.22	0.22	0.23	0.24	0.24	0.25	0.20	0.24	0.25
	宁夏	0.49	0.51	0.52	0.47	0.45	0.44	0.36	0.35	0.36
	新疆	0.13	0.15	0.15	0.17	0.18	0.18	0.13	0.18	0.18
	区域	1.06	1.05	1.03	1.00	0.99	0.96	0.93	0.93	0.93
东北地区	辽宁	0.82	0.82	0.83	0.85	0.85	0.85	0.83	0.82	0.80
	吉林	0.60	0.49	0.54	0.57	0.59	0.59	0.71	0.75	0.74
	黑龙江	0.66	0.68	0.66	0.68	0.70	0.72	0.67	0.68	0.68
	区域	0.70	0.68	0.69	0.72	0.74	0.75	0.75	0.76	0.75

资料来源：根据相关数据计算得出。

在东部地区，上海、江苏、浙江、福建、广东五省市的生猪 AAI 从 2001 年以来始终大于 1，并有逐年增大趋势，海南的生猪 AAI 从 2003 年开始超过 1，说明这些省市的生猪养殖具有明显的综合比较优势。而北京、天津、河北、山东等省市的生猪 AAI 都始终低于 1，生猪生产综合比较优势不强。

在中部地区，湖北、安徽和江西三省的生猪 AAI 始终大于 1，生猪生产综合比较优势明显，其中安徽和江西两省逐年增大，而湖北逐年减弱。湖南除在 2001～2003 年期间具有明显的生猪生产综合比较优势外，2003 年后丧失综合比较优势。山西和河南两省一直处于生猪生产综合比较劣势。

在西部地区，广西、重庆、四川、贵州、云南等 5 省市的生猪 AAI 始终大于 1，具有明显的生猪生产综合比较优势。其他 7 个省份的生猪生产综合比较优势不明显。

在东北地区，辽宁和黑龙江两省的生猪 AAI 基本保持稳定，而吉林的生猪 AAI 逐年增大。

以上分析表明，生猪综合比较优势的区域特征与生猪规模养殖的区域分布特征基本一致，东部与中部地区具有明显的生猪综合比较优势，而其生猪规模养殖比重尤其是中、大规模猪场在全国所占比重相对较高。再细分，从生猪综合比较优势的测算值来看，生猪生产的优势区域仍然主要分布于东南沿海地区（上海、江苏、浙江、福建、广东）、长江中下游地区（湖北、安徽、江西），以及西南地区（广西、重庆、四川、贵州、云南）等水稻生产优势区，2001 年以来没有发生根本改变，而华北（河北、河南、山东）小麦、玉米生产优势区以及东北玉米生产优势区并非生猪生产优势区域（见表 4-7）。

表 4-7　　　　　　　不同区域粮食产量所占比重的变化

区域	省份	2001 粮食	2001 水稻	2001 小麦	2001 玉米	2002 粮食	2002 水稻	2002 小麦	2002 玉米
东部地区	北京	0.23	0.02	0.39	0.47	0.24	0.00	0.27	0.55
	天津	0.32	0.04	0.48	0.66	0.29	0.06	0.47	0.54
	上海	0.33	0.72	0.13	0.03	0.23	0.46	0.19	0.01
	河北	5.51	0.27	11.96	9.29	5.48	0.29	10.68	8.94
	江苏	6.50	9.53	7.50	2.28	6.09	9.24	8.73	1.32
	浙江	2.37	4.93	0.39	0.18	1.49	3.42	0.20	0.07
	福建	1.81	3.42	0.09	0.09	1.26	2.64	0.01	0.09
	山东	8.22	0.62	17.63	13.43	8.13	0.57	17.78	11.72
	广东	3.54	7.31	0.03	0.57	2.48	5.42	0.00	0.46
	海南	0.43	0.85	0.00	0.04	0.35	0.75	0.00	0.05
	区域	29.25	27.71	38.61	27.05	26.03	22.86	38.34	23.74
中部地区	山西	1.53	0.01	2.42	2.72	1.77	0.00	1.83	3.99
	河南	9.10	1.14	24.50	10.09	10.15	2.31	26.55	9.97
	湖北	4.72	8.18	2.27	1.71	4.35	8.16	2.88	1.49
	湖南	5.97	13.11	0.23	1.01	5.47	13.22	0.06	0.98
	安徽	5.52	6.61	7.90	2.45	5.78	7.20	10.23	1.86
	江西	3.53	8.40	0.06	0.05	3.77	9.77	0.02	0.04
	区域	30.38	37.46	37.38	18.03	31.30	40.66	41.56	18.32

续表

区域	省份	2001 粮食	2001 水稻	2001 小麦	2001 玉米	2002 粮食	2002 水稻	2002 小麦	2002 玉米
西部地区	广西	3.34	6.93	0.02	1.48	2.76	5.87	0.01	1.37
	重庆	2.26	2.66	0.98	1.58	2.14	2.62	0.45	1.49
	四川	6.47	8.05	4.78	3.96	6.02	7.79	3.68	3.92
	贵州	2.43	2.59	0.93	2.80	2.20	2.32	0.39	2.47
	云南	3.28	3.36	1.47	4.18	2.97	3.26	0.80	3.31
	西藏	0.22	0.00	0.30	0.01	0.17	0.00	0.21	0.02
	陕西	2.16	0.52	4.33	3.09	2.13	0.42	3.33	3.21
	甘肃	1.66	0.04	3.15	1.74	1.71	0.02	2.27	1.91
	青海	0.23	0.00	0.55	0.01	0.19	0.00	0.34	0.03
	内蒙古	2.74	0.32	1.35	6.64	3.73	0.33	1.49	8.18
	宁夏	0.61	0.35	0.89	0.83	0.64	0.33	0.64	0.95
	新疆	1.72	0.32	3.95	2.57	2.17	0.25	5.45	2.46
	区域	27.11	25.13	22.72	28.91	26.84	23.23	19.04	29.32
东北地区	辽宁	3.08	1.89	0.16	7.18	3.00	2.59	0.04	5.87
	吉林	4.32	2.09	0.12	11.64	4.63	2.59	0.01	11.04
	黑龙江	5.86	5.72	1.00	7.18	8.20	8.07	1.01	11.71
	区域	13.25	9.70	1.29	26.00	15.83	13.25	1.06	28.62

4.3 小　　结

（1）所有地区的生猪规模养殖比重都逐年有所提高。从规模猪场的比重来看，东北地区最高，年间变化幅度也最大，其次为东部、中部、西部。从规模养殖出栏量的比重来看，东部地区最高，其次为中部、东北和西部，但年间变化幅度以东北地区与中部地区最高。无论是规模猪场比重还是规模养殖（出栏量）比重，西部地区都低于其他3个地区，且规模养殖比重在50%以下的9个省份都属于西部地区。

（2）生猪规模养殖发展有从东部地区向中部、西部和东北地区转移的趋势。从规模猪场在全国所占比重来看，东部、中部与东北地区有逐年降低的趋势，尤以中部地区较为明显，而西部地区有逐年增大的趋势；同时，年出栏头数为 500 头以下的规模猪场在东部、中部和东北地区有逐年降低趋势，而在西部地区则有逐年增大趋势；但年出栏头数为 500 头以上的规模猪场在东部地区所占比重逐年下降，而中部、西部与东北地区都呈现不同程度的上升趋势。从规模猪场出栏量在全国所占比重来看，东部地区有逐年降低的趋势，中部与西部地区有逐年增大的趋势，而东北地区变化不大。

（3）生猪规模养殖水平以东部和中部地区较高，而以西部和东北地区较低。2009 年，不同规模猪场及其出栏量在全国所占比重都以东部和中部较大，且猪场规模越大，其所占比重越大；西部和东北地区则相反。

（4）中部地区的生猪养殖具有明显的综合比较优势并逐年增强，东部和东北地区地区的综合比较优势逐年增大，西部地区综合比较优势逐年降低。生猪综合比较优势的区域特征与生猪规模养殖的区域分布特征基本一致。具体而言，生猪生产的优势区域主要分布于东南沿海地区、长江中下游地区以及西南地区等水稻生产优势区，而华北小麦、玉米生产优势区以及东北玉米生产优势区并非生猪生产优势区域。

第 5 章

中国不同养殖规模的生猪成本收益分析

生猪生产作为一种农产品再生产,需要生产者投入一定数量的生产要素(如仔猪、饲料、养殖设施、劳动力等),从而为生产者生产出所需要的生猪产品。从经营者角度,生猪养殖的目的就是通过一定的投入尽可能获得更多的效益或利润。本章利用 2000 年以来《全国农产品成本收益资料汇编》有关生猪的数据对生猪散养、小规模养殖、中规模养殖和大规模养殖的成本与收益进行比较分析,以期了解不同养殖规模生猪成本收益的变动特征以及导致不同养殖规模生猪成本收益差异的主要因素。

5.1 不同养殖规模的生猪成本构成及其变化趋势

5.1.1 生猪总成本构成及其变化趋势分析

1. 生猪总成本的变化趋势

(1) 生猪每头总成本。

对生猪每头总成本的分析表明,散养、小规模、中规模和大规模这 4 种养殖规模的生猪每头总成本皆呈逐年波动式上升趋势(见图 5-1),总体年均增长 11.1%,其中 2002~2004 年和 2006~2008 年快速上升,这两个阶段年均增长率分别达到 20% 和 36%,其他年份增长或下降幅度相对较小。散养生猪从2000年的601.5元/头增加到2010年的1 250.2元/头，年均增长10.8%；小规模从2000年的525.4元/头增加到2010年的1 164.8元/头，年均增长12.2%；中规模从2000年的548.6元/头增加到2010年的1 179.7元/头，年均增长11.5%；大规模从2000年的586.1元/头增加到2010年的1 164.6元/头，年均增长9.9%。

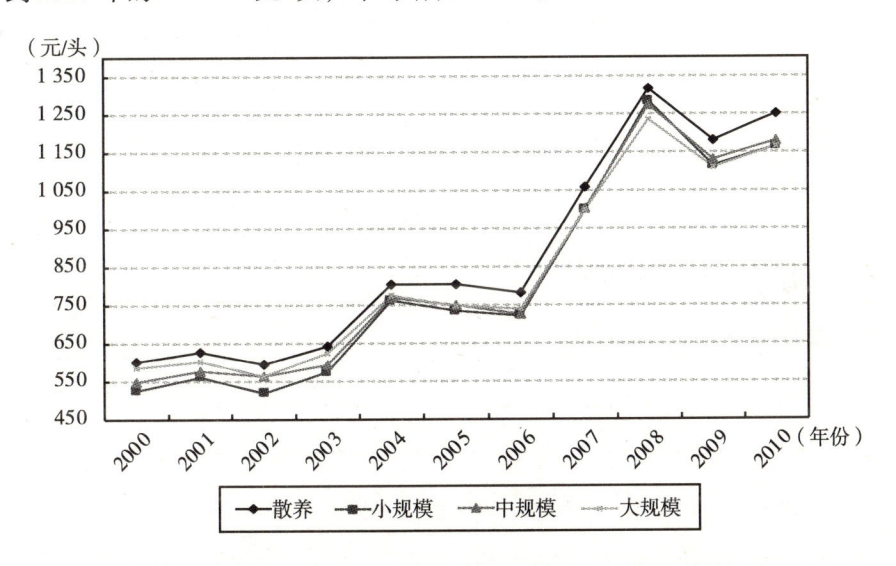

图5-1 2000~2010年不同养殖规模生猪每头总成本变化趋势

对4种养殖规模的比较表明，散养生猪每头总成本始终处于最高值，其他3种规模养殖每头总成本先后交替排序，2000年为小规模＜中规模＜大规模，2010年为大规模＜小规模＜中规模，而且这3种规模之间的差距越来越小。因此，从每头总成本来说，规模养殖具有成本优势，但不同规模之间相差不大。

（2）生猪每50千克总成本。

相对于每头总成本，每50千克总成本在不同养殖规模之间的可比性要强一些。从图5-2可以看出，4种养殖规模生猪每50千克总成本的变化趋势与每头总成本是十分相似的，总体也呈逐年波动式上升趋势，但增长速度要慢一些，年均增长率为9.5%，其中2002~2004年和2006~2008年这两个阶段年均增长率分别达到18%和33%。散养生猪从2000年的272.9元/50千克增加到2010年的553.2元/50千克，年均增长10.3%；小规模从 2000 年的 250.9 元/50 千克增加到 2010 年的 519.1 元/50 千克，年均增长 10.7%；中规模从 2000 年的 267.4 元/50 千克增加到 2010 年的 519.2 元/50 千克，年均增长 9.4%；大规模从 2000 年的 301.4 元/50 千克增加到 2010 年的 536.0 元/50 千克，年均增长 7.8%。

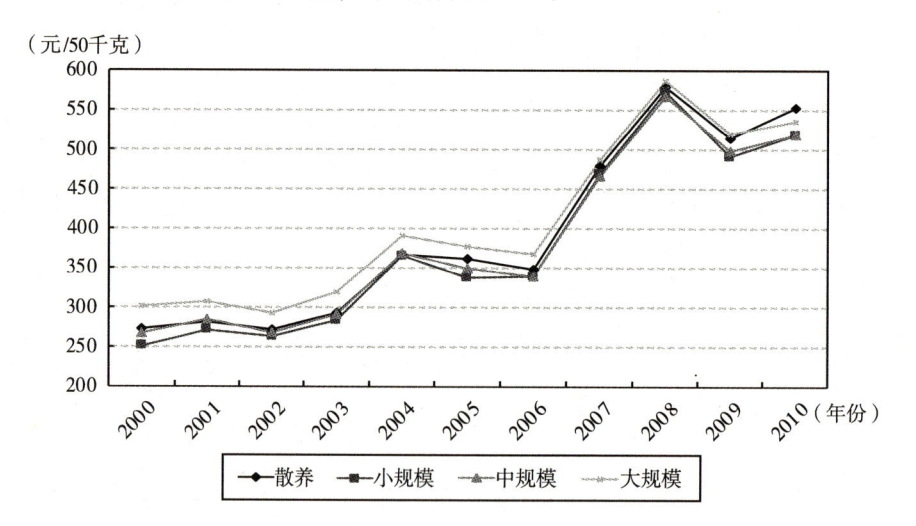

图 5-2 2000～2010 年不同养殖规模生猪每 50 千克总成本变化趋势

但 4 种养殖规模生猪每 50 千克总成本的大小排序与每头总成本却不同，2000～2009 年始终以大规模养殖生猪为最高，2010 年散养生猪上升为最高值；小规模养殖每 50 千克总成本基本处于最低值，中规模养殖居中，且两者间的差距不大。因此，从生猪每 50 千克总成本来看，中小规模具有一定的成本优势，而散养和大规模养殖都缺乏成本优势。

生猪每 50 千克总成本与每头总成本的排序差异，主要是由于生猪头重不同所致。农户散养偏重于养肥猪，活重较高，而大规模养殖生猪活重相对偏低。2000～2009 年散养与大规模养殖生猪的活重均值分别为 108.5 千克与 99.0 千克，但 2010 年两者差距缩小，分别为 111.6 千克与 107.7 千克。小规模与中规模养殖生猪的活重介于散养和大规模养殖生猪之间。

（3）生猪单位增重总成本。

相对于生猪每 50 千克总成本，每千克增重总成本在不同养殖规模之间的可比性又要强一些。但经 Person 相关性测定，生猪每千克增重总成本与每 50 千克总成本具有极强的相关性（$r = 0.999$），表明生猪每千克增重总成本的变化趋势与每50千克总成本是完全一致的。从图5-3可以看出，4种养殖规模每千克增重总成本总体也呈逐年波动式上升趋势，但增长速度又要比每50千克总成本慢一些，年均增长率为8.8%，其中2002~2004年和2006~2008年这两个阶段年均增长率分别达到17%和32%。散养生猪从2000年的6.80元/千克增重增加到2010年的13.28元/千克增重，年均增长9.5%；小规模从2000年的6.22元/千克增重增加到2010年的12.35元/千克增重，年均增长9.9%；中规模从2000年的6.62元/千克增重增加到2010年的12.40元/千克增重，年均增长8.7%；大规模从2000年的7.55元/千克增重增加到2010年的12.99元/千克增重，年均增长7.2%。

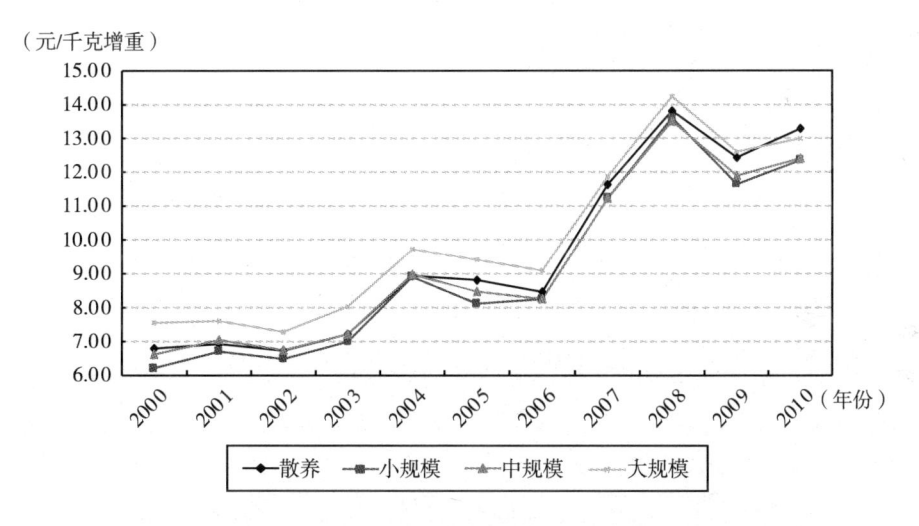

图5-3 2000~2010年不同养殖规模生猪每千克增重总成本变化趋势

如图5-4所示，4种养殖规模的比较表明，中小规模养殖具有一定的成本优势，而大规模养殖并无成本优势，从这点来看，中国生猪的猪场养殖规模在不断扩大，但养殖水平并不随规模扩张而得到较快的提高。

2. 生猪生产成本与土地成本及其在总成本中所占比重的变化趋势

生猪总成本包括生产成本和土地成本两大部分。首先分析生猪每头生产成本和土地成本的变化特征。

从图5-5可看出，生猪每头生产成本总体呈逐年波动式上升趋势，年

(元/千克增重)

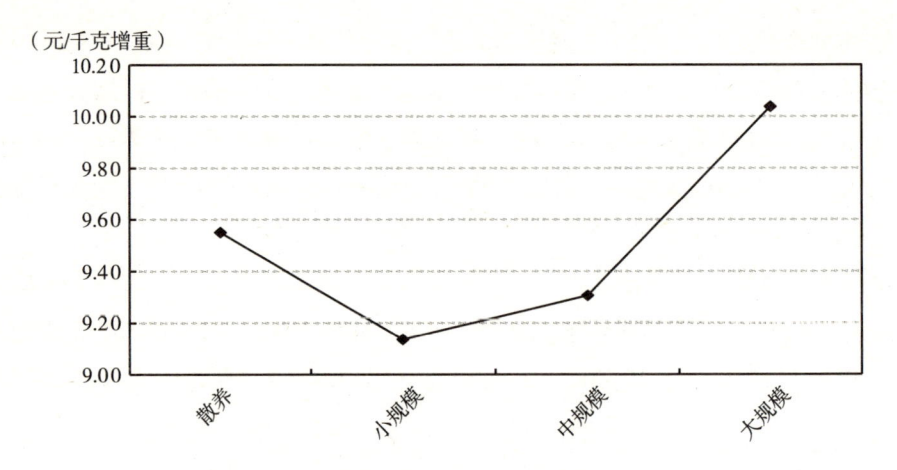

图 5-4 生猪每千克增重总成本与养殖规模的关系

注：生猪每千克增重总成本为 2000~2010 年均值。

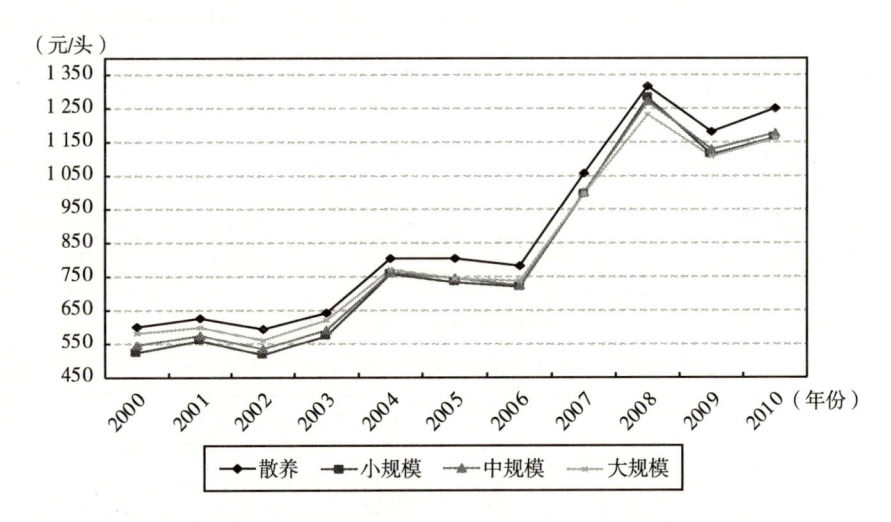

图 5-5 2000~2010 年不同养殖规模生猪每头生产成本变化趋势

均增长 11.1%，其中 2002~2004 年和 2006~2008 年快速上升，这两个阶段年均增长率分别达到 20% 和 36%，其他年份增长或下降幅度相对较小。散养生猪从 2000 年的 601.2 元/头增加到 2010 年的 1 250.1 元/头，年均增长 10.8%；小规模从 2000 年的 524.3 元/头增加到 2010 年的 1 163.6 元/头，年均增长 12.2%；中规模从 2000 年的 546.4 元/头增加到 2010 年的 1 177.2 元/头，年均增长 11.5%；大规模从 2000 年的 582.6 元/头增加到 2010 年的 1161.6 元/头，年均增长 9.9%。4 种养殖规模的比较表明，规模养殖具有生产成本优势，但不同规模之间相差不大。

从数值来看，生猪每头生产成本与每头总成本相差甚微，其变化特征完全一致。这主要是由于生猪每头土地成本相对于生产成本几乎微不足道，对总成本的影响可以忽略不计。从表5-1可看出，2000~2010年，散养、小规模、中规模和大规模养殖的土地成本平均分别为0.21元/头、1.58元/头、2.55元/头和2.71元/头，以散养为最低，大规模养殖为最高，而且每种养殖方式的每头土地成本都呈逐年降低趋势，说明土地利用率逐年提高。

表5-1　　　　　　　　生猪每头土地成本　　　　　　　　单位：元

年份 养殖规模	2000	2001	2002	2003	2004	2005	2006	2007	2008	2009	2010	平均
散　养	0.27	0.23	0.19	0.05	0.1	0.01	0.01	0.99	0.36	0	0.07	0.21
小规模	1.07	2.33	1.56	1.37	3.66	1.41	1.12	1.13	1.54	1.02	1.17	1.58
中规模	2.16	1.7	1.68	2.22	7.37	3.02	1.67	2.09	1.82	1.89	2.42	2.55
大规模	3.5	2.33	2.09	2.74	3.05	3.27	2.28	2.63	2.41	2.58	2.95	2.71

从所占比重来看，生产成本在每头总成本中占99.4%以上，而土地成本仅占0.6%以下，且呈逐年降低趋势，进一步说明了土地成本对总成本的影响甚微。

表5-2　　　　　　　土地成本占总成本的比重　　　　　　　单位：%

年份 养殖规模	2000	2001	2002	2003	2004	2005	2006	2007	2008	2009	2010	平均
散养	0.04	0.04	0.03	0.01	0.01	0.00	0.00	0.09	0.03	0.00	0.01	0.02
小规模	0.20	0.42	0.30	0.24	0.48	0.19	0.16	0.11	0.12	0.09	0.10	0.22
中规模	0.39	0.29	0.31	0.37	0.96	0.40	0.23	0.21	0.14	0.17	0.21	0.34
大规模	0.60	0.39	0.37	0.44	0.39	0.44	0.31	0.26	0.20	0.23	0.25	0.35

正是由于每头土地成本对每头总成本的影响不大，所以每50千克土地成本和每千克增重土地成本相应对每50千克总成本和每千克增重总成本的影响也不大。基于这一点可以推断，生猪每50千克生产成本和每千克增重生产成本的变化趋势相应与每50千克总成本和每千克增重总成本一致，这里不必详细分析。

5.1.2 生猪生产成本构成及其变化趋势分析

1. 物质服务费用和人工成本的变化趋势

（1）生猪每头物质服务费用和人工成本。

对生猪每头物质服务费用的分析表明，4种养殖规模的生猪每头物质服务费用的变化特征与总成本类似，总体上皆呈波动式上升趋势（见图5-6），年均增长11.4%，其中2002～2004年和2006～2008年这两个阶段年均增长率分别达到20%和40%。散养生猪从2000年的473.2元/头增加到2010年的1 011.2元/头，年均增长11.4%；小规模从2000年的462.3元/头增加到2010年的1 049.0元/头，年均增长12.7%；中规模从2000年的267.4元/头增加到2010年的1 092.1元/头，年均增长11.6%；大规模从2000年的553.6元/头增加到2010年的1 097.2元/头，年均增长9.8%。

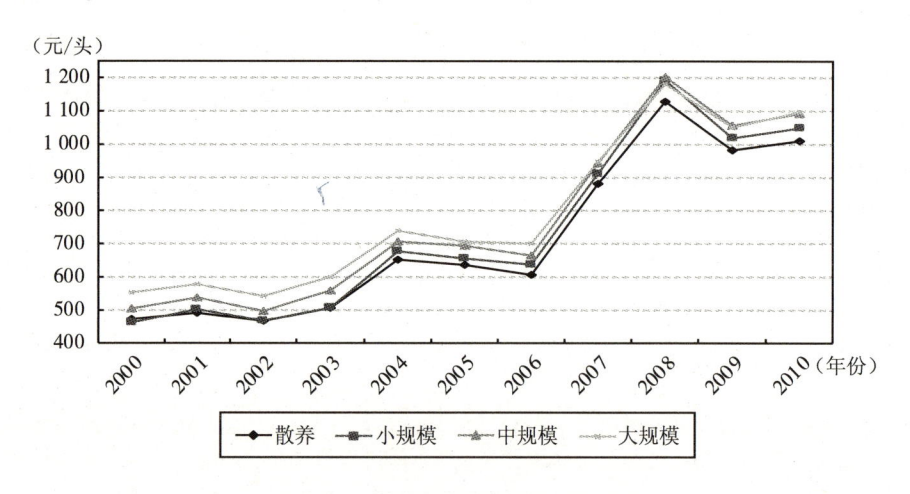

图5-6　2000～2010年不同养殖规模生猪每头物质服务费用变化趋势

对4种养殖规模的比较表明，除个别年份外，生猪每头物质服务费用随规模增大而增加，即散养＜小规模＜中规模＜大规模。也就是说，猪场规模越大，每头生猪物质服务投入就越大。

对生猪每头人工成本的分析表明，4种养殖规模生猪的每头人工成本总体上也呈逐年波动式上升趋势（见图 5-7），年均增长 10%。散养生猪从 2000 年的 128.0 元/头增加到 2010 年的 239.0 元/头，年均增长 8.7%；小规模从 2000 年的 62.0 元/头增加到 2010 年的 114.6 元/头，年均增长 8.5%；中规模从 2000 年的 41.0 元/头增加到 2010 年的 85.1 元/头，年均增长 10.7%；大规模从 2000 年的 29.0 元/头增加到 2010 年的 64.4 元/头，年均增长 12.2%。

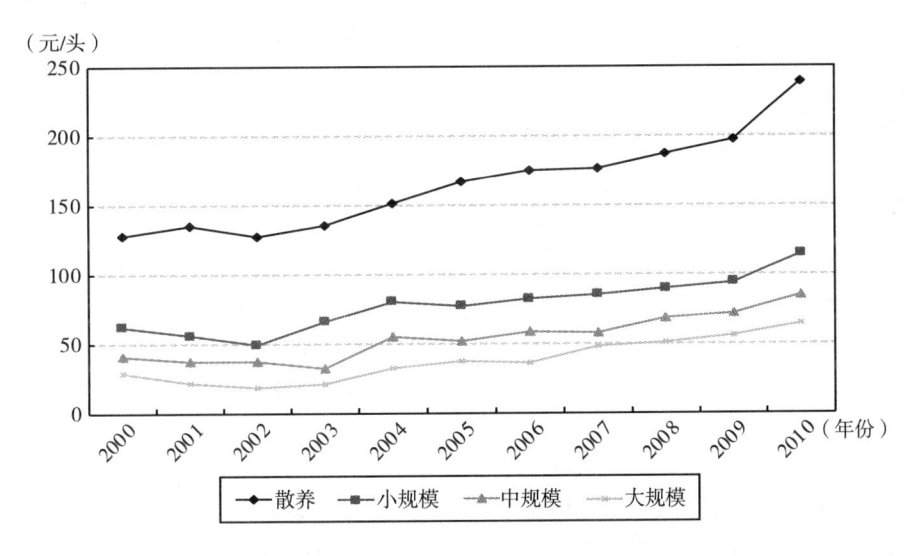

图 5-7　2000~2010 年不同养殖规模生猪每头人工成本变化趋势

对 4 种养殖规模的比较表明，生猪每头人工成本随规模增大而减小（见图 5-7），即散养＞小规模＞中规模＞大规模，此变化趋势正好与物质服务费用相反。也就是说，猪场规模越大，每头生猪劳动投入就越小。换句话说，就是猪场规模越大，每头生猪劳动效率越大。

物质服务费用和人工成本共同决定了 4 种养殖规模生猪生产成本或总成本的先后排序，但对比图 5-5、图 5-6 和图 5-7 可知，人工成本最终决定了 4 种养殖规模每头总成本或生产成本的排序。从数值分析来看，4 种养殖规模的年度物质服务费用差距并不大，大规模养殖平均仅比散养多 78 元/头（多 11%），但 4 种养殖规模的年度每头人工成本差距较大，散养比大规模养殖平均多 127.5 元/头（多 336%）。也就是说，散养生猪的每头物质服务投入比规模养殖稍有减少，但劳动投入比规模养殖相对要高得多。

对每头物质服务费用和人工成本在每头生产成本中所占比重的分析表明，4 种养殖规模生猪，无论物质服务费用还是人工成本，都保持相对稳定的比重，年度间变化不大（见表 5-3），但在不同规模间却存在一定的差异，其大小排序与绝对值排序一致，即按物质服务费用所占比重为散养（年均 80.53%）＜小规模（年均 90.04%）＜中规模（年均 93.31%）＜大规模（年均 95.53%），其中散养所占比重比规模养殖都要低 15%；按人工成本所占比重为散养＞小规模＞中规模＞大规模，其中散养所占比重比规模养殖都要高 15%，3 种规模养殖之间的差距相对较小。

表 5-3　　　　　　每头人工成本占每头生产成本的比重　　　　单位：%

养殖规模＼年份	2000	2001	2002	2003	2004	2005	2006	2007	2008	2009	2010	平均
散养	21.29	21.56	21.45	21.08	18.85	20.79	22.39	16.69	14.22	16.72	19.12	19.47
小规模	11.83	10.05	9.57	11.52	10.62	10.55	11.48	8.58	7.02	8.46	9.85	9.96
中规模	7.50	6.50	6.99	5.49	7.24	6.97	8.10	5.79	5.39	6.37	7.23	6.69
大规模	4.98	3.64	3.33	3.43	4.22	5.05	4.93	4.84	4.14	5.06	5.55	4.47

（2）生猪每 50 千克物质服务费用和人工成本。

从图 5-8 可以看出，4 种养殖规模生猪的每 50 千克物质与服务费用的变化特征与每头物质服务费用类似，总体上呈逐年波动式上升趋势，年均增长 9.5%。其中，散养生猪从 2000 年的 223.4 元/头增加到 2010 年的 453.2 元/头，年均增长 10.3%；小规模从 2000 年的 227.3 元/头增加到 2010 年的 473.0 元/头，年均增长 10.8%；中规模从 2000 年的 254.0 元/头增加到 2010 年的 485.6 元/头，年均增长 9.1%；大规模从 2000 年的 289.3 元/头增加到 2010 年的 509.5 元/头，年均增长 7.6%。

所不同的是，不同养殖规模之间的差距比较明显，其中大规模养殖平均仅比散养多 21%，而且任何年份都呈现相同的特征，即生猪每 50 千克物质服务费用随规模增大而增加。因此，猪场规模越大，生猪每 50 千克物质服务投入也越大。

从图 5-9 可以看出，生猪每 50 千克人工成本的变化特征也与每头人

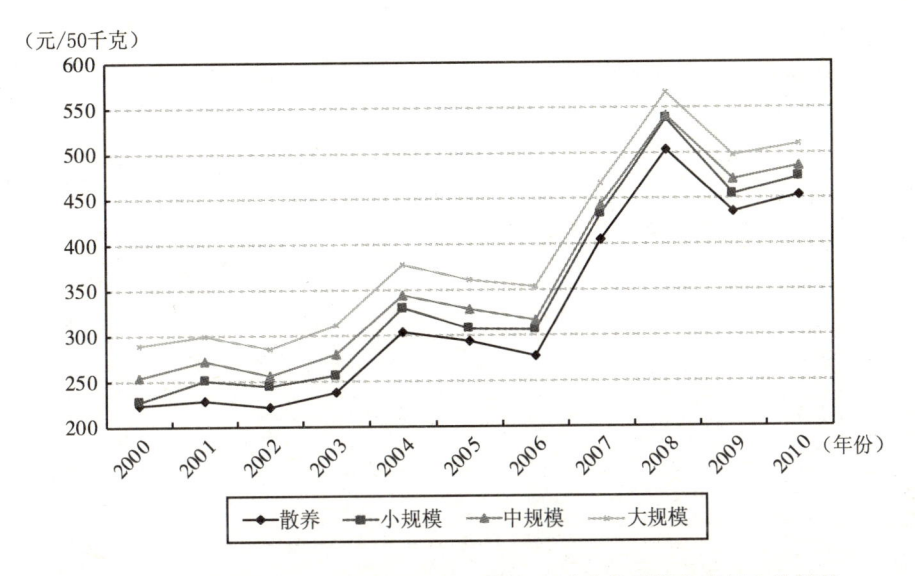

图 5-8 2000~2010 年不同养殖规模生猪每 50 千克物质服务费用变化趋势

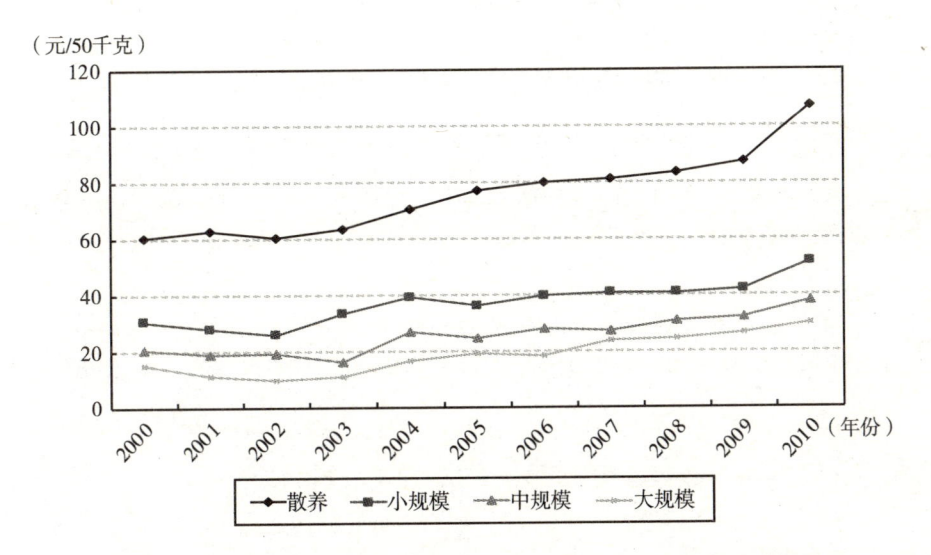

图 5-9 2000~2010 年不同养殖规模生猪每 50 千克人工成本变化趋势

工成本相似,年均增长 8.2%。生猪每 50 千克人工成本也随规模增大而减小,即猪场规模越大,生猪每 50 千克劳动投入就越小。

(3) 生猪单位增重物质服务费用和人工成本。

从图 5-10 可看出,生猪单位增重物质服务费用的变化特征与每 50 千克物质服务费用完全一致,即总体呈逐年波动上升趋势,年均增长9.1%;同时,猪场规模越大,生猪单位增重物质服务投入也越大。

(元/千克增重)

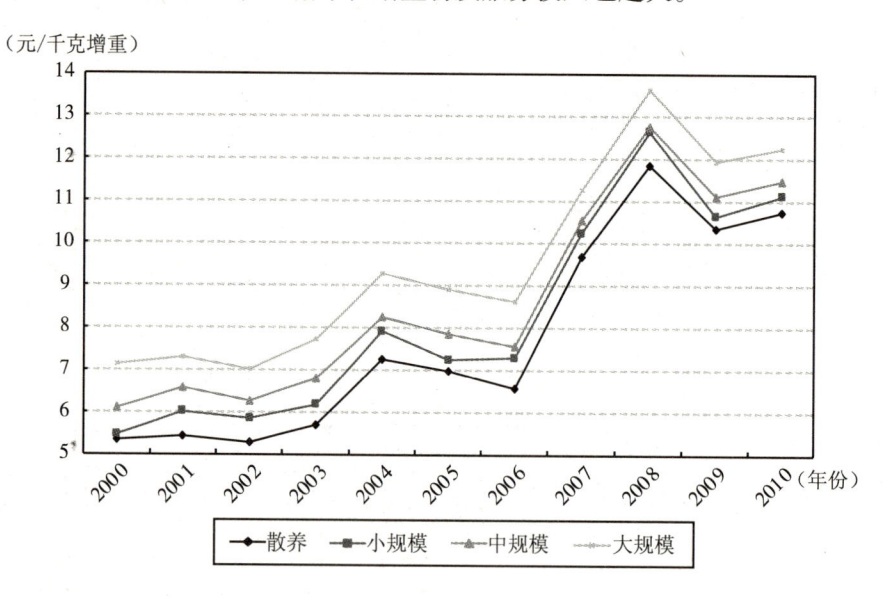

图5-10 2000~2010年不同养殖规模生猪每千克增重物质服务费用变化趋势

从图5-11可以看出,生猪每千克增重人工成本的变化特征也与每50千克人工成本完全相似,年均增长7.9%;同时,猪场规模越大,生猪每千克增重劳动投入越小。

(元/千克增重)

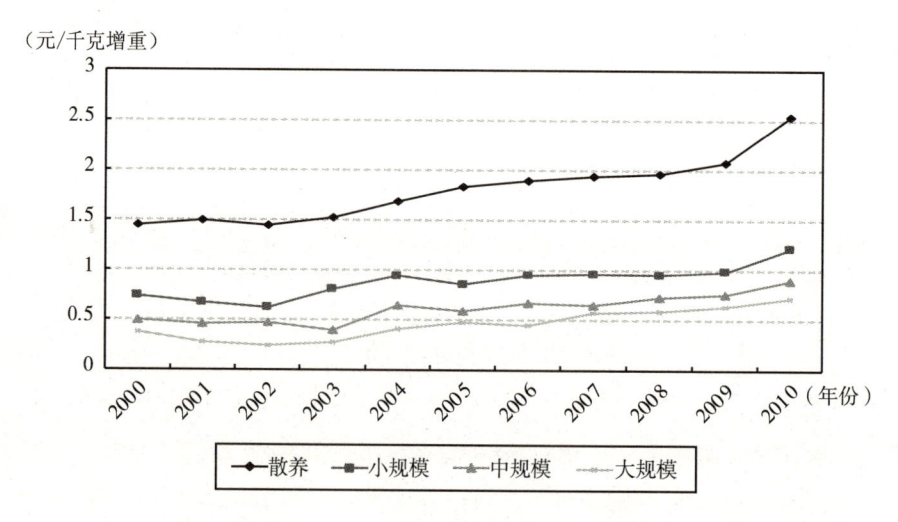

图5-11 2000~2010年不同养殖规模生猪每千克增重人工成本变化趋势

2. 主要物质服务费用项目的变化趋势

为了增强不同养殖规模的可比性，下面仅分析生猪单位增重成本的变化趋势，包括仔猪费、精饲料费、水电及燃料费、医疗防疫费、死亡损失费等直接费用以及固定资产折旧费、管理费、财务费、销售费等间接费用。

（1）生猪每千克增重仔猪费。

图 5-12 表明，4 种养殖规模生猪的单位增重仔猪费用总体呈逐年波动式上升趋势，年均增长 8.9%，而且波动相对比较频繁，其中 2000~2002 年相对平缓，2002~2004 年和 2006~2008 年分别年均增长 28% 和 87%，2004~2006 年和 2008~2010 年分别年均下降 14% 和 21%。2006~2008 年仔猪费用急剧增长，主要是由于 2006 年后猪蓝耳病发生严重，造成仔猪短缺引起的。散养生猪从 2000 年的 1.44 元/千克增重增长到 2010 年的 2.74 元/千克增重，年均增长 9.0%；小规模从 2000 年的 1.55 元/千克增重增长到 2010 年的 2.80 元/千克增重，年均增长 8.1%；中规模从 2000 年的 1.50 元/千克增重增长到 2010 年的 3.00 元/千克增重，年均增长 9.9%；大规模从 2000 年的 1.94 元/千克增重增长到 2010 年的 3.60 元/千

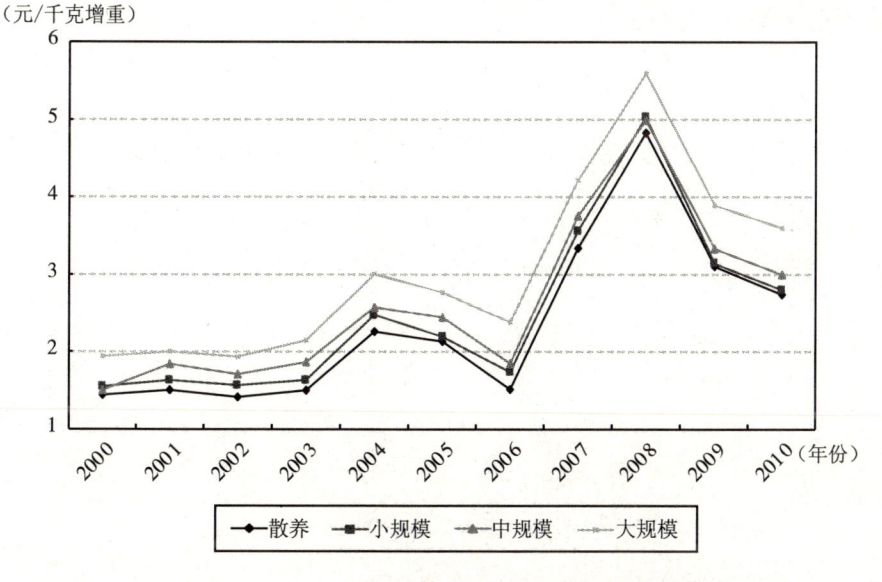

图 5-12 2000~2010 年不同养殖规模生猪每千克增重仔猪费用变化趋势

克增重，年均增长 8.6%。

对 4 种养殖规模的比较表明，生猪单位增重仔猪费用随规模增大而增加，与单位增重物质服务费用的变化特征基本一致，即散养＜小规模＜中规模＜大规模（见图 5-12）。也就是说，猪场规模越大，生猪单位增重仔猪费用投入就越大。这主要是两方面原因引起的，一是大规模养殖购进的仔猪重量相对偏重，2000～2010 年间散养、小规模、中规模和大规模养殖购进的仔猪平均重量依次为 17.38、16.54、17.16、17.90 千克/头；二是仔猪购进价格差异较大，仔猪价格随规模增大而增大，散养户仔猪购进价格偏低，而大规模养殖仔猪购进价格偏高，从而造成大规模养殖购进仔猪的成本相对于其他 3 种养殖方式明显较高。

（2）生猪每千克增重精饲料费。

图 5-13 表明，4 种养殖规模生猪的单位增重精饲料费用总体呈逐年波动式上升趋势，除了 2002 年下降外，其他年份均较快上涨，年均增长 12.6%。其中，散养生猪从 2000 年的 2.74 元/千克增重增长到 2010 年的 6.94 元/千克增重，年均增长 15.3%；小规模从 2000 年的 3.01 元/千克增重增长到 2010 年的 7.61 元/千克增重，年均增长 15.3%；中规模从 2000 年的 3.72 元/千克增重增长到 2010 年的 7.79 元/千克增重，年均增长

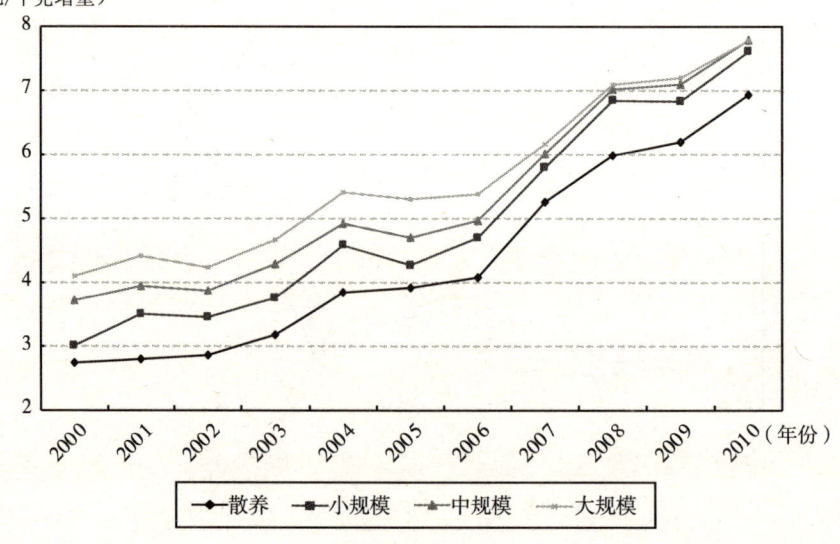

图 5-13　2000～2010 年不同养殖规模生猪每千克增重精饲料费用变化趋势

10.9%；大规模从 2000 年的 4.10 元/千克增重增长到 2010 年的 7.78 元/千克增重，年均增长 9.0%。从增重速度可以看出，大规模养殖的单位增重精饲料费用年均增长率明显要低于其他 3 种养殖方式，散养与小规模之间差异不明显。

对 4 种养殖规模的比较表明，生猪单位增重精饲料费用随规模增大而增加，与单位增重物质服务费用的变化特征基本一致，即散养＜小规模＜中规模＜大规模。也就是说，猪场规模越大，生猪单位增重精饲料费用投入就越大。但由于增长速度的差异，使得大规模养殖的单位增重精饲料费用与其他 3 种养殖方式的差距逐渐缩小，中小规模之间也在缩小，而散养与小规模养殖间的差距基本保持不变。这主要是由于中规模与大规模养殖生猪单位增重的精饲料量呈逐年缓慢下降趋势（年均下降 0.9% 和 1.3%），而散养和小规模养殖生猪单位增重的精饲料量则呈逐年缓慢增长趋势（年均增长 0.7% 和 0.4%）（见图 5-14）。当然，由豆粕、鱼粉等部分饲料原料短缺而导致的饲料价格的逐年大幅上涨（见图 5-15）使得 4 种养殖规模生猪的单位增重精饲料费用都呈现上升趋势。

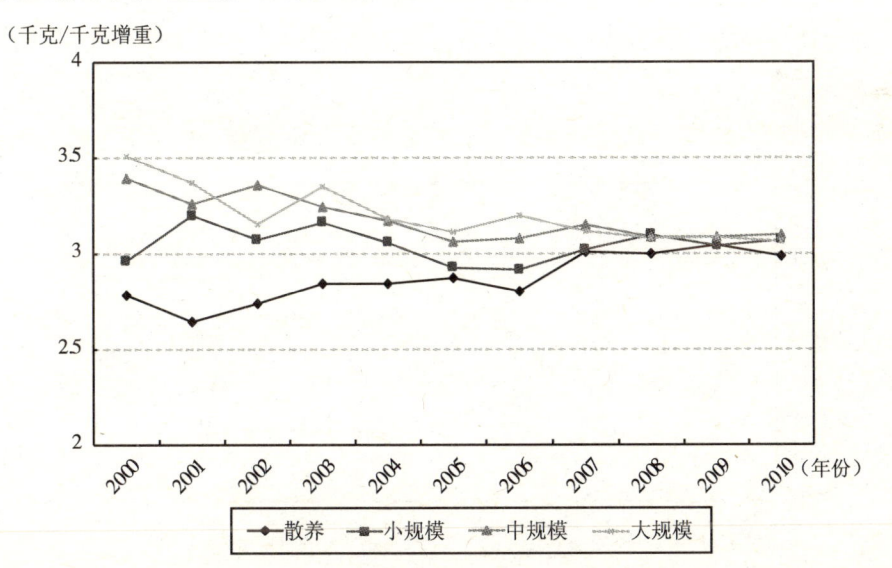

图 5-14　2000~2010 年不同养殖规模生猪每千克增重精饲料量变化趋势

（3）生猪每千克增重水电及燃料费。

相对于仔猪费用和精饲料费用，生猪单位增重的水电及燃料费用要低

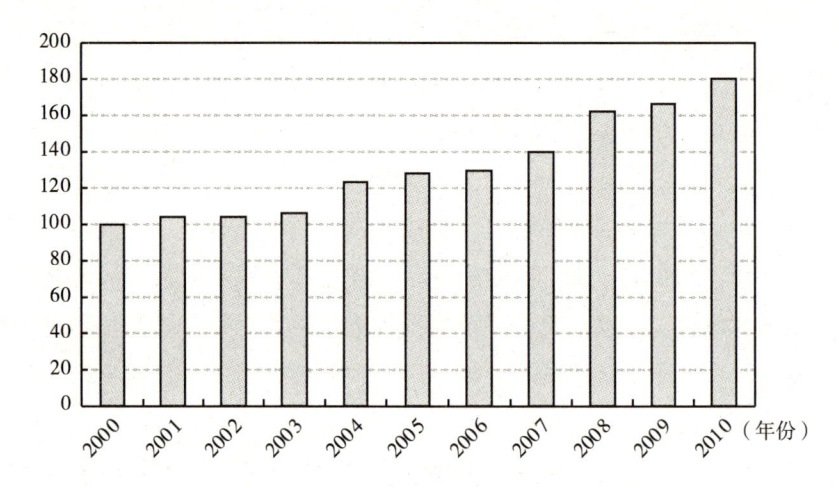

图 5-15　2000~2010 年饲料价格指数变化趋势（以 2000 年为基数）

得多，数值介于 0.067~0.137 元/千克增重。从图 5-16 可以看出，4 种养殖规模生猪的单位增重水电及燃料费用呈现不同的变化特征，其中散养和小规模养殖呈现逐年下降趋势，年均分别降低 0.9% 和 1.0%；中规模和大规模呈现逐年上升趋势，年均分别上升 0.4% 和 1.2%。总体来讲，散养和大规模养殖生猪的单位增重水电及燃料费用高于小规模和中规模养殖生猪。

图 5-16　2000~2010 年不同养殖规模生猪每千克增重水电及燃料费用变化趋势

(4) 生猪每千克增重医疗防疫费。

生猪单位增重的医疗防疫费用也很低,比水电及燃料费用稍高一些,数值介于 0.071~0.222 元/千克增重。从图 5-17 可以看出,4 种养殖规模生猪的单位增重医疗防疫费用皆呈现逐年上升趋势,总体年均增长 9.9%,尤以大规模养殖生猪最为明显(年均增长 13.5%)。大规模养殖生猪的单位增重医疗防疫费用一直高于其他 3 种养殖方式,其差距有逐年拉大的趋势。散养、小规模和中规模养殖的单位增重医疗防疫费用差距不大。这说明,大规模养殖场比较重视医疗防疫,并不断加大投入力度。

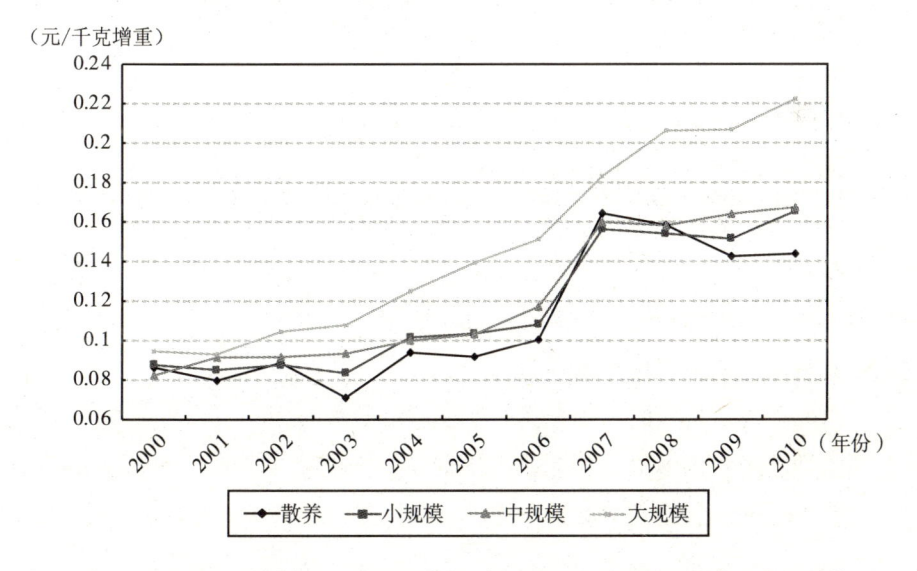

图 5-17 2000~2010 年不同养殖规模生猪每千克增重医疗防疫费用变化趋势

(5) 生猪每千克增重死亡损失费。

生猪单位增重的死亡损失费用与水电及燃料费用差不多,数值介于 0.032~0.158 元/千克增重。从图 5-18 可以看出,散养、小规模、中规模和大规模养殖等 4 种养殖规模生猪的单位增重死亡损失费用皆呈现逐年上升趋势,年均分别增长 20.8%、17.0%、23.8% 和 11.4%,总体年均增长 18.3%。散养生猪的单位增重死亡损失费用一直明显低于其他 3 种规模养殖方式,而 3 种规模养殖生猪的单位增重死亡损失费用差距不大,高低交织。

(6) 生猪每千克增重固定资产折旧费。

生猪单位增重的固定资产折旧费用也与水电及燃料费用差不多,数值

图 5-18　2000~2010 年不同养殖规模生猪每千克增重死亡损失费用变化趋势

介于 0.073~0.176 元/千克增重。从图 5-19 可以看出，散养、小规模、中规模和大规模养殖等 4 种养殖规模的单位增重固定资产折旧费用，总体上变化平缓，上下变化不大。

对 4 种养殖规模的比较表明，生猪单位增重的固定资产折旧费用随规模增大而增加，即散养＜小规模＜中规模＜大规模（见图 5-19）。其中，大规模养殖的单位增重固定资产折旧费用一直明显高于其他 3 种养殖方式。

(7) 管理费用。

生猪单位增重的管理费用比固定资产折旧费用低，数值介于 0~0.126 元/千克增重。从图 5-20 可以看出，4 种养殖规模生猪的单位增重管理费用皆呈逐年降低趋势，总体年均降低 7.5%。

生猪单位增重的管理费用随规模增大而增加，即散养＜小规模＜中规模＜大规模。其中，大规模养殖的单位增重管理费用一直明显高于其他 3 种养殖方式。散养、小规模和中规模的单位增重管理费用之间的差距越来越小。

(8) 财务费用。

生猪单位增重的财务费用与管理费用差不多，数值介于 0~0.147 元/千克增重。从图 5-21 可以看出，4 种养殖规模的生猪单位增重财务费用

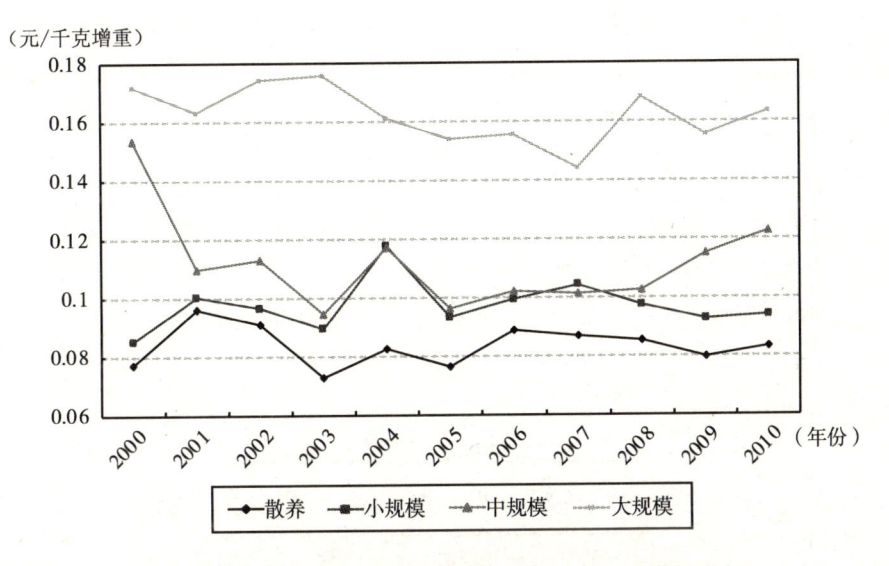

图 5-19　2000~2010 年不同养殖规模生猪每千克增重固定资产折旧费用变化趋势

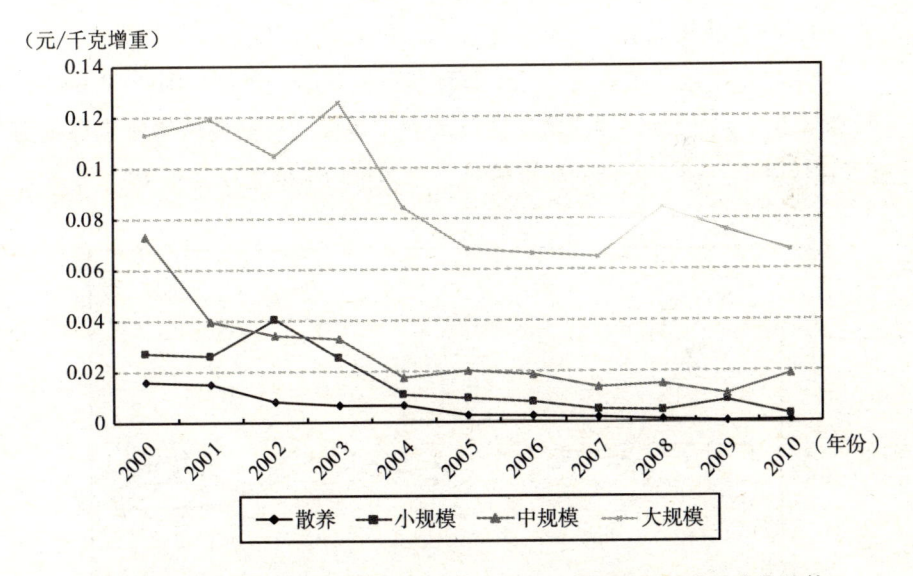

图 5-20　2000~2010 年不同养殖规模生猪每千克增重管理费用变化趋势

皆呈逐年降低趋势，总体年均降低 8.6%。

生猪单位增重的财务费用随规模增大而增加，即散养＜小规模＜中规模＜大规模（见图 5-21）。其中，大规模养殖生猪的单位增重财务费用一直明显高于其他 3 种养殖方式，但 4 种养殖规模之间的差距在逐年缩小。

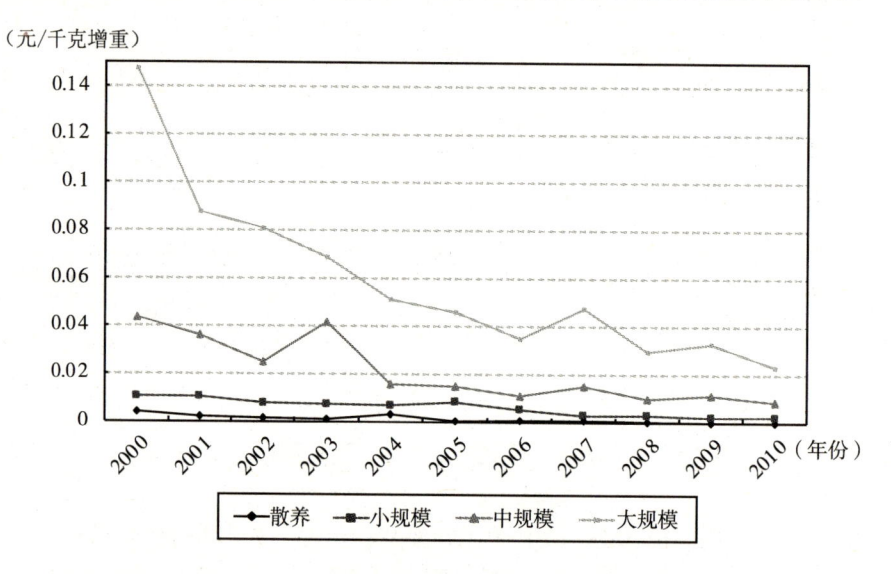

图 5-21 2000~2010 年不同养殖规模生猪每千克增重财务费用变化趋势

（9）销售费用。

生猪单位增重的销售费用低于管理和财务费用，介于 0.014~0.049 元/千克增重。从图 5-22 可以看出，4 种养殖规模的生猪单位增重销售费用皆呈逐年降低趋势，但降低幅度较小，总体年均降低率仅为 4.4%。4 种养

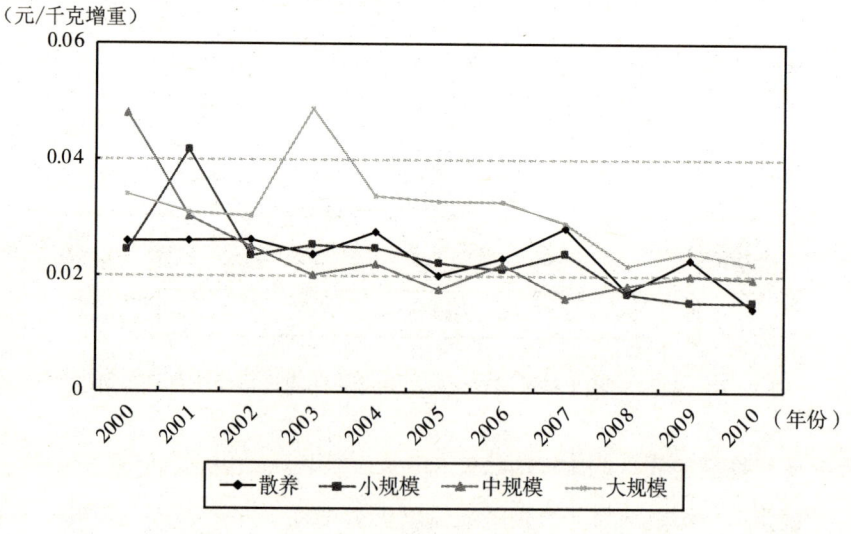

图 5-22 2000~2010 年不同养殖规模生猪每千克增重销售费用变化趋势

殖规模的生猪单位增重销售费用高低在不同年份交替排序，2007年后相差很小。

（10）直接费用与间接费用。

① 直接费用。

从图5-23可看出，生猪单位增重直接费用的变化特征与物质服务费用完全一致，总体上呈逐年波动式上升趋势，年均增长9.7%，其中2002~2004年和2006~2008年这两个阶段年均增长率分别达到18%和35%。散养生猪从2000年的5.18元/千克增重增加到2010年的10.64元/千克增重，年均增长10.6%；小规模从2000年的5.28元/千克增重增加到2010年的11.00元/千克增重，年均增长10.7%；中规模从2000年的5.76元/千克增重增加到2010年的11.31元/千克增重，年均增长9.7%；大规模从2000年的6.63元/千克增重增加到2010年的11.95元/千克增重，年均增长8.0%。这种上升趋势主要是由生猪单位增重的仔猪费用和精饲料费用决定的。

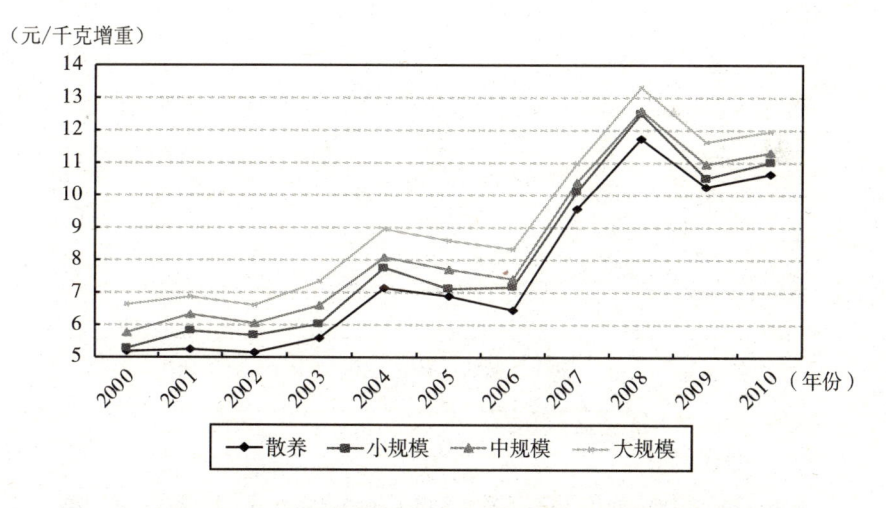

图5-23 2000~2010年不同养殖规模生猪每千克增重直接成本变化趋势

对4种养殖规模的比较表明，生猪单位增重直接费用随规模增大而增加，即散养＜小规模＜中规模＜大规模。也就是说，猪场规模越大，生猪单位增重直接费用投入就越大。

② 间接费用。

从图 5-24 可以看出，4 种养殖规模的生猪单位增重间接费用，总体上呈逐年波动式降低趋势，年均降低 4.4%。其中，散养生猪从 2000 年的 0.17 元/千克增重降低到 2010 年的 0.10 元/千克增重，年均降低 4.1%；小规模从 2000 年的 0.19 元/千克增重降低到 2010 年的 0.12 元/千克增重，年均降低 4.1%；中规模从 2000 年的 0.34 元/千克增重降低到 2010 年的 0.17 元/千克增重，年均降低 4.9%；大规模从 2000 年的 0.51 元/千克增重降低到 2010 年的 0.29 元/千克增重，年均降低 4.4%。这种降低趋势主要是由生猪单位增重的管理费与财务费决定的。同时，这种变化特征也说明中国的生猪管理水平也在逐年提高。

对 4 种养殖规模的比较表明，生猪单位增重的间接费用随规模增大而增加，即散养＜小规模＜中规模＜大规模（见图 5-24）。也就是说，猪场规模越大，生猪单位增重间接费用投入就越大，而且大规模养殖生猪的单位增重间接费用明显高于散养、小规模和中规模养殖等 3 种养殖方式。这 3 种养殖方式的生猪单位增重间接费用差异较小。

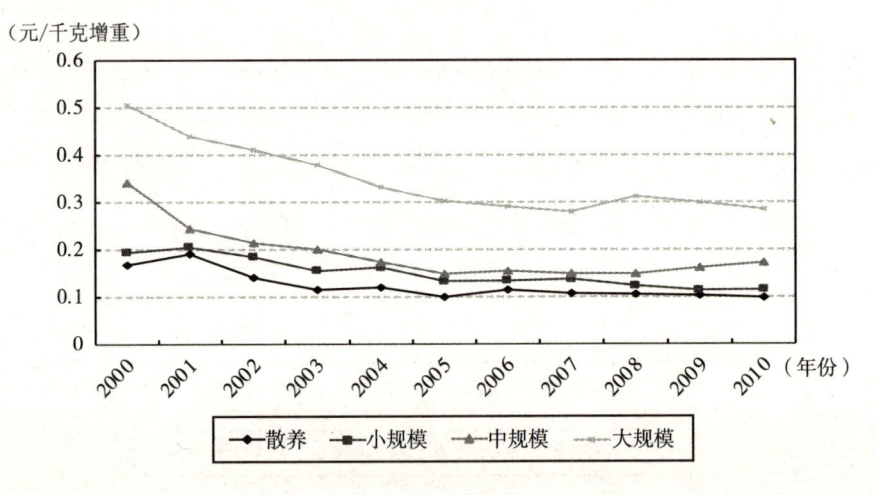

图 5-24　2000~2010 年不同养殖规模生猪每千克增重间接成本变化趋势

3. 主要生产成本项目所占比重的变化趋势

（1）直接成本与间接成本在物质服务费用中的比重。

图 5-25 表明，4 种养殖规模的生猪单位增重直接费用在物质服务费用中的比重都在 92% 以上，且呈逐年提高趋势，2010 年都达到 97% 以上。

同时，这种比重随养殖规模增大而降低，其中散养、小规模和中规模养殖生猪比较接近，而大规模养殖生猪明显低于其他3种养殖方式。

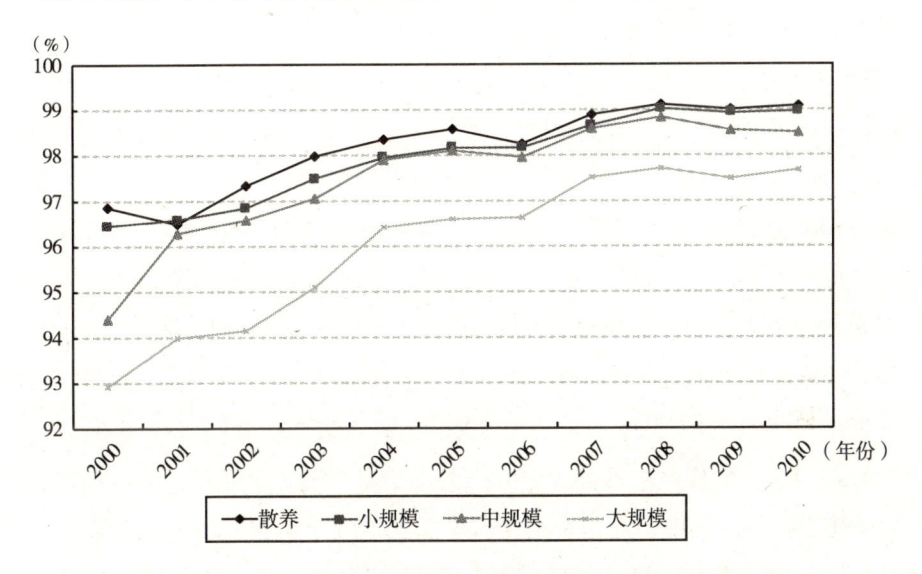

图 5 - 25　2000~2010 年生猪每千克增重直接费用占物质服务费用的比重

图 5 - 26 表明，4 种养殖规模的生猪单位增重间接费用在物质服务费用中的比重都在 8% 以下，且呈逐年降低趋势，2010 年都降低到 3% 以下。同时，这种比重随养殖规模增大而增大，其中散养、小规模和中规模养殖比较接近，而大规模养殖明显高于其他 3 种养殖方式。

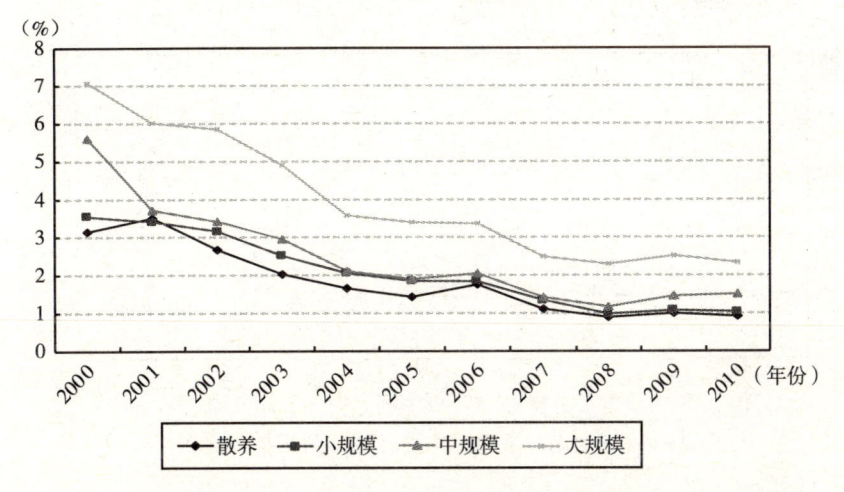

图 5 - 26　2000~2010 年生猪每千克增重间接费用占物质服务费用的比重

(2) 仔猪费用、精饲料费用与人工费用在总成本中的比重。

一般认为，仔猪费用、精饲料费用和人工费用是生猪养殖的三大成本，三项合计占到总成本的80%以上。无论以每头总成本为基础，还是以每50千克总成本或每千克增重总成本为基础，各项费用在总成本中的比重计算结果都是相同的。下面分析这三大成本所占比重在不同养殖规模中的变化特征。

对于散养生猪（见图5-27），精饲料费用所占比重最高，介于40.4%~52.2%；仔猪费用所占比重和人工费用所占比重相差不大，分别介于17.9%~35.0%和14.2%~22.4%。其中，精饲料费用所占比重有逐年缓慢提高趋势，从2000年的40.4%增加到2003年的44.1%，接着下降到2004年的43.0%，然后上升至2006年的48.2%，接着又下降到2008年的43.4%，然后又上升到2010年的52.2%。仔猪费用和人工费用所占比重先后交替。其中，仔猪费用所占比重上下波动最大，2000~2003年相对稳定在21%左右，接着提高到2004年的25.3%，然后回落到2006年的17.9%，此后又大幅回升至2008年的35.0%，最后又大幅下降到2010年的20.6%；人工费用所占比重相对波动较小，并有逐年下降趋势，2000~2003年基本稳定在21.5%左右，此后的变化趋势与仔猪费用所占比重正好相反，2004年降至18.9%，然后回升到2006年的22.4%，接着又大幅下降至2008年的14.2%，最后又回升到2010年的19.1%。

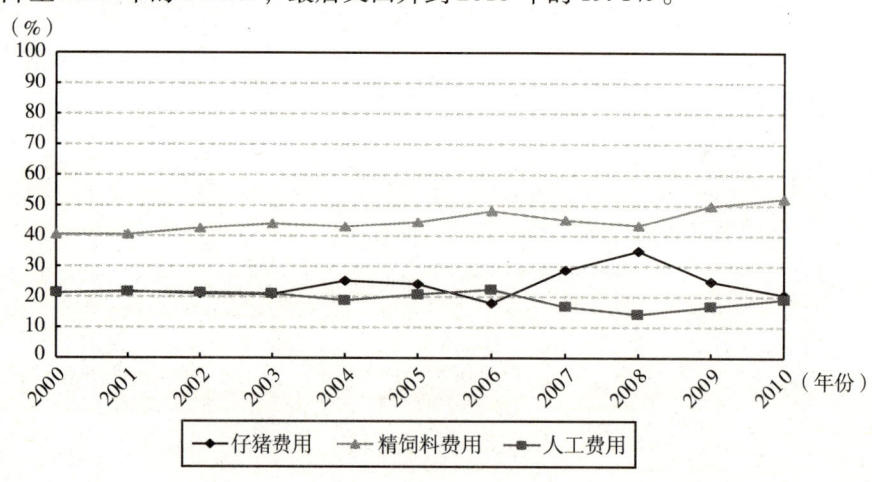

图5-27　2000~2010年散养生猪仔猪、精饲料和人工费用占总成本比重

对于小规模养殖（见图 5-28），精饲料费用所占比重最高，介于 48.4%~61.6%，高于散养；仔猪费用所占比重占第二位，介于 21.0%~37.0%，也高于散养；人工费用所占比重占第三位，介于 8.5%~11.8%，低于散养。其中，精饲料费用所占比重有逐年缓慢提高趋势，从 2000 年的 48.4%增加到 2003 年的 53.7%，接着降至 2004 年的 51.4%，然后上升到 2006 年的 51.9%，接着又下降到 2008 年的 50.3%，然后又上升到 2010 年的 61.6%。仔猪费用所占比重上下波动最大，2000~2003 年相对稳定在 24%左右，接着提高到 2004 年的 27.8%，然后回落到 2006 年的 21.0%，此后又大幅回升至 2008 年的 37.0%，最后又大幅下降到 2010 年的 22.7%；人工费用所占比重相对波动较小，并逐年下降趋势，2000~2006 年基本稳定在 11.0%左右，此后变化趋势与仔猪费用所占比重相反，2008 年降至 7.0%，然后回升到 2010 年的 9.8%。

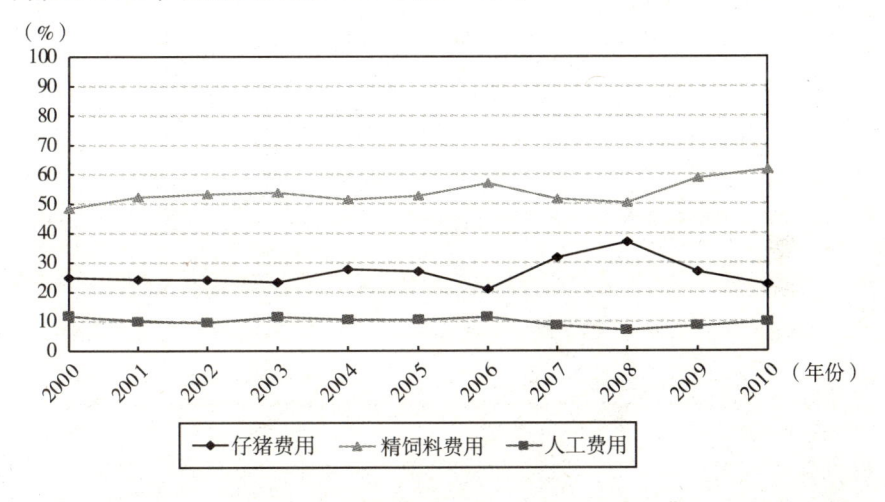

图 5-28 2000~2010 年小规模养殖生猪仔猪、精饲料和人工费用占总成本比重

对于中规模养殖（见图 5-29），精饲料费用所占比重最高，介于 52.0%~62.8%，稍高于小规模养殖；仔猪费用所占比重占第二位，介于 22.4%~37.0%，稍高于小规模养殖；人工费用所占比重占第三位，介于 5.4%~8.1%，低于小规模养殖。其中，精饲料费用所占比重波动较大，从 2000 年的 56.2%增加到 2003 年的 59.4%，接着降至 2004 年的 54.8%，然后上升到 2006 年的 60.2%，接着又下降到 2008 年的 52.0%，然后又上升到 2010 年的 62.8%。仔猪费用所占比重上下波动最大，2000 年为

22.7%，2001年升至26.1%，2002~2003年相对稳定在25.5%左右，接着提高到2005年的28.8%，然后回落到2006年的22.4%，此后又大幅回升至2008年的37.0%，最后又大幅下降到2010年的24.2%；人工费用所占比重基本稳定，相对波动较小，2000年为7.5%，2003年降至5.5%，接着缓慢升至2006年的8.1%，2008年降至5.4%，然后回升到2010年的7.2%。

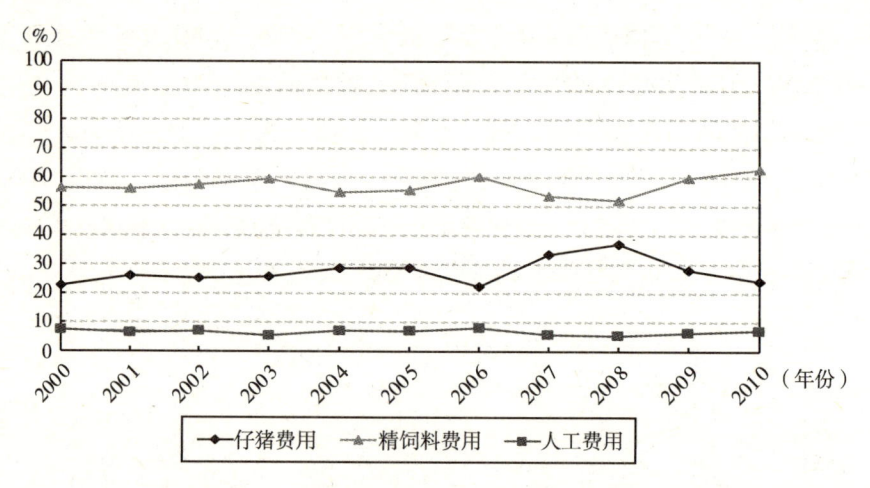

图5-29 2000~2010年中规模养殖生猪仔猪、精饲料和人工费用占总成本比重

对于大规模养殖（见图5-30），精饲料费用所占比重最高，介于49.8%~59.9%，与中规模养殖生猪差不多；仔猪费用所占比重占第二位，

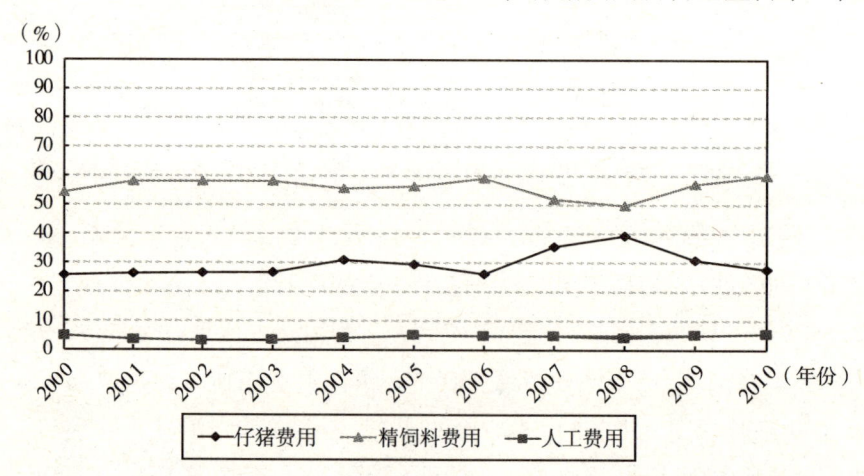

图5-30 2000~2010年大规模养殖生猪仔猪、精饲料和人工费用占总成本比重

介于 25.7%~39.3%，稍高于中规模养殖；人工费用所占比重占第三位，介于 3.3%~5.5%，低于中规模养殖。其中，精饲料费用所占比重波动较大，从 2000 年的 54.3% 缓慢增加到 2003 年的 58.1%，接着降至 2004 年的 55.6%，然后上升到 2006 年的 59.2%，接着又下降到 2008 年的 49.8%，然后又上升到 2010 年的 59.9%。仔猪费用所占比重上下波动最大，从 2000 年的 25.7% 缓慢升至 2004 年的 30.9%，然后降至 2006 年的 26.2%，此后又大幅回升至 2008 年的 39.3%，最后又大幅下降到 2010 年的 27.7%；人工费用所占比重基本稳定，相对波动较小，从 2000 年的 5.0% 缓慢降至 2002 年的 3.3%，接着缓慢升至 2005 年的 5.0%，然后缓慢降至 2008 年的 4.1%，最后又回升到 2010 年的 5.5%。

从图 5-27 至图 5-30 还可以看出，仔猪费用所占比重随规模增大而增大，但小规模与中规模之间差距不大。散养生猪的精饲料费用所占比重大大低于其他 3 种养殖规模，但差距逐年缩小，3 种养殖规模的生猪精饲料费用所占比重差距较小。人工费用所占比重随规模增大而降低，且散养生猪大大高于其他 3 种规模养殖，差距也有逐年缩小趋势，3 种规模养殖的人工费用所占比重差距较小。从仔猪费用、精饲料费用和人工费用 3 项成本所占比重的组合来看，散养生猪依次平均为 24%、45% 和 20% 左右；小规模养殖依次平均为 26%、54% 和 10% 左右；中规模养殖依次平均为 27%、57% 和 7% 左右；大规模养殖依次平均为 30%、56% 和 5% 左右。这一变化特征也表明，随着猪场规模的扩大，劳动生产率越来越高，资金技术越来越集约。

此外，精饲料费用所占比重与仔猪费用所占比重的年度变化趋势方向相反。从变化幅度来看，这主要是由于仔猪价格或仔猪费用大幅涨落，变化幅度大大超过精饲料费用的变化幅度，从而掩盖了精饲料费用的上涨趋势，反而使得精饲料费用所占比重出现下降。

从仔猪费用、精饲料费用和人工费用等 3 项合计费用所占比重的变化趋势来看（见图 5-31），4 种养殖方式生猪的三项费用所占比重之和都有逐年增长趋势，分别介于 82.9%~92.6%、85.2%~94.4%、86.4%~94.4% 和 84.9%~93.2%，相比而言，散养生猪三项费用所占比重之和要明显低于其他 3 种规模养殖方式，而 3 种规模养殖方式之间差距不大。

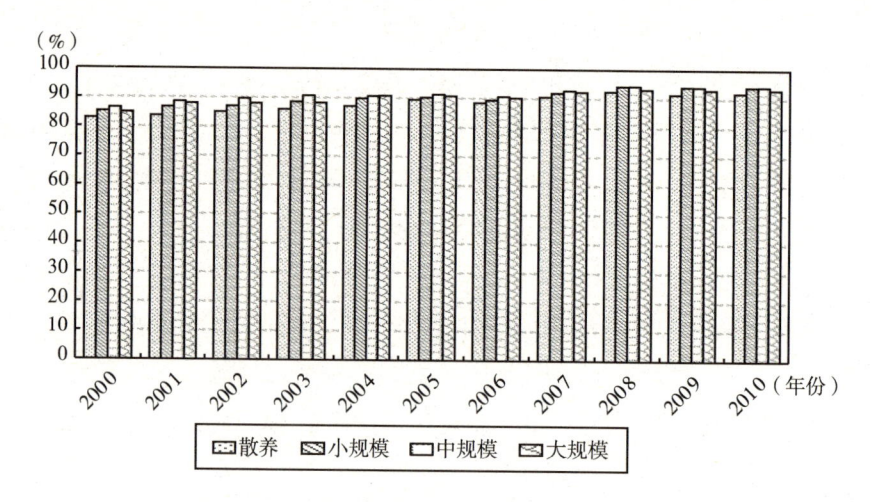

图 5-31　2000～2010 年不同规模养殖生猪仔猪、精饲料和
人工费用合计占总成本比重

5.2　不同养殖规模的生猪收益变化趋势

5.2.1　生猪产值变化趋势

1. 每头总产值

对生猪每头总产值的分析表明，4 种养殖规模的生猪每头总产值与总成本一样也呈逐年波动式上升趋势（见图 5-32），总体年均增长 11.1%，其中 2002～2004 年和 2006～2008 年快速上升，这两个阶段年均增长率分别达到 28% 和 44%，其他年份增长或下降幅度相对较小。散养生猪从 2000 年的 646.6 元/头增加到 2010 年的 1 341.0 元/头，年均增长 10.7%；小规模从 2000 年的 616.1 元/头增加到 2010 年的 1 299.3 元/头，年均增长 11.1%；中规模从 2000 年的 608.9 元/头增加到 2010 年的 1 259.1 元/头，年均增长 12.0%；大规模从 2000 年的 626.4 元/头增加到 2010 年的 1 228.1 元/头，年均增长 10.6%。

对 4 种养殖规模的比较表明，除个别年份外，散养生猪每头总产值始终处于最高值，其他 3 种规模生猪每头总产值先后交替排序，而且差距较小。按 2000~2010 年期间生猪每头总产值年均值排序为散养 > 中规模 > 小规模 > 大规模，2010 年也是如此（见图 5-32）。

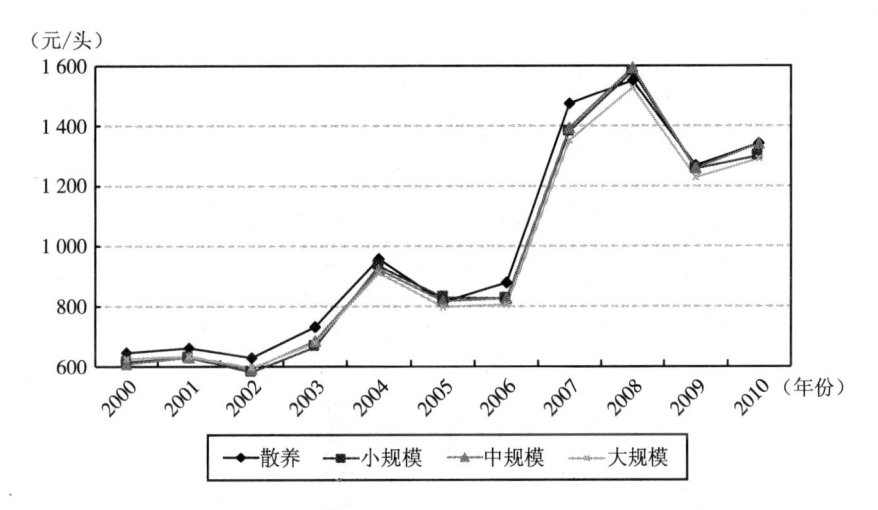

图 5-32　2000~2010 年不同养殖规模生猪每头总产值变化趋势

2. 每 50 千克总产值

从图 5-33 可以看出，4 种生猪养殖规模每 50 千克总产值的变化趋势与每头总产值也是十分相似的，总体呈逐年波动式上升趋势，但增长速度要慢一些，年均增长率为 9.2%，其中 2002~2004 年和 2006~2008 年这两个阶段年均增长率分别达到 24% 和 39%。散养生猪从 2000 年的 305.3 元/50 千克增加到 2010 年的 601.0 元/50 千克，年均增长 9.7%；小规模从 2000 年的 302.9 元/50 千克增加到 2010 年的 585.8 元/50 千克，年均增长 9.3%；中规模从 2000 年的 306.0 元/50 千克增加到 2010 年的 595.9 元/50 千克，年均增长 9.5%；大规模从 2000 年的 327.3 元/50 千克增加到 2010 年的 599.0 元/50 千克，年均增长 8.3%。

但 4 种养殖规模每 50 千克总产值的大小排序与每头总产值却不同，除个别年份外，生猪每 50 千克总产值始终以大规模养殖为最高，其他 3 种养殖方式生猪每头总产值先后交替排序，而且差距较小。按 2000~2010 年期间生猪每 50 千克总产值年均值排序也是如此，散养、小规模、中规模、大规模年均值分别为 455.3、455.6、457.2、470.7 元/50 千克。

(元/50千克)

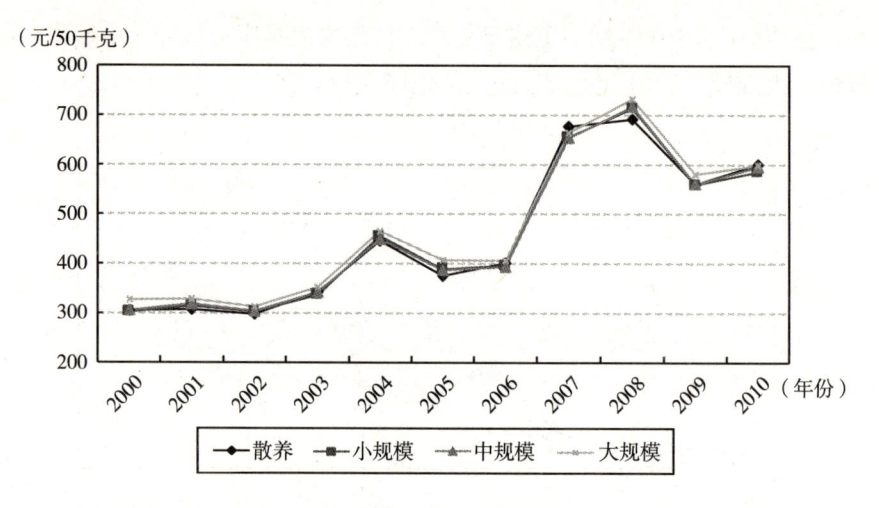

图 5-33　2000~2010 年不同养殖规模生猪每 50 千克总产值变化趋势

3. 每千克增重产值

从图 5-34 可以看出，4 种养殖规模每千克增重总产值的变化趋势也与每头总产值是一致的，总体呈逐年波动式上升趋势，但增长速度又要比每 50 千克总产值慢一些，年均增长率为 8.9%，其中 2002~2004 年和 2006~2008 年这两个阶段年均增长率分别达到 24% 和 36%。散养生猪从 2000 年的 7.31 元/千克增重增加到 2010 年的 14.25 元/千克增重，年均增长

(元/千克增重)

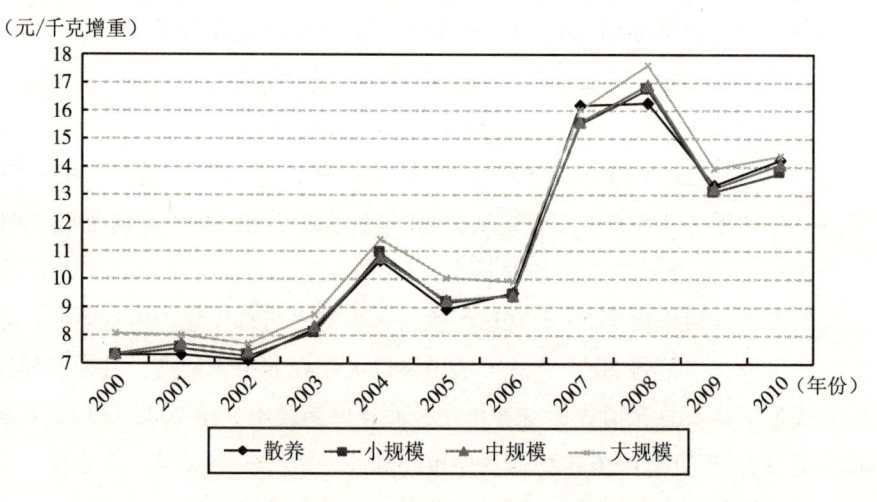

图 5-34　2000~2010 年不同养殖规模生猪每千克增重总产值变化趋势

9.5%；小规模从 2000 年的 7.29 元/千克增重增加到 2010 年的 13.77 元/千克增重，年均增长 8.9%；中规模从 2000 年的 7.34 元/千克增重增加到 2010 年的 14.09 元/千克增重，年均增长 9.2%；大规模从 2000 年的 8.07 元/千克增重增加到 2010 年的 14.39 元/千克增重，年均增长 7.8%。

4 种养殖规模生猪每千克增重总产值的大小排序与每 50 千克总产值是一致的，除个别年份外，始终以大规模养殖为最高，其他 3 种养殖方式生猪每头总产值先后交替排序，而且差距较小。按 2000~2010 年期间生猪每头总产值年均值排序也是如此，散养、小规模、中规模、大规模年均值分别为 10.8、10.8、10.9、11.4 元/千克增重。

5.2.2 生猪净利润变化趋势

1. 每头净利润

对生猪每头总利润的分析表明，4 种养殖规模的生猪每头总利润在不同年份之间呈不规则波动，上下波动幅度较大，其中 2002~2004 年和 2005~2007 年较快或快速上升，2004~2005 年和 2007~2009 年快速下降，其他年份缓慢上升或下降（见图 5-35）。从波动程度来看，散养生猪波动幅度最大，2005 年为最低点（10.5 元/头），2007 年为最高点（415.1 元/头），最高最低点相差 404.6 元/头；小规模与大规模养殖波动幅度较小，其最高最低值之差分别为 319.9 元/头和 319.2 元/头；中规模生猪居中，其最高最低值之差为 335.7 元/头。

对 4 种养殖规模的比较表明，除个别年份外，中小规模养殖的生猪每头总利润处于较高值，散养和大规模养殖的生猪每头总利润处于较低值，在 2000~2010 年期间，散养、小规模、中规模、大规模养殖总利润年均值分别为 117.5、149.1、143.8、118.2 元/头。2008~2010 年期间，小、中、大规模养殖的生猪每头总利润都明显高于散养生猪。

2. 每 50 千克净利润

从图 5-36 可以看出，4 种养殖规模的生猪每 50 千克总利润与每头总

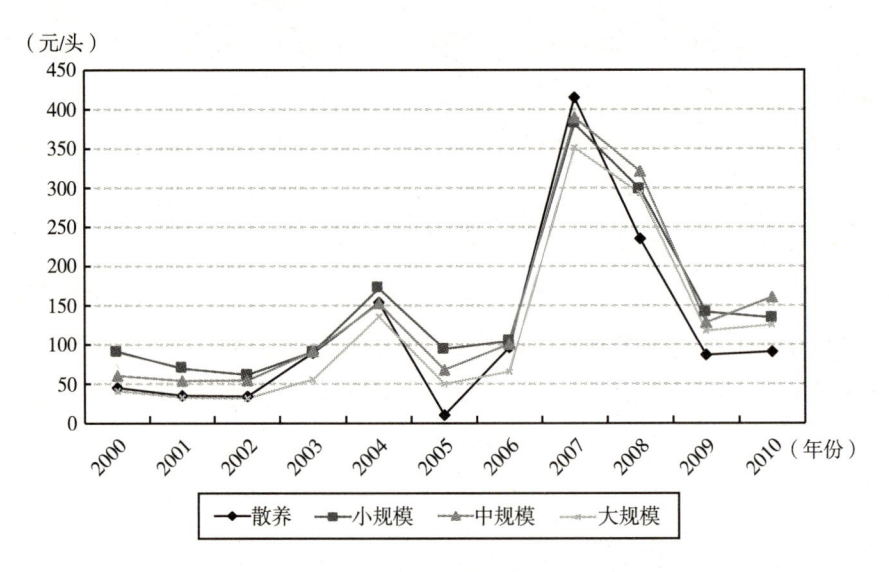

图 5-35　2000~2010 年不同养殖规模生猪每头净利润变化趋势

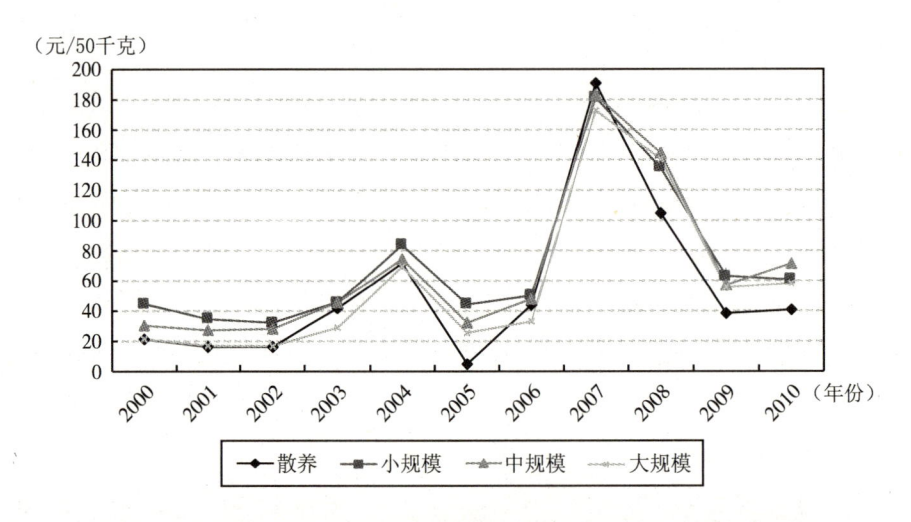

图 5-36　2000~2010 年不同养殖规模生猪每 50 千克净利润变化趋势

利润相似，上下波动幅度较大。从波动程度来看，散养生猪波动幅度最大，最高、最低点相差 174.5 元/50 千克；小规模养殖生猪波动幅度较小，其最高、最低值之差为 149.0 元/50 千克；中规模与大规模生猪居中，其最高、最低值之差分别为 155.6 元/50 千克和 156.0 元/50 千克。

对 4 种养殖规模的比较表明，除个别年份外，中小规模养殖的生猪每 50 千克总利润处于较高值，散养和大规模养殖的生猪每 50 千克总利润处于较低值，在 2000~2010 年期间，散养、小规模、中规模、大规模养殖总利润年均值分别为 53.7、70.5、67.5、58.1 元/50 千克。2008~2010 年期间，小、中、大规模养殖的生猪每 50 千克总利润都明显高于散养生猪。

3. 每千克增重净利润

从图 5-37 可以看出，4 种养殖规模的生猪每千克增重总利润也与每头总利润相似，波动幅度较大。从波动程度来看，散养生猪波动幅度最大，最高、最低点相差 4.45 元/千克增重；小规模养殖波动幅度较小，其最高、最低值之差为 3.52 元/千克增重；中规模与大规模居中，其最高、最低值之差分别为 3.70 元/千克增重和 3.76 元/千克增重。

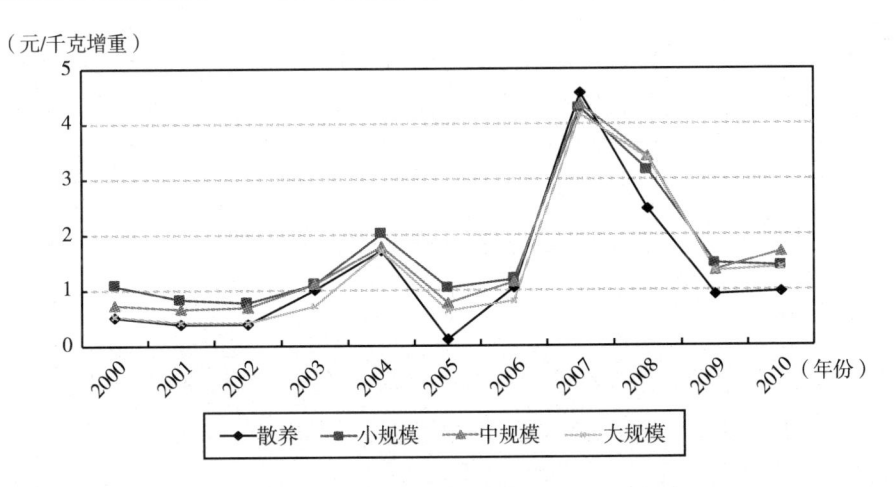

图 5-37 2000~2010 年不同养殖规模生猪每千克增重净利润变化趋势

对 4 种养殖规模的比较表明，除个别年份外，中小规模养殖的生猪每千克增重总利润处于较高值，散养和大规模养殖的生猪每千克增重总利润处于较低值，在 2000~2010 年期间，散养、小规模、中规模、大规模养殖总利润年均值分别为 1.28、1.67、1.61、1.41 元/千克增重。2008~2010 年期间，小、中、大规模养殖的生猪每千克增重总利润都明显高于散养生猪。

根据以上 4 种养殖规模生猪每头总利润、每 50 千克总利润和每千克增重总利润的分析结果可以看出，散养生猪利润波动幅度最大，小规模养殖利润波动幅度最小。

根据 4 种养殖规模生猪在 2000~2010 年期间的利润年均值计算，中小规模养殖利润要高于散养和大规模养殖，每千克增重总利润如图 5-38 所示。

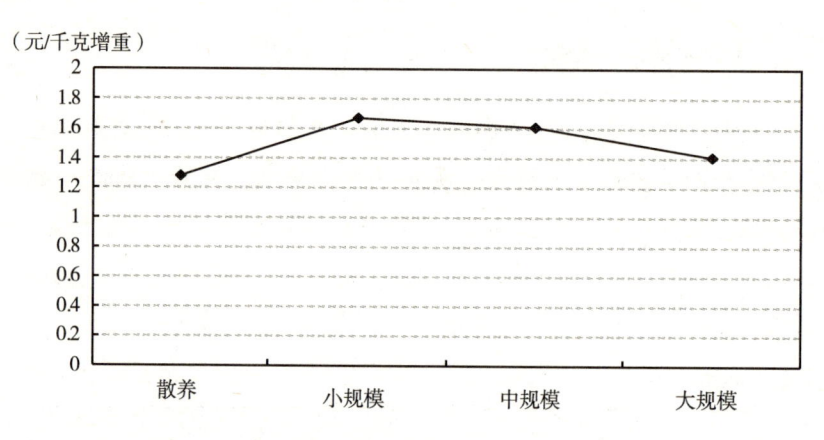

图 5-38 生猪每千克增重净利润与养殖规模的关系
注：生猪每千克增重总成本为 2000~2010 年均值。

5.3 小　　结

（1）按总成本及其构成分析，生猪每头总成本、每 50 千克总成本或每千克增重总成本皆逐年呈波动式上升趋势，其中中小规模具有一定成本优势。

对于生猪每头总成本，规模养殖具有一定成本优势，散养生猪始终处于最高值，其他 3 种规模养殖相差不大。对于每 50 千克总成本或每千克增重总成本，中小规模要低于散养和大规模养殖。生猪每头土地成本呈逐年降低趋势，并随规模增大而增加，但其在每头总成本中所占比例很小，对总成本的影响甚微，所以生产成本的变化趋势基本与总成本一致。

（2）按生产成本的构成分析，生猪每头（每 50 千克或每千克增重）的物质服务费用与人工成本总体上呈逐年波动式上升趋势，其中物质服务费用随规模增大而增加，而人工成本则随规模增大而减小。

4 种养殖规模的年度物质服务费用差距并不大，但人工成本差距较大，尤其是散养生猪的人工成本要明显高于其他 3 种规模养殖生猪，因此人工成本最终决定了4种养殖规模每头生产成本的排序。物质服务费用和人工成本在生产成本中的比重保持相对稳定，年度变化不大，但散养生猪与其他3种规模养殖却存在较大的差异，3种规模养殖之间的差距相对较小，散养生猪物质服务费用和人工成本所占比重约为80%和20%，规模养殖相应为90%～96%和10%～4%。

（3）按单位增重物质服务费用的构成分析，生猪直接费用呈波动式上升趋势，并随规模增大而增加，而间接费用则呈波动式降低趋势，且也随规模增大而增加。

直接费用的上升趋势主要是由仔猪费用和精饲料费用的上升决定的，而间接费用的降低趋势主要是由管理费与财务费的降低引起的。此外，对于直接费用，不同养殖方式之间的差距相对不大，其中大规模养殖的精饲料费用与其他3种养殖方式的差距逐年缩小，而医疗防疫费用与其他3种养殖方式的差距则逐年拉大。散养生猪的死亡损失费用一直明显低于其他3种规模养殖方式。对于间接费用，大规模养殖要明显高于散养、小规模和中规模养殖等3种养殖方式，其中大规模养殖的固定资产折旧费用、管理费用和财务费用一直明显高于其他3种养殖方式。从各项费用物质服务费用中的比重来看，直接费用所占比重在92%以上，且呈逐年提高，但随养殖规模增大而降低，大规模养殖明显低于其他3种养殖方式；而间接费用所占比重在8%以下，且呈逐年降低，但随养殖规模增大而增大，大规模养殖明显高于其他3种养殖方式。

（4）按三大成本在总成本中的比重分析，仔猪费用、精饲料费用和人工费用等3项合计费用所占比重逐年增长，介于82%～95%，其中散养生猪要明显低于其他3种规模养殖方式，而3种规模养殖方式之间差距不大。

散养生猪的仔猪费用、精饲料费用和人工费用依次平均为24%、45%和20%左右，小规模养殖生猪依次平均为26%、54%和10%左右，中规模养殖生猪依次平均为27%、57%和7%左右，大规模养殖生猪依次平均为30%、56%和5%左右。可见，随着猪场规模的扩大，劳动生产率越来越高，资金技术越来越集约。此外，精饲料费用所占比重与仔猪费用所占比重的年度变化趋势方向相反，这主要是由于仔猪价格或仔猪费用大幅涨落，变化幅度大大超过精饲料费用的变化幅度，从而掩盖了精饲料费用的上涨趋势，反而使得精饲料费用所占比重出现下降。

（5）按养殖收益分析，生猪每头（每50千克或每千克增重）总产值呈逐年波动式上升趋势，而总利润则呈不规则波动，且波动幅度较大。对于总产值，每头总产值以散养为最高，每50千克或每千克增重总产值则以大规模养殖为最高。对于总利润，不同年份间的波动幅度以散养生猪最大、小规模养殖最小，同一年度以中小规模较高、散养和大规模养殖较低。

第 6 章

中国不同养殖规模的生猪生产率分析

中国的国情决定了生猪生产必须走科技驱动型内生增长的道路。进入 21 世纪以来,中国在加速生猪规模化养殖的同时,也不断加大科技投入,加强技术研发与推广应用,促进了生猪生产率的提高。本章利用历年《全国农产品成本收益资料汇编》有关生猪的数据,对不同生猪养殖规模的单要素生产率、全要素生产率变化率及其技术进步与技术效率变化率,以及 2010 年综合技术效率、纯技术效率与规模效率进行比较分析,以期了解不同生猪养殖规模生产率指标的时空变动特征、全要素生产率增长的主要动因以及 2010 年规模报酬状况与投入要素的冗余程度。

6.1 不同养殖规模的生猪单要素生产率分析

资本投入和劳动投入是生猪生产的两大投入,其效率大小直接反映生猪的生产效率。

6.1.1 生猪资金收益率

资金收益率,也称资本生产率,用以衡量资本投入的回报大小。其计算公式为:

$$资金收益率 = \frac{利润}{投资} \times 100\%$$

这里用每头生猪减税纯收益或净利润除以物质费用来计算资金收益率，表明单位物质费用获得的纯收益大小。

由图6-1可以看出，4种养殖规模的生猪资金收益率均呈相似的年度波动式变动趋势，其中2002~2004年和2005~2007年快速上升，2004~2005年和2007~2009年快速下降，其他年份缓慢上升或下降。从波动程度来看，散养生猪波动幅度最大，2005年为最低点（1.65%），2007年为最高点（47.21%），最高最低点相差45.56%；其次为中规模与大规模养殖生猪，其最高最低值之差分别为31.66%和31.62%；小规模波动幅度最低，其最高最低值之差为29.14%。从波动特点来看，大起大落时总是以散养生猪变化幅度最大，说明生猪市场波动对散养方式的影响最大，换句话说散养生猪抵御市场风险的能力较差。

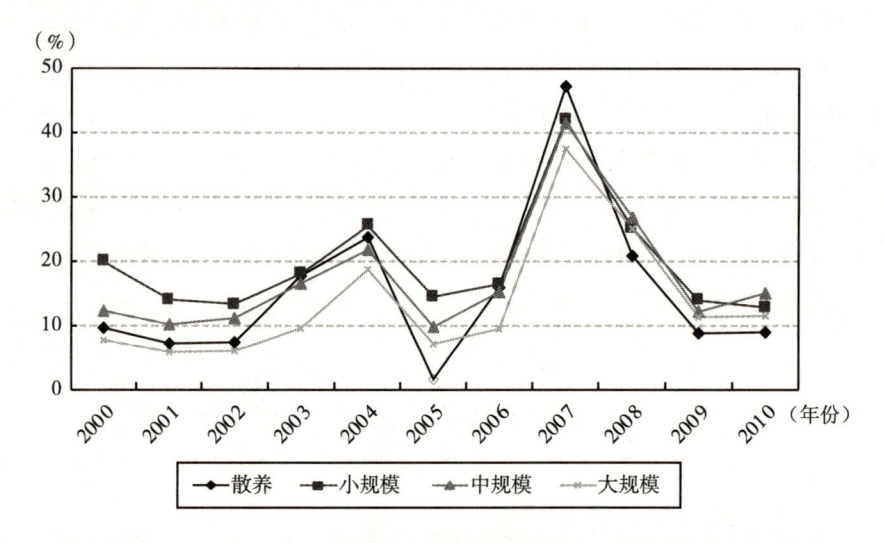

图6-1　2000~2010年不同养殖规模生猪资金收益率变化趋势

对4种养殖规模的比较表明，除个别年份外，中小规模养殖的生猪资金收益率处于较高值，在2000~2010年期间年均值分别为19.61%和17.52%；散养和大规模养殖的生猪资金收益率处于较低值，在2000~2010年期间年均值分别为15.39%和13.65%。2008~2010年期间，小、中、大规模养殖的生猪资金收益率都明显高于散养生猪，体现了一定的规模优势。在这3种规模养殖之间，总是以大规模的资金收益率为最低，说明资金收益率的规模优势尚未充分显现出来。

6.1.2 生猪劳动生产率

劳动生产率用以反映劳动者生产某种产品的劳动效率,既可用单位时间内生产的产品数量来表示,也可用生产单位产品所消耗的劳动时间来表示。这里用单位用工时间的生猪增重量来表示劳动生产率,数值越高,劳动生产率越高。其计算公式为:

$$劳动生产率(千克增重/小时) = \frac{生猪增重(千克)}{用工时间(小时)}$$

从图6-2可以看出,4种养殖规模的生猪劳动生产率皆呈逐年提高趋势。其中,散养从0.86千克增重/小时提高到2010年的1.54千克增重/小时;小规模养殖从1.70千克增重/小时提高到2010年的3.32千克增重/小时;中规模养殖从2.52千克增重/小时提高到2010年的5.08千克增重/小时;大规模养殖从3.34千克增重/小时提高到2010年的7.89千克增重/小时。

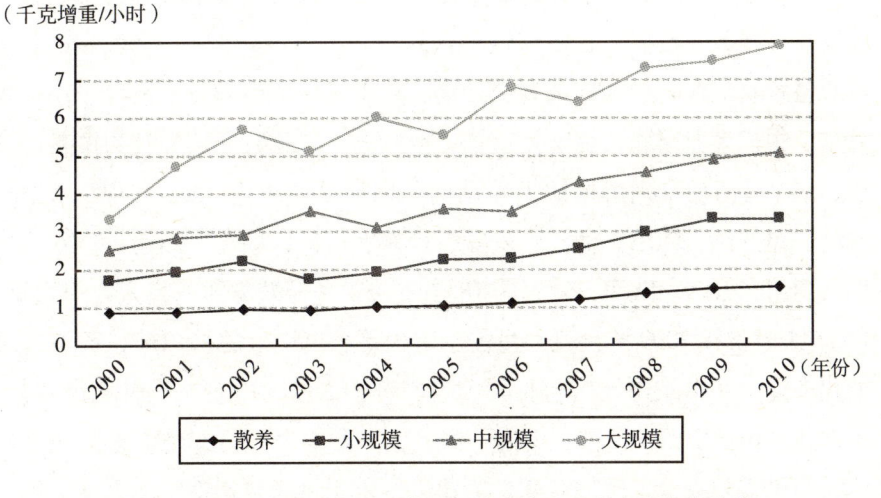

图6-2 2000~2010年不同养殖规模生猪劳动生产率变化趋势

对4种养殖规模的比较表明,生猪劳动生产率随猪场规模增大而提高,且其差距有逐年扩大的趋势,充分体现了规模养殖优势。2010年,大规模养殖生猪的劳动生产率大约分别是散养、小规模、中规模养殖的5.1倍、2.4倍、1.6倍。

6.2 不同养殖规模生猪的全要素生产率变化率及其分解项分析

从生猪资金收益率和劳动生产率的分析来看，不同单要素生产率呈现不同的变动规律，在不同养殖规模之间的差异也呈现不同的特点，因此任一单要素生产率都不能反映生猪生产率的综合水平，有必要通过全要素生产率或其变化率的测定来分析生猪生产率的变化情况。

6.2.1 数据来源与投入产出指标的选取

1. 数据来源

本章有关产量和成本数据来自历年《全国农产品成本收益资料汇编》，有关价格指数的数据来自历年《中国统计年鉴》。采用与《全国农产品成本收益资料汇编》中相同的划分标准，将中国生猪生产分为散养、小规模养殖、中规模养殖和大规模养殖等4种方式。剔除数据缺失较为严重的省份，对某些省份个别数据缺失采用回归法插补，得到河北、山西、辽宁、吉林、黑龙江、江苏、浙江、安徽、山东、河南、湖北、湖南、广东、广西、四川、云南、陕西、青海等18个省份4种养殖方式的投入产出数据。这18个省份在2009年出栏总量占全国生猪总出栏量的82.1%，具有很强的代表性，其中东部地区包括河北、江苏、浙江、山东、广东5个省份，中部地区包括山西、河南、湖南、湖北、安徽5个省份，西部地区包括广西、四川、云南、陕西、青海5个省份，东北地区包括辽宁、吉林、黑龙江3个省份。

2. 指标选取

选取如下投入产出指标。

（1）产出指标：主产品产量（千克/头）。

(2) 投入指标：

① 用工数量（d/头），指家庭用工天数与雇工天数之和；

② 仔猪重量（千克/头）；

③ 饲料费用（元/头），指精饲料投入费用与青粗饲料投入费用之和；

④ 其他物质服务费用（元/头）：指每头生猪的物质服务费用与仔猪、精饲料、青粗饲料等三项费用之差，主要包括水电燃料费、医疗防疫费、死亡损失费、固定资产折旧费等。由于中国2004年开始实施新农产品成本调查核算指标体系，其物质服务费用与2004年之前的核算方法有所区别，因此需要将2000~2003年各年份的物质服务费用按新核算方法进行转换，转换公式为：

$$物质服务费用 = 物质费用 + 期间费用 + 税金 - 土地承包费$$

此外，为剔除价格变动的影响，尽量反映实物量指标，增强年度可比性，本书以2000年价格为基础，将饲料费用除以饲料价格指数，其他物质服务费用除以农业生产资料价格指数。

6.2.2 全要素生产率变化率及其分解项的测定方法

采用基于DEA的Malmquist指数法，具体测定方法详见第2章第4节。本章以每个省份为决策单元，应用DEAP2.1软件计算4种生猪养殖方式各个省份的Malmquist生产率指数（MPI），即全要素生产率变化率（TFP_{ch}），以及技术进步变化率（T_{ch}）、技术效率变化率（TE_{ch}）、纯技术效率变化率（PE_{ch}）、规模效率变化率（SE_{ch}）等分解项，然后在此基础上运用几何平均法计算2000~2010年期间、2000~2005年期间（"十五"时期）、2005~2010年期间（"十一五"时期）以及东部、中部、西部和东北地区的TFP_{ch}及其分解值，并进行比较分析。

6.2.3 测算结果与分析

1. 不同生猪养殖规模的全要素生产率变化率及其分解项的时序变化分析

对不同生猪养殖规模的Malmquist生产率指数及其分解项测算表明，

在 2000～2010 年 10 年期间，散养、小规模、中规模、大规模等 4 种养殖方式的生猪全要素生产率均呈正向增长，年均 TFP_{ch} 分别为 0.8%、0.7%、0.9%、1.8%（见表 6-1），分别相对于全国猪肉总产量年均增长率（2.56%）的 31.3%、27.3%、35.2%、70.3%，说明中国生猪生产在进入 21 世纪后，生产率不断提高，对生猪产量的增长发挥了重要作用。但养殖方式不同，其增长源泉不尽相同。

表 6-1　中国不同养殖规模生猪在不同时期的 Malmquist 生产率指数及其分解项变动情况

时期（年）	散养生猪 T_{ch}	TE_{ch}	PE_{ch}	SE_{ch}	TFP_{ch}	小规模养殖生猪 T_{ch}	TE_{ch}	PE_{ch}	SE_{ch}	TFP_{ch}
2000～2001	1.016	0.989	0.985	1.004	1.005	0.956	0.991	0.978	1.014	0.948
2001～2002	1.046	0.992	0.990	1.002	1.037	1.040	1.015	1.030	0.986	1.056
2002～2003	0.954	1.007	1.006	1.002	0.961	0.930	1.038	1.013	1.025	0.965
2003～2004	1.036	0.958	0.979	0.978	0.992	0.955	0.998	0.993	1.005	0.954
2004～2005	1.060	1.006	0.999	1.007	1.067	1.107	1.001	1.012	0.989	1.108
2000～2005 平均	1.022	0.990	0.992	0.999	1.012	0.995	1.009	1.005	1.004	1.004
2005～2006	0.972	1.006	1.008	0.998	0.978	0.983	0.989	0.991	0.998	0.972
2006～2007	0.921	1.013	1.005	1.008	0.934	1.004	0.983	1.010	0.973	0.987
2007～2008	1.175	0.976	0.987	0.989	1.147	1.035	1.002	1.033	—	1.071
2008～2009	0.968	1.031	1.021	1.010	0.998	1.031	1.005	1.008	0.997	1.037
2009～2010	0.991	0.985	0.996	0.990	0.976	0.974	1.008	0.994	1.014	0.982
2005～2010 平均	**1.002**	**1.002**	**1.003**	**0.999**	**1.004**	**1.005**	**1.004**	**1.001**	**1.003**	**1.009**
2000～2010 平均	**1.012**	**0.996**	**0.997**	**0.999**	**1.008**	**1.000**	**1.006**	**1.003**	**1.003**	**1.007**

时期（年）	中规模养殖生猪 T_{ch}	TE_{ch}	PE_{ch}	SE_{ch}	TFP_{ch}	大规模养殖生猪 T_{ch}	TE_{ch}	PE_{ch}	SE_{ch}	TFP_{ch}
2000～2001	0.936	1.059	1.053	1.005	0.991	0.982	1.026	1.008	1.019	1.008
2001～2002	1.074	0.983	1.003	0.980	1.056	1.050	0.985	1.008	0.978	1.035
2002～2003	0.978	0.985	0.978	1.007	0.963	1.004	0.938	0.955	0.982	0.942
2003～2004	1.047	0.956	0.968	0.988	1.001	0.942	1.094	1.074	1.019	1.030
2004～2005	1.015	1.034	1.041	0.993	1.049	1.121	0.975	0.966	1.009	1.093
2000～2005 平均	**1.009**	**1.003**	**1.008**	**0.995**	**1.011**	**1.018**	**1.002**	**1.001**	**1.001**	**1.020**
2005～2006	0.934	1.032	1.009	1.023	0.964	0.966	1.000	0.992	1.009	0.966

续表

时 期（年）	中规模养殖生猪 T_{ch}	TE_{ch}	PE_{ch}	SE_{ch}	TFP_{ch}	大规模养殖生猪 T_{ch}	TE_{ch}	PE_{ch}	SE_{ch}	TFP_{ch}
2006~2007	0.994	1.004	1.014	0.990	0.999	0.993	0.987	1.000	0.988	0.980
2007~2008	1.088	0.999	0.999	1.000	1.087	1.041	1.046	1.030	1.015	1.089
2008~2009	0.966	1.020	1.012	1.008	0.985	1.029	1.007	1.008	0.998	1.036
2009~2010	0.993	1.008	0.997	1.011	1.002	0.995	1.012	1.000	1.012	1.008
2005~2010 平均	0.994	1.013	1.006	1.006	1.006	1.005	1.010	1.006	1.004	1.015
2000~2010 平均	1.001	1.008	1.007	1.000	1.009	1.011	1.006	1.004	1.003	1.018

注：所有均值为几何平均值。

对于散养生猪，技术进步（T_{ch}）年均增长1.2%，而技术效率（TE_{ch}）年均下降0.4%，其中纯技术效率（PE_{ch}）和规模效率（SE_{ch}）年均分别下降0.3%和0.1%，由于技术进步增长幅度超过技术效率下降幅度，最终使得其TFP_{ch}正向增长。可见，2000年以来，散养生猪全要素生产率增长的主要源泉在于良种、配合饲料以及饲养管理等新技术的推广应用，促进了生产技术的提高，但因规模小、养殖分散、技术推广服务不到位等因素，阻碍了技术的扩散与有效利用。

对于小规模养殖生猪，技术进步基本停滞，而年均TE_{ch}增长0.6%，其中年均PE_{ch}和SE_{ch}各增长0.3%。可见，2000年以来，小规模养殖生猪全要素生产率增长的主要源泉在于技术效率的改善，说明小规模养殖的技术推广服务体系得到加强，养殖规模向合理规模的方向调整，促进了技术的扩散与有效利用，但技术创新相对不足，技术进步缓慢。

对于中规模生猪养殖，与小规模养殖基本相似，其技术进步很低。年均T_{ch}增长仅为0.1%，而年均TE_{ch}增长0.8%，其中年均PE_{ch}增长0.7%，SE_{ch}没有变化。可见，2000年以来，中规模养殖生猪全要素生产率增长的主要源泉在于技术效率的改善，尤其是纯技术效率的改善，但技术进步缓慢。

对于大规模养殖生猪，年均T_{ch}增长1.1%，同时年均TE_{ch}增长0.6%，其中年均PE_{ch}和SE_{ch}分别增长0.4%和0.3%。可见，2000年以来，大规模生猪养殖全要素生产率增长的主要源泉在于技术进步和技术效率改善的共同作用，说明大规模养殖既重视技术的创新与进步，又重视加强技术推广服务，同时养殖规模也趋于合理。正是 T_{ch}、TE_{ch}、PE_{ch} 以及 SE_{ch} 的同步提高加快了大规模养殖生猪的 TFP_{ch} 增长，并且使得其年均增长率明显大于散养、小规模、中规模养殖。

从年度变化来看，除个别年份外，4 种养殖规模的生猪 TFP_{ch} 呈现相似的年度波动趋势（见图 6-3），其中 2002、2005、2008 年呈明显的正向增长，而 2003、2006 年呈明显的负向增长。这与当年生猪生产形势、技术政策措施以及突发性事件是分不开的。例如，2002 年，生猪生产的一个突出特点是品种优化，各地区把生猪品种结构调整作为工作重点，大幅度增加优质商品猪的比重（农业部，2003），使得生猪生产的科技水平向前跨了一大步，4 种养殖方式在该年的 T_{ch} 增长率都在 4.0% 以上。2003 年，由于遭遇"非典"疫情，物流不畅，造成一些生猪生产大省"卖猪难"，使得多数养猪户采取了低价抛售、压减存栏、淘汰母猪等办法来减低损失（聂凤英，2004）。这些措施直接导致当年生猪技术进步缓慢甚至大步倒退，其中散养、小规模、中规模养殖在 2003 年的 T_{ch} 分别下降了 4.6%、7.0%、2.2%，大规模养殖的 T_{ch} 仅增长 0.4%，但其技术效率下降了 6.2%，从而使得这 4 种规模养殖方式在 2003 年的 TFP_{ch} 下降了 3.5%~5.8%。2004 年的养猪高盈利直接刺激了 2005 年养猪的积极性（俟名，2005），加大投入和技术应用，推动了 4 种规模养殖方式在 2005 年的 TFP_{ch} 增长了 4.9%~10.8%。2006 年上半年的生猪价格持续下降以及下半年的蓝耳病严重打击

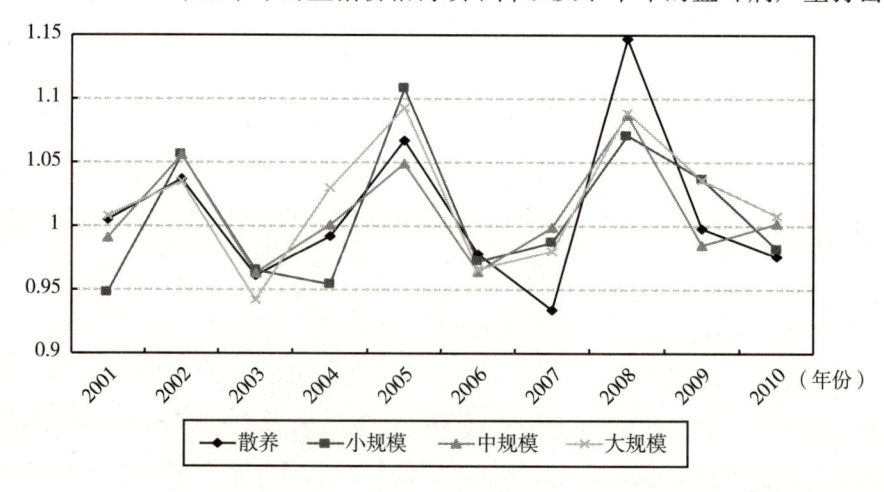

图 6-3 2001~2010 年不同养殖规模生猪 TFP_{ch} 的变化趋势

了养猪积极性（冯永辉，2007），导致技术进步倒退，使得这4种养殖方式在2006年的TFP_{ch}下降了2.2%~3.6%。2008年，由于2007年以来长期高猪价迅速增强了规模猪场的资金实力，房地产等行业的大量资金大举进军养猪业，同时国家为了缓解高猪价给宏观经济带来的压力，对养猪业投入了大量资金并实施了一系列政策扶持，进一步推动了猪场扩大规模的势头（张子川，2009），从而导致明显的技术进步，并使4种养殖方式在2008年的TFP_{ch}增长了7.1%~14.7%，尤以散养为最高。2009年与2010年，生猪生产相对平稳，但包括高致病性蓝耳病在内的多种疫病混合感染严重威胁养猪业的发展（杨汉春，2010，2011），导致这两年4种规模养殖方式的TFP_{ch}年均下降3.7%~7.4%。

从不同阶段来看，4种养殖方式在"十五"（2000~2005年）和"十一五"时期（2005~2010年）的全要素生产率都实现了正向增长，但两个阶段的增长幅度和增长源泉不同。其中，散养、中规模和大规模养殖在"十五"时期的年均TFP_{ch}增长率（分别为1.2%、1.1%、2.0%）明显高于"十一五"时期相应增长率（分别为0.4%、0.6%、1.5%），年均T_{ch}增长率也是如此（在"十五"时期分别为2.2%、0.9%和1.8%，在"十一五"时期分别为0.2%、-0.6%和0.5%），而年均TE_{ch}增长率则与之相反，是"十一五"时期（分别为0.2%、1.3%和1.0%）高于"十五"时期（分别为-1.0%、0.3%和0.2%）。小规模养殖则与其他3种养殖方式不同，在"十五"时期的年均TFP_{ch}增长率（0.4%）要低于"十一五"时期（0.9%），其年均T_{ch}增长率也是如此（分别为-0.5%和0.5%），而年均TE_{ch}增长率则前期（0.9%）高于后期（0.4%）。可见，与"十五"时期相比，"十一五"时期散养、中规模和大规模养殖生猪的全要素生产率增长速度放慢，而小规模养殖生猪的增长速度稍有加快；同时，散养、中规模和大规模养殖的技术进步减慢甚至倒退，技术效率得到改善，而小规模养殖相反，技术进步加快，技术效率衰退。此外，无论是在"十五"时期还是"十一五"时期，大规模养殖生猪的TFP_{ch}总是明显高于其他3种养殖方式，且表现为技术进步与技术效率改善的共同作用。

2. 不同养殖规模生猪的全要素生产率及其分解项的地区变化分析

（1）东部地区。

由表 6-2 可知，2000~2010 年期间，东部地区 4 种养殖方式的生猪全要素生产率都呈现正向增长，其中 TFP_{ch} 年均增长率以中规模和大规模养殖较高（分别为 1.7% 和 1.5%），散养次之（0.9%），而小规模养殖略有增长（0.1%），但增长的源泉各不相同。散养主要源于技术进步（年均 T_{ch} 增长 1.7%），但出现明显的技术效率衰退（年均 TE_{ch} 降低 0.8%）；小规模养殖主要源于技术效率改善（年均 TE_{ch} 增长 0.7%），但出现明显的技术进步倒退；中规模和大规模养殖源于技术进步（年均 T_{ch} 分别增长 0.5% 和 1.2%）和技术效率改善（年均 TE_{ch} 分别增长 1.3% 和 0.2%）的共同作

表 6-2　东部地区不同规模生猪的 Malmquist 生产率指数及其分解项变动情况

地 区	散养					小规模养殖				
	T_{ch}	TE_{ch}	PE_{ch}	SE_{ch}	TFP_{ch}	T_{ch}	TE_{ch}	PE_{ch}	SE_{ch}	TFP_{ch}
河北	1.040	1.000	1.000	1.000	1.040	0.996	1.020	1.020	1.000	1.016
江苏	1.014	1.000	1.000	1.000	1.014	0.994	1.013	1.010	1.003	1.007
浙江	1.008	0.983	1.000	0.983	0.990	0.992	1.003	1.000	1.003	0.995
山东	1.003	0.994	0.996	0.998	0.998	1.001	1.000	1.000	1.000	1.001
广东	1.019	0.985	0.980	1.005	1.004	0.986	1.000	1.000	1.000	0.986
2000~2010 年均值	1.017	0.992	0.995	0.997	1.009	0.994	1.007	1.006	1.001	1.001

地 区	中规模养殖					大规模养殖				
	T_{ch}	TE_{ch}	PE_{ch}	SE_{ch}	TFP_{ch}	T_{ch}	TE_{ch}	PE_{ch}	SE_{ch}	TFP_{ch}
河北	1.009	1.005	1.005	1.000	1.014	1.016	1.000	1.000	1.000	1.016
江苏	1.007	1.017	1.015	1.003	1.024	1.029	0.994	0.996	0.998	1.023
浙江	0.997	0.997	1.000	0.997	0.993	1.013	1.000	0.985	1.015	1.013
山东	1.005	1.000	1.000	1.000	1.005	0.991	1.003	1.001	1.002	0.994
广东	1.005	1.046	1.044	1.002	1.052	1.013	1.014	1.020	0.994	1.027
2000~2010 年均值	1.005	1.013	1.013	1.000	1.017	1.012	1.002	1.000	1.002	1.015

用，但中规模养殖更多源于技术效率改善，而大规模养殖更多源于技术进步。可见，东部地区比较重视中大规模生猪养殖。

从省份变化来看，河北和江苏生猪养殖在 4 种养殖方式下都呈现正向的 TFP_{ch} 增长，说明这两省对各种生猪养殖方式都较为重视；广东生猪养殖在中规模和大规模养殖方式下呈现较大的 TFP_{ch} 增长，说明该省对这两种养殖方式较为重视；浙江生猪养殖除大规模外，其他 3 种方式的 TFP_{ch} 呈现一定的负增长，说明浙江对这 3 种养殖方式不太关注；山东生猪养殖在 4 种养殖方式下，TFP_{ch} 增长很低或出现负增长，说明山东对整体生猪养殖重视不够。

（2）中部地区。

由表 6-3 可知，2000~2010 年期间，中部地区的散养、小规模和大规模养殖的生猪全要素生产率呈现正向增长，其中 TFP_{ch} 年均增长率以大规模最高（1.7%），散养和小规模次之（分别为 0.8% 和 0.7%），而中规模养殖出现下降（-0.3%）。其中，散养、小规模和大规模养殖主要源于技术进步（年均 T_{ch} 分别增长 0.7%、0.4% 和 1.3%），而中规模养殖主要源于技术进步倒退（-0.6%）。此外，中部地区 4 种养殖方式的技术效率以及纯技术效率和规模效率相对比较平稳，变化不大，对生猪全要素生产率的增长影响有限。可见，中部地区比较重视大规模生猪养殖。此外，中部地区需要全面加强技术的推广服务，以提高技术效率。

表 6-3　　中部地区不同规模生猪的 Malmquist 生产率指数及其分解项变动情况

地　区	散养					小规模养殖				
	T_{ch}	TE_{ch}	PE_{ch}	SE_{ch}	TFP_{ch}	T_{ch}	TE_{ch}	PE_{ch}	SE_{ch}	TFP_{ch}
山西	0.982	0.995	1.000	0.995	0.977	1.007	1.000	1.000	1.000	1.007
安徽	0.997	0.999	0.998	1.001	0.996	1.000	1.013	1.012	1.001	1.013
河南	1.025	1.000	1.000	1.000	1.025	1.012	0.990	0.990	1.000	1.002
湖北	1.006	0.999	1.000	0.999	1.004	1.007	0.997	1.000	0.997	1.005
湖南	1.028	1.011	1.000	1.011	1.039	0.996	1.011	1.007	1.004	1.007
2000~2010 年均值	1.007	1.001	1.000	1.001	1.008	1.004	1.002	1.002	1.000	1.007

续表

地 区	中规模养殖					大规模养殖				
	T_{ch}	TE_{ch}	PE_{ch}	SE_{ch}	TFP_{ch}	T_{ch}	TE_{ch}	PE_{ch}	SE_{ch}	TFP_{ch}
山西	1.004	0.989	1.000	0.989	0.993	1.014	1.012	1.012	1.001	1.027
安徽	0.993	1.009	1.002	1.007	1.002	0.997	0.994	0.991	1.003	0.991
河南	1.008	1.000	1.000	1.000	1.008	1.005	0.988	0.989	0.999	0.993
湖北	1.004	1.015	1.014	1.001	1.018	1.030	1.022	1.003	1.020	1.053
湖南	0.963	1.000	1.000	1.000	0.963	1.020	1.000	1.000	1.000	1.020
2000~2010年均值	**0.994**	**1.003**	**1.003**	**0.999**	**0.997**	**1.013**	**1.003**	**0.999**	**1.005**	**1.017**

从省份变化来看，山西生猪养殖仅在大规模养殖方式下有较大的 TFP_{ch} 正向增长（2.7%），安徽仅在小规模养殖方式下有较大的 TFP_{ch} 正向增长（1.3%），河南仅在散养方式下有较大的 TFP_{ch} 正向增长（2.5%），湖北在中规模和大规模养殖方式下呈现较大的 TFP_{ch} 正向增长（1.8%和5.3%），湖南在散养和大规模养殖方式下呈现较大的 TFP_{ch} 正向增长（3.9%和2.0%）。

(3) 西部地区。

由表6-4可知，2000~2010年期间，西部地区的生猪 TFP_{ch} 年均增长率随规模增大而增大，其中散养呈负向增长，其他3种养殖方式呈正向增长，中规模和大规模养殖较大（2.2%和2.8%）。其中，散养主要源于技术效率衰退（-0.5%），小规模主要源于技术效率改善（1.3%），而中规模和大规模养殖源于技术进步（0.9%和1.2%）和技术效率改善（1.3%和1.5%）的共同作用。此外，小规模养殖技术效率改善主要是由于规模效率的改善（0.9%），说明小规模的猪场生猪规模趋于合理。可见，西部地区比较重视中大规模生猪养殖。

从省份变化来看，广西除中规模外，在其他3种养殖方式下呈现较大的 TFP_{ch} 正向增长，四川和云南在中规模和大规模养殖方式下呈现较大的 TFP_{ch} 正向增长，陕西在大规模养殖方式下呈现较大的 TFP_{ch} 正向增长，青海除散养外，在其他3种养殖方式下呈现较大的 TFP_{ch} 正向增长。

表 6-4　西部地区不同规模生猪的 Malmquist 生产率指数及其分解项变动情况

地 区	散养					小规模养殖				
	T_{ch}	TE_{ch}	PE_{ch}	SE_{ch}	TFP_{ch}	T_{ch}	TE_{ch}	PE_{ch}	SE_{ch}	TFP_{ch}
广西	1.008	1.001	1.002	0.999	1.010	0.984	1.030	1.014	1.016	1.014
四川	1.002	1.000	1.000	1.000	1.002	0.981	1.004	1.000	1.004	0.985
云南	1.005	0.987	0.988	0.999	0.992	0.988	1.015	1.004	1.011	1.003
陕西	1.009	1.000	1.000	1.000	1.009	1.000	1.000	1.000	1.000	1.000
青海	0.993	0.986	0.999	0.987	0.980	1.017	1.016	1.000	1.016	1.033
2000~2010年均值	**1.003**	**0.995**	**0.998**	**0.997**	**0.999**	**0.994**	**1.013**	**1.004**	**1.009**	**1.007**

地 区	中规模养殖					大规模养殖				
	T_{ch}	TE_{ch}	PE_{ch}	SE_{ch}	TFP_{ch}	T_{ch}	TE_{ch}	PE_{ch}	SE_{ch}	TFP_{ch}
广西	0.982	1.021	1.018	1.003	1.002	1.025	1.015	1.013	1.001	1.040
四川	1.035	1.005	1.002	1.003	1.040	1.012	1.041	1.041	1.000	1.053
云南	1.020	1.024	1.022	1.003	1.045	1.019	1.021	1.000	1.021	1.040
陕西	1.003	1.000	1.000	1.000	1.003	1.014	1.000	1.000	1.000	1.014
青海	1.006	1.015	1.017	0.998	1.022	0.992	1.000	1.000	1.000	0.992
2000~2010年均值	**1.009**	**1.013**	**1.012**	**1.001**	**1.022**	**1.012**	**1.015**	**1.011**	**1.004**	**1.028**

(4) 东北地区。

由表 6-5 可知，2000~2010 年期间，东北地区的散养、小规模和大规模养殖方式呈现正向的 TFP_{ch} 增长，其中以散养和小规模养殖较高（分别为 2.2% 和 1.5%），主要源于技术进步（年均 T_{ch} 分别增长 2.4% 和 1.5%）；大规模次之（0.8%），源于技术进步和技术效率改善的共同作用。而中规模养殖呈现负增长（-0.7%），主要源于技术进步倒退（-0.5%）。可见，东北地区比较重视散养和小规模养殖。此外，除大规模养殖外，其他 3 种养殖方式的生猪技术效率未变化或略有下降，说明东北地区也需要加强技术的推广服务力度，以提高技术效率。

从省份变化来看，辽宁在 4 种养殖方式下都呈现较大的 TFP_{ch} 正向增长，说明辽宁对各种生猪养殖方式都较为重视，其中散养和小规模养殖主要源于技术进步，中规模和大规模养殖主要源于技术效率改善；黑龙江生猪养殖除中规模外，其他 3 种养殖方式下呈现较大的 TFP_{ch} 正向增长，说明该省对这 3 种养殖方式较为重视，其中散养和大规模养殖源于技术进步，小规模养殖源于技术效率改善；相比而言，吉林生猪养殖在 4 种养殖方式下的 TFP_{ch} 增长较小或负增长，但散养和小规模养殖方式取得较大的技术进步。

表 6-5　东北地区不同规模生猪的 Malmquist 生产率指数及其分解项变动情况

地区	散养					小规模养殖				
	T_{ch}	TE_{ch}	PE_{ch}	SE_{ch}	TFP_{ch}	T_{ch}	TE_{ch}	PE_{ch}	SE_{ch}	TFP_{ch}
辽宁	1.018	1.003	1.000	1.003	1.021	1.022	1.000	1.000	1.000	1.022
吉林	1.024	0.985	0.988	0.997	1.009	1.018	0.991	0.991	0.999	1.009
黑龙江	1.031	1.006	1.002	1.004	1.037	1.004	1.010	1.005	1.005	1.014
2000~2010 年均值	1.024	0.998	0.997	1.001	1.022	1.015	1.000	0.999	1.001	1.015

地区	中规模养殖					大规模养殖				
	T_{ch}	TE_{ch}	PE_{ch}	SE_{ch}	TFP_{ch}	T_{ch}	TE_{ch}	PE_{ch}	SE_{ch}	TFP_{ch}
辽宁	1.000	1.011	1.008	1.002	1.010	0.998	1.017	1.015	1.002	1.015
吉林	0.994	0.983	0.983	1.000	0.978	1.003	0.994	1.000	0.994	0.997
黑龙江	0.991	1.000	1.000	1.000	0.991	1.013	1.000	1.000	1.000	1.013
2000~2010 年均值	0.995	0.998	0.997	1.001	0.993	1.005	1.004	1.005	0.999	1.008

（5）各区域比较。

4 个地区的比较分析表明，2000~2010 年期间，散养生猪 TFP_{ch} 年均增长率排序为东北（2.2%）>东部（0.9%）>中部（0.8%）>西部（-0.1%），T_{ch} 年均增长率排序与 TFP_{ch} 一致，且皆为正向增长（2.4%、1.7%、0.7%、0.3%），而年均 TE_{ch} 仅中部稍有正向增长（0.1%），其他 3 个地区皆为负向增长，且以东部下降最大（-0.8%），说明各地区都比较注重散养生猪技术水平的提高，但不同程度地忽视了技术效率的提高，其中西部地区技术效率降低幅度超过了技术进步提高幅度，从而使其散养生猪全要素生产率出现负增长。小规模生猪养殖 TFP_{ch} 年均增长率排序为东北（1.5%）>中部、西部（0.7%）>东部（0.1%），T_{ch} 年均增长以东北（1.5%）和中部（0.4%）为正、东部和西部为负（-0.6%），而年均 TE_{ch} 增长率以东部（0.7%）和西部（1.3%）较高，东北和中部很低，说明中部和东北地区比较注重小规模生猪养殖技术水平的提高，而东部和西部地区比较注重技术效率的改善，尤其是西部地区技术效率提高幅度超过了技术进步降低幅度，从而使其全要素生产率出现正向增长。中规模生猪养殖 TFP_{ch} 年均增长率排序为西部（2.2%）>东部（1.7%）>中部（-0.3%）>东北（-0.7%），T_{ch} 年均增长率排序与 TFP_{ch} 基本一致，其中东部和西部为正向增长（0.5% 和 0.9%），中部和东北为负向增长（-0.6% 和 -0.5%），而年均 TE_{ch} 增长率也与 TFP_{ch} 一致，其中以东部和西部较大（1.3%），中部和东北较低（0.3% 和 -0.2%），说明东部和西部地区比较注重中规模生猪养殖技术效率的改善，也关注技术水平的提高，而中部和东北地区不太注重技术进步，同时东北地区还忽视了技术的推广服务。大规模生猪养殖 TFP_{ch} 年均增长率皆为正向增长，排序为西部（2.8%）>中部（1.7%）>东部（1.5%）>东北（0.8%），T_{ch} 和 TE_{ch} 年均增长率也皆为正向增长，其中 T_{ch} 以东、中、西部为大，TE_{ch} 以西部为大（1.5%），其他地区增长率较小，说明东部和中部地区比较注重生猪技术水平的提高，而西部和东北地区既注重技术水平的提高，也注重技术的推广服务。

6.3　不同生猪养殖规模的技术效率与前沿面投影分析

上节有关生猪全要素生产率变化率的分析属于年度动态分析，都是基于两年的比较，并不了解具体某一年份的生产效率情况。本节利用 2010 年 18 个省份 4 种养殖方式的投入产出数据，通过 DEAP2.1 软件计算 4 种生猪养殖方式各个省份在 2010 年的综合技术效率（θ_c）、纯技术效率（θ_v）、规模效率（θ_s）（见表 6-6），并得到投影分析结果（见表 6-7）。

表 6-6　2010 年不同规模的综合技术效率及其纯技术效率与规模效率

地区	散养 θ_c	θ_v	θ_s	RTS	小规模养殖 θ_c	θ_v	θ_s	RTS	中规模养殖 θ_c	θ_v	θ_s	RTS	大规模养殖 θ_c	θ_v	θ_s	RTS
河北	1.000	1.000	1.000	不变	0.969	1.000	0.969	递增	1.000	1.000	1.000	不变	1.000	1.000	1.000	不变
江苏	0.974	1.000	0.974	递增	1.000	1.000	1.000	不变	0.997	1.000	0.997	递减	0.757	0.823	0.920	递增
浙江	0.839	1.000	0.839	递减	1.000	1.000	1.000	不变	0.967	1.000	0.967	递减	0.774	0.774	1.000	不变
山东	0.946	0.964	0.981	递增	1.000	1.000	1.000	不变	1.000	1.000	1.000	不变	0.923	0.934	0.987	递增
广东	0.654	0.671	0.974	递增	1.000	1.000	1.000	不变	0.948	0.952	0.996	递增	0.834	0.887	0.940	递增
东部地区平均	0.883	0.927	0.954		0.994	1.000	0.994		0.982	0.990	0.992		0.858	0.884	0.969	
山西	0.947	1.000	0.947	递增	1.000	1.000	1.000	不变	0.898	1.000	0.898	递减	1.000	1.000	1.000	不变
安徽	0.939	0.948	0.990	递增	0.936	0.939	0.997	递减	0.966	0.999	0.967	递增	0.912	0.913	0.999	递增
河南	0.973	1.000	0.973	递减	0.901	0.903	0.998	递减	0.918	0.922	0.996	递增	0.883	0.894	0.988	递增
湖北	0.989	1.000	0.989	不变	0.961	1.000	0.961	递增	1.000	1.000	1.000	不变	1.000	1.000	1.000	不变
湖南	1.000	1.000	1.000		1.000	1.000	1.000		1.000	1.000	1.000		1.000	1.000	1.000	
中部地区平均	0.970	0.990	0.980		0.960	0.968	0.991		0.956	0.984	0.972		0.959	0.961	0.997	
广西	0.851	0.898	0.948	递增	1.000	1.000	1.000	不变	1.000	1.000	1.000	不变	1.000	1.000	1.000	不变
四川	1.000	1.000	1.000		1.000	1.000	1.000	不变	1.000	1.000	1.000	不变	1.000	1.000	1.000	不变
云南	0.841	0.887	0.948	递增	1.000	1.000	1.000	不变	1.000	1.000	1.000	不变	1.000	1.000	1.000	不变
陕西	1.000	1.000	1.000	不变	1.000	1.000	1.000	不变	1.000	1.000	1.000	递增	1.000	1.000	1.000	不变
青海	0.870	0.995	0.874	递增	0.971	1.000	0.971	不变	0.960	1.000	0.960		1.000	1.000	1.000	
西部地区平均	0.912	0.956	0.954		0.994	1.000	0.994		0.992	1.000	0.992		1.000	1.000	1.000	
辽宁	1.000	1.000	1.000	不变	1.000	1.000	1.000	不变	1.000	1.000	1.000	不变	1.000	1.000	1.000	不变
吉林	0.862	0.889	0.970	递增	0.910	0.916	0.993	递减	0.845	0.846	0.999	递增	0.892	0.892	1.000	递减
黑龙江	1.000	1.000	1.000	不变	1.000	1.000	1.000	不变	1.000	1.000	1.000	不变	1.000	1.000	1.000	不变
东北地区平均	0.954	0.963	0.990		0.970	0.972	0.998		0.948	0.949	0.999		0.964	1.000	0.964	
全国平均	0.927	0.958	0.967		0.980	0.987	0.994		0.972	0.984	0.988		0.943	0.957	0.985	

注：θ_c、θ_v、θ_s、RTS 分别表示综合技术效率、纯技术效率、规模效率、规模报酬。

表 6-7　2010 年不同规模养殖生猪技术无效单元的投影分析结果

地 区	指　　标				
	用工数量	仔猪重量	饲料费用	其他物质费用	主产品产量
散　养					
山东	-3.6%	-39.7%	-3.6%	-31.8%	1.9%
广东	-32.9%	-32.9%	-32.9%	-32.9%	2.5%
安徽	-22%	-5.2%	-5.2%	-44.4%	1.0%
河南	0	-11.8%	-12.5%	-44.8%	2.7%
广西	-39.3%	-10.2%	-11.6%	-10.2%	5.5%
云南	-38.2%	-24.9%	-11.3%	-32.1%	0
青海	-6.6%	-0.5%	-0.5%	-11.9%	14.4%
吉林	-11.1%	-11.1%	-16.8%	-29.0%	3.1%
均值	-19.2%	-17.0%	-11.8%	-29.6%	3.9%
小规模养殖					
安徽	-6.1%	-6.1%	-6.1%	-20.7%	0
河南	-9.7%	-9.7%	-9.7%	-42.9%	0
吉林	-18%	-8.4%	-11.2%	-8.4%	0
均值	-11.3%	-8.1%	-9.0%	-24.0%	0
中规模养殖					
江苏	0	-31.1%	-2.2%	0	0
广东	-4.8%	-4.8%	-19.8%	-17.6%	0
安徽	-0.1%	-0.1%	-0.1%	-21.6%	0
河南	-7.8%	-7.8%	-7.8%	-34.1%	0
吉林	-18.7%	-15.4%	-16.3%	-15.4%	0
均值	-6.3%	-11.8%	-9.2%	-17.7%	0
大规模养殖					
江苏	-17.7%	-17.7%	-17.7%	-25.5%	8.0%
浙江	-22.6%	-23.5%	-22.6%	-33.6%	0
山东	-6.6%	-21.5%	-6.6%	-13.0%	1.1%
广东	-11.3%	-11.3%	-16.2%	-49.1%	6.4%
安徽	-8.7%	-11.3%	-8.7%	-29.9%	0
河南	-10.6%	-10.6%	-10.6%	-34.8%	0
均值	-12.9%	-16.0%	-13.7%	-31.0%	2.6%
总均值	-12.4%	-13.2%	-10.9%	-25.6%	1.6%

6.3.1 各地区不同养殖规模生猪的综合技术效率及其分解项分析

1. 综合技术效率分析

从全国均值来看，2010年生猪 θ_c 都在0.9以上（见图6-4），说明中国生猪的综合技术利用水平已达到较高的程度。其中，以小规模和中规模养殖略高，以散养和大规模养殖略低，这与生猪每千克增重净利润的变化特征（见第5章第2节）是一致的，而与生猪每千克增重生产成本的变化特征（见第5章第1节）相反，说明散养和大规模养殖由于相对较高的生产成本，使其生猪 θ_c 降低。从综合技术有效的决策单元数量看，3种规模养殖方式相差不大（10~12个），而散养较少，仅有6个。从这点来说，3种规模养殖生猪 θ_c 的提高空间有限，而散养生猪 θ_c 的提高空间相对要大。

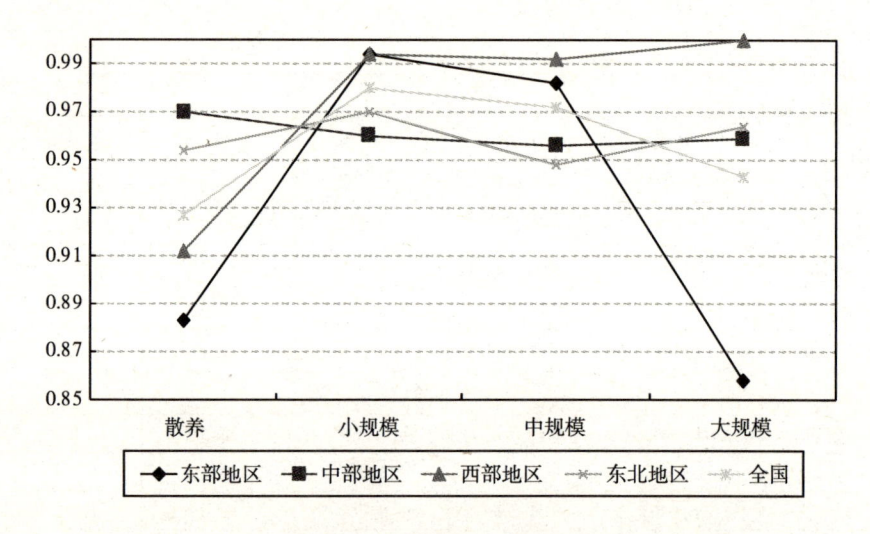

图6-4 2010年不同地区不同养殖规模生猪 θ_c 的变化趋势

从不同地区的比较来看，有两个明显的特征：一是小规模和中规模生猪养殖 θ_c 均值的地区间差异很小（0.948~0.994），而散养和大规模养殖生猪 θ_c 均值的地区间差异相对较大（0.858~1.000）。这说明，各地区对小规模和中规模养殖的综合技术利用水平相差不大,但对散养和大规模养殖的综合技术利用水平存在一定差距,其中东部地区最差。二是中部和东北地区生猪 θ_c 均值的养殖规模间差异很小(0.948~0.970),而东部和西部地区的养殖规模间差异相对较大(0.858~1.000),其中西部地区生猪 θ_c 有随规模增大而增大的趋势,东部地区生猪 θ_c 则显示与全国均值相同的趋势(见图6-4)。

2. 纯技术效率分析

从全国均值来看,2010年生猪 θ_v 的总体特征与 θ_c 相似,其 θ_v 也在0.9以上(见图6-5),说明中国生猪的技术利用水平已达到较高的程度,要进一步增加产出,需引进新的技术,提高生猪养殖的技术水平。从技术有效的决策单元数量看,散养、小规模、中规模和大规模养殖分别达到11个、15个、14个和12个,即大多数省份达到技术有效,进一步说明中国生猪 θ_v 的提高空间有限。

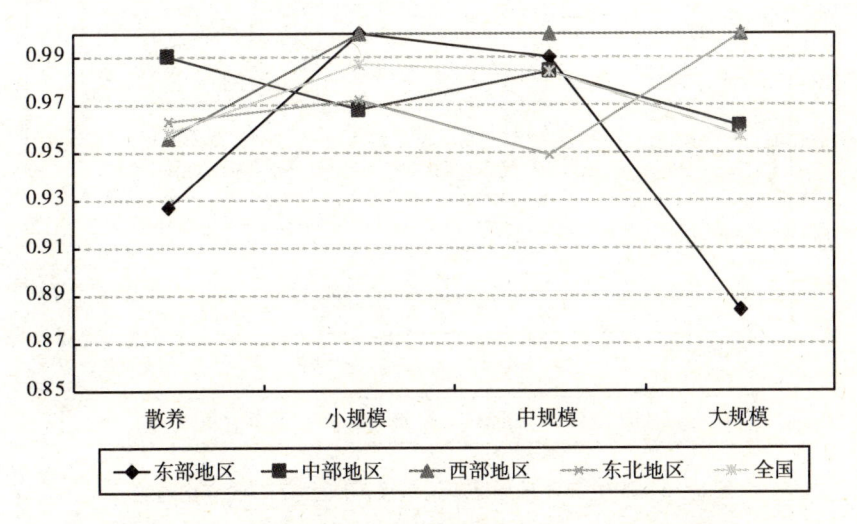

图6-5 2010年不同地区不同规模养殖生猪 θ_v 的变化趋势

从不同地区的比较来看,最主要的特征是西部地区生猪 θ_v 均值除散养外,在3种规模养殖方式下都为1,这表明西部地区各省份生猪在规模养殖下对技术的应用已相当充分,需要引进新技术来提高养殖技术水平。另外,东部地区生猪 θ_v 均值的养殖规模间差异较大,其中小规模和中规模生

猪的 θ_v 均值较高（0.990~1.000），散养居中（0.927），大规模养殖最低（0.884）。这说明，东部地区对小规模和中规模养殖的技术利用已达到很高水平，但对散养和大规模养殖的技术利用水平还存在较大的提高空间，尤其是大规模养殖。

3. 规模效率与规模报酬分析

从全国均值来看，2010 年生猪 θ_s 的总体特征也与 θ_c 相似，但不同规模间差距更小，其 θ_s 都在 0.95 以上（见图 6-6）。从规模有效的决策单元数量看，散养、小规模、中规模和大规模养殖分别达到 6 个、12 个、10 个和 12 个，即大多数省份在散养方式下未达到规模有效，而在 3 种规模养殖方式下达到规模有效状态。这说明散养生猪的规模效率仍有较大的提高空间，多数省份可通过扩大或缩小养殖规模来提高规模效率。

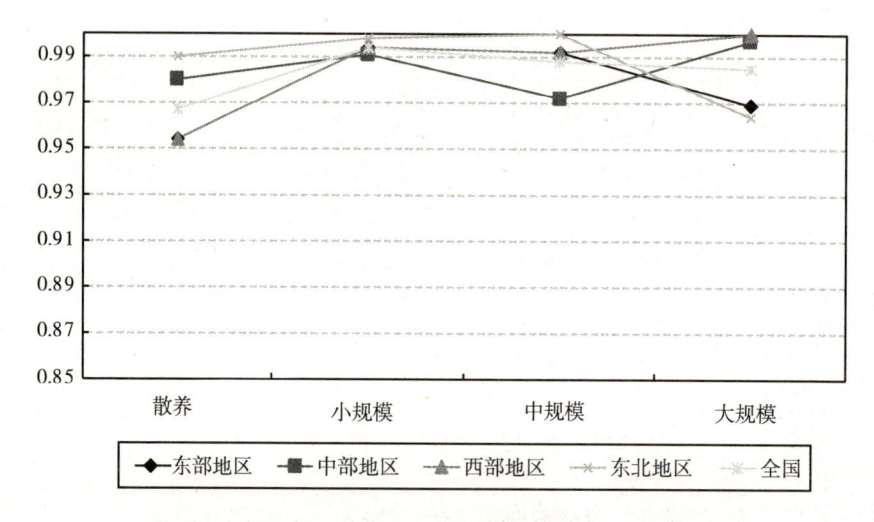

图 6-6 2010 年不同地区不同规模养殖生猪 θ_s 的变化趋势

具体来说，在散养方式下，江苏、山东、广东、山西、安徽、河南、广西、青海、吉林等九个省份处于规模报酬递增阶段，而浙江、湖北、云南等三个省份处于规模报酬递减阶段；在小规模养殖方式下，仅河北、青海两个省份处于规模报酬递增阶段，而安徽、河南、湖北、吉林等四个省份处于规模报酬递减阶段；在中规模养殖方式下，广东、山西、安徽、河南、青海、吉林等6个省份处于规模报酬递增阶段，而江苏、浙江等两个省份处于规模报酬递减阶段；在大规模养殖方式下，江苏、山东、广东、安徽、河南等5个省份处于规模报酬递增阶段，而吉林处于规模报酬递减阶段。从规模报酬情况看，散养、中规模、大规模养殖方式的规模无效省份绝大多数处于规模报酬递增阶段，可继续扩大养殖规模提高规模效率；小规模养殖的规模无效省大部分处于规模递减阶段，不宜在扩大养殖规模，应调整投入结构提高规模效率。

以上分析表明，2010年中国各地区生猪生产的综合技术效率、纯技术效率和规模效率总体都较高。综合技术无效主要是由技术无效和规模无效共同造成的，需要通过现有技术的充分利用以及调整要素投入的规模来提高效率水平。相对于3种规模养殖方式，散养的规模无效省份较多，且大部分可通过继续扩大养殖规模提高规模效率水平。相对于其他3个地区，西部地区3种规模养殖方式生猪的3个效率水平都较高，尤其是纯技术效率都达到1，需要引进新技术方可进一步提高效率水平。

6.3.2 各地区不同养殖规模生猪的前沿面投影分析

对于技术无效单元，可通过在前沿面投影距离的调整改造为技术有效单元，即在不增加投入的条件下，通过各项资源的优化配置，达到维持现有产出甚至增加产出的目的。2010年不同规模养殖生猪技术无效单元的投影分析结果见表6-7。可见，相对于技术有效单元，技术无效单元在生猪养殖上出现了较大的资源浪费。在4项投入指标中，其他物质服务费用（水电燃料费、医疗防疫费、死亡损失费、固定资产折旧费等）的冗余度平均25.6%，最高达49.1%（广东大规模养殖生猪）；用工数量、仔猪重量、饲料费用等3项主要投入的冗余度也在10%以上，最高分别达39.3%（广西散养生猪）、39.7%（山东散养生猪）、32.9%（广东散养生猪）。

相比而言，散养和大规模养殖的投入指标冗余度要大于小规模和中规模养殖，进一步说明了散养和大规模养殖的技术效率相对较低。而且，通过减少这两种养殖方式的投入水平还可使产出水平略有增加。

从不同地区来看，江苏、浙江、广东、河南、广西、云南、吉林等省份需要注重劳动力、仔猪和饲料费用的合理使用。

6.4 小　　结

（1）从单要素生产率分析来看，2000年以来生猪资金收益率呈波动式变化，以中小规模养殖较高，以散养波动幅度最大，劳动生产率逐年上升，并随猪场规模增大而提高。

4种养殖规模的资金收益率均呈相似的年度波动式变动趋势，其中散养生猪的波动幅度最大，显示抗市场风险的能力较差；按2000~2010年期间平均值排序为：中规模养殖＞小规模养殖＞散养＞大规模养殖，2008年后，3种规模养殖生猪的资金收益率都明显高于散养生猪，但仍以中小规模养殖较高，表明规模优势尚未充分显现。4种养殖规模的劳动生产率皆呈逐年提高趋势，且随猪场规模增大而提高，不同养殖规模之间的差距有逐年扩大趋势，充分体现了规模养殖优势。

（2）从全要素生产率分析来看，2000年以来4种养殖方式的生猪均呈正向增长，其中大规模养殖生猪的全要素生产率年均增长率明显大于散养、小规模、中规模养殖生猪。

从增长源泉来看，散养方式主要源于技术进步，而技术效率下降；小规模和中规模养殖主要源于技术效率改善，而技术进步缓慢；大规模养殖主要在于技术进步和技术效率改善的共同作用。从不同时间阶段来看，4种养殖方式在"十五"和"十一五"时期的全要素生产率都实现了正向增长，但两个阶段的增长幅度和增长源泉不同。与"十五"时期相比，"十一五"时期散养、中规模和大规模养殖的全要素生产率增长速度放慢，而小规模养殖的增长速度稍有加快；同时，散养、中规模和大规模养殖的技术进步减慢甚至倒退，技术效率得到改善，而小规模养殖相反，技术进步加快，技术效率衰退。从不同地区来看，东部和西部地区比较重视中、大规模生猪养殖，中部地区比较重视大规模生猪养殖，而东北地区比较重视散养和小规模养殖。

(3) 从 2010 年技术效率分析来看，4 种养殖方式的生猪综合技术效率、纯技术效率和规模效率都较高。

这说明，中国生猪的技术利用水平已达到较高程度，需引进新技术来提高生猪养殖技术水平。对于任一种养殖方式，大多数省份都达到技术有效，进一步说明了中国生猪技术利用水平已达较高程度。相对于 3 种规模养殖方式，散养的规模无效省份较多，且大部分可通过继续扩大养殖规模提高规模效率水平。相对于其他 3 个地区，西部地区 3 种规模养殖方式生猪的 3 个效率水平都较高，尤其是纯技术效率都达到 1，需要引进新技术才能进一步提高效率水平。通过生产前沿面投影分析，技术无效单元在生猪养殖上出现了较大资源浪费，其中散养和大规模养殖的投入冗余要大于小规模和中规模养殖，进一步说明了散养和大规模养殖的技术效率相对较低。

第 7 章

美国生猪规模养殖的发展历程与启示

发达国家的生猪规模化养殖起步较早,至今有 60 年左右的历史,其发展经验对于推进中国生猪规模养殖具有重要的借鉴意义。下面以美国为例,对发达国家生猪规模养殖的发展历程与特点及其对中国生猪规模养殖的启示作简要分析。

7.1 美国生猪规模养殖的发展历程

7.1.1 猪场总数与猪场规模的变化趋势

20 世纪前 50 年,美国的养猪业变化不大,猪场总数从 1900 年的 430 多万个缓慢减少到 1950 年的 300 多万个,而猪场平均存栏规模仅从 15 头增加到 19 头,1950 年末存栏总量已达到 6 000 万头左右。从 20 世纪 50 年代开始,美国养猪业的规模和结构发生了巨大变化,可分为四个阶段。第 1 阶段是 50~60 年代约 20 年的时间,猪场总数急剧下降,几乎减少了 80%,从 1950 年的 300 多万个减少到 1969 年的 70 万个左右,而此时猪场平均存栏规模则扩大了 4 倍多,从 1950 年的 19 头增加到 1969 年的 81 头;第 2 阶段是 70~80 年代约 20 年的时间,猪场总数又减少了 2/3,从 1969 年的 70 多万个下降到 1987 年的 24 万多个,而此时猪场平均存栏规模则扩大了近 3 倍,从 1969 年的 81 头增加到 1987 年的 215 头;第 3 阶段是

80~90年代约15年的时间，猪场总数再次减少了2/3，从1987年的24万多个下降到2002年的8万个左右，而此时猪场平均存栏规模则扩大了近3.5倍，从1987年的215头增加到2002年的766头；第4阶段是21世纪后，猪场总数从2002年开始维持在7万个左右，而猪场平均存栏规模还在缓慢上升，2009年达到921头（见图7-1）。从1950年至2009年共计60年期间，猪场总数减少了近98%，而猪场平均存栏规模则增加了近50倍。

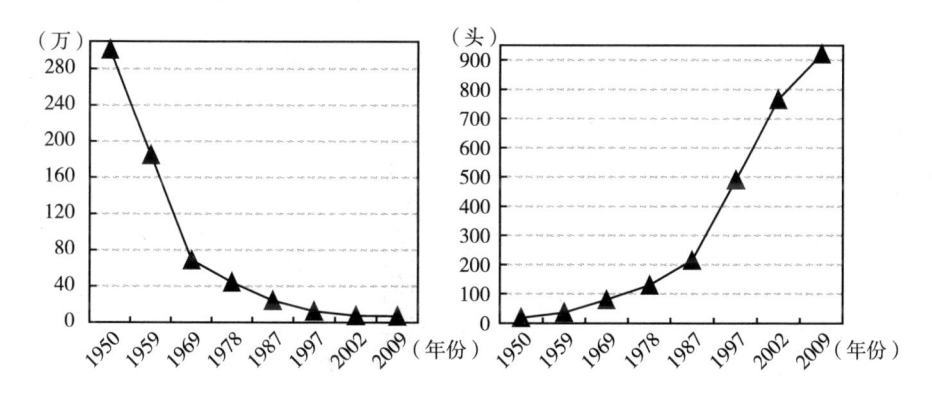

图7-1 1950年以来美国猪场总数和平均存栏量的变化趋势

尽管美国猪场数量自1950以来大幅减少，但由于猪场存栏规模也在不断增大，所以生猪的年末存栏总量保持相对稳定在6 000万头左右，上下波动不超过800万头。不过，从20世纪90年代以来，美国生猪年末存栏量呈逐年增长态势，从1990年的5 442万头增加到2009年的6 533万头（见图7-2）。

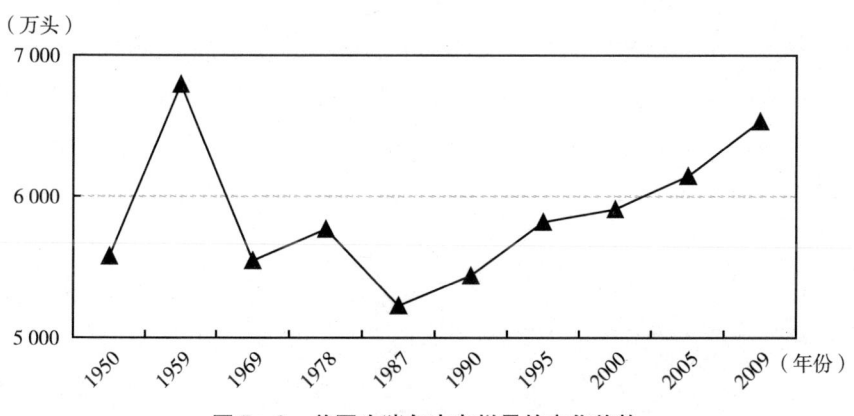

图7-2 美国生猪年末存栏量的变化趋势

7.1.2 不同规模猪场数量与存栏量及其所占比重的变化趋势

从 2002 年猪场总数稳定维持在 7 万个以来,美国不同规模猪场数量与存栏量及其所占比重呈现不同的变化特征(见表 7 - 1)。

表 7 - 1 美国 2002 ~ 2009 年不同规模猪场数及其所占比重的变化趋势

年份	1 ~ 99 头 猪场数	占比(%)	100 ~ 499 头 猪场数	占比(%)	500 ~ 999 头 猪场数	占比(%)	1 000 ~ 1 999 头 猪场数	占比(%)	2 000 ~ 4 999 头 猪场数	占比(%)	≥5 000 头 猪场数	占比(%)
2002	42 725	59.8	13 479	16.1	6 489	8.2	5 435	6.6	4 964	6.3	2 258	3.0
2003	44 480	60.3	11 530	15.7	5 687	7.7	4 877	6.6	4 871	6.6	2 265	3.1
2004	42 015	60.6	10 368	14.9	5 155	7.4	4 459	6.4	5 132	7.4	2 291	3.3
2005	40 564	60.3	10 116	15.0	4 743	7.1	4 259	6.3	5 237	7.8	2 361	3.5
2006	39 482	60.5	9 603	14.6	4 491	6.8	4 216	6.4	5 282	8.0	2 466	3.7
2007	52 445	69.5	7 079	9.4	3 620	4.8	4 048	5.4	5 397	7.2	2 861	3.8
2008	50 680	69.3	6 740	9.2	3 490	4.8	3 950	5.4	5 370	7.3	2 920	4.0
2009	50 400	70.5	6 100	8.5	3 200	4.5	3 550	5.0	5 250	7.3	2 950	4.1

资料来源:根据 USDA-NASS. 2003 ~ 2009:*Agricultural Statistics* 和 USDA-NASS (2010) 数据整理。

从猪场数量及其所占比重来看,呈现"两头逐年增加、中间逐年降低"的趋势。其中,年存栏头数为 1 ~ 99 头、2 000 头以上的猪场数量及其所占比重有逐年增加的趋势,尤其是 5 000 头以上的猪场数量及其所占比重有逐年稳定增长的趋势;而年存栏头数为 100 ~ 499 头、500 ~ 999 头和 1 000 ~ 1 999 头的猪场数量及其所占比重有逐年稳定下降的趋势。从猪场所占比重大小来看,年存栏头数在 100 头以下的猪场数量仍占 60% 左右,2009 年达到 70.5%。

按小、中、大规模和超大规模统计,小规模猪场(存栏数 1 ~ 499 头)所占比重一直在 75% 以上,2009 年达到 79%;中规模猪场(存栏数 500 ~ 1 999 头)所占比重在 15% 以下,2009 年降到 9.5%;大规模猪场(存栏数 2 000 ~ 4 999 头)所占比重在 10% 以下,2009 年达到 7.3%;超大规模猪场（存栏数 5 万头以上）所占比重在 3% 以上，2009 年增长到 4.1%（见表 7-2）。

表 7-2　美国 2002~2009 年不同规模猪场年末存栏数在全国总存栏数中所占比例的变化趋势　　单位：%

规模 年份	1~99 头	100~499 头	500~999 头	1 000~ 1 999 头	2 000~ 4 999 头	≥5 000 头
2002	1.0	5.0	7.0	12.0	22.0	53.0
2003	1.0	4.5	6.5	11.0	24.0	53.0
2004	1.0	4.0	6.0	10.0	26.0	53.0
2005	1.0	4.0	6.0	10.0	26.0	53.0
2006	1.0	4.0	5.0	10.0	26.0	54.0
2007	0.9	2.7	3.7	8.2	24.4	60.1
2008	0.9	2.5	3.5	8.0	24.0	61.1
2009	0.9	2.3	3.3	7.5	24.0	62.0

资料来源：根据 USDA-NASS. 2003—2009 Agricultural Statistics 和 USDA-NASS（2010）数据整理。

从猪场存栏数所占比重来看，年末存栏数为 2 000 头以下的猪场存栏量所占比重呈逐年稳定降低趋势，从 2002 年的 25% 降低到 2009 年的 14%，而年末存栏数为 2 000 头以上的猪场存栏量所占比重则有逐年稳定升高趋势，从 2002 年的 75% 上升到 2009 年的 86%。

按小、中、大规模和超大规模统计，小规模猪场所占比重一直在 6% 以下，2009 年降低到 3.1%，其中年末存栏数在 100 头以下的猪场存栏量所占比重在 2009 年已不足 1%；中规模猪场所占比重在 20% 以下，2009 年降低到 10.8%；大规模猪场所占比重在 22%~26%，2009 年达到 24%；超大规模猪场所占比重一直在 50% 以上，2009 年增长到 62%。

7.2　中国生猪规模养殖水平与美国的比较分析

与美国相比，中国的生猪规模养殖起步要晚三四十年的时间，规模养殖水平尚存在很大的差距，目前仍处于规模养殖快速发展时期。

7.2.1 不同规模猪场数量及其所占比重的比较

从猪场总数来看,中国猪场数量过于庞大分散,2009 年仍达到 6 700 多万个,是美国猪场总数的 940 倍;而从猪场平均存栏规模来看,中国 2009 年仅为 7 头,还不到美国的 1%。因此,减少猪场数量,扩大养殖规模,仍然是中国生猪养殖的发展方向。

从不同规模猪场所占比重来看,美中两国 1~99 头规模猪场所占比重都较大,但美国比中国要低约 30 个百分点,分别为 70.5% 和 98.68%;而 1 000 头以上规模猪场所占比重在中美两国间差距更大,美国达到 16% 以上,但中国仅达 0.1%(见表 7-3)。这说明,在养猪业发达国家,99 头以下规模的猪场数量虽然占据大部分比重,但与此同时,较大规模的猪场数量也占据相当大的比重。因此,中国不可能完全消除农户散养,但应逐步减少农户散养猪场所占的比重,并不断提高规模猪场的比重。

表 7-3　　　　2009 年中美两国不同规模猪场数量及其所占比重

国别	猪场总数	1~99 头		100~499 头		500~999 头		1 000~4 999 头		≥5 000 头	
		猪场数	(%)	猪场数	(%)	猪场数	(%)	(%)	(%)	猪场数	(%)
美国	71 450	50 400	70.5	6 100	8.5	3 200	4.5	8 800	12.3	2 950	4.1
中国	67 137 183	66 253 008	98.68	689 739	1.03	129 369	0.19	56 771	0.09	8 296	0.01

注:美国和中国的猪场规模分别以存栏量和出栏量划分,但不影响其所占比重的分析。
资料来源:USDA-NASS. *Agricultural Statistics* 2010 和《中国畜牧业年鉴 2010》数据整理。

7.2.2 不同规模猪场存栏量(或出栏量)所占比重的比较

对 2009 年中美两国不同规模猪场存栏量或出栏量比重分布的分析表明,由于美国 1 000 头以上规模猪场的平均存栏规模达到 5 200 多头,因此其存栏量合计占存栏总量的 93.5%,其中 5 000 头以上规模猪场的出栏量所占比重高达 60% 以上,而 1 000 头以下规模猪场的存栏量所占比重仅有

6.5%,99 头以下规模猪场存栏量比重还不足 1%。中国正好相反,1 000 头以上规模猪场的平均出栏规模约 3 000 头左右,再加上该规模猪场数量所占比重太小,所以其出栏量合计仅占出栏总量的 22% 左右(这个比重与美国 1978 年养猪业发展水平相当),而 1 000 头以下规模猪场的出栏量所占比重高达 78%,其中 99 头以下规模猪场出栏量达到出栏总量的 50% 以上(见图 7-3)。以上分析表明,美国生猪市场主要是由 1 000 头以上(特别是 5 000 头以上)规模猪场决定的,而中国生猪市场主要是由 1 000 头以下(特别是 99 头以下)规模猪场决定的,这也是中国生猪市场波动较大的重要因素之一。

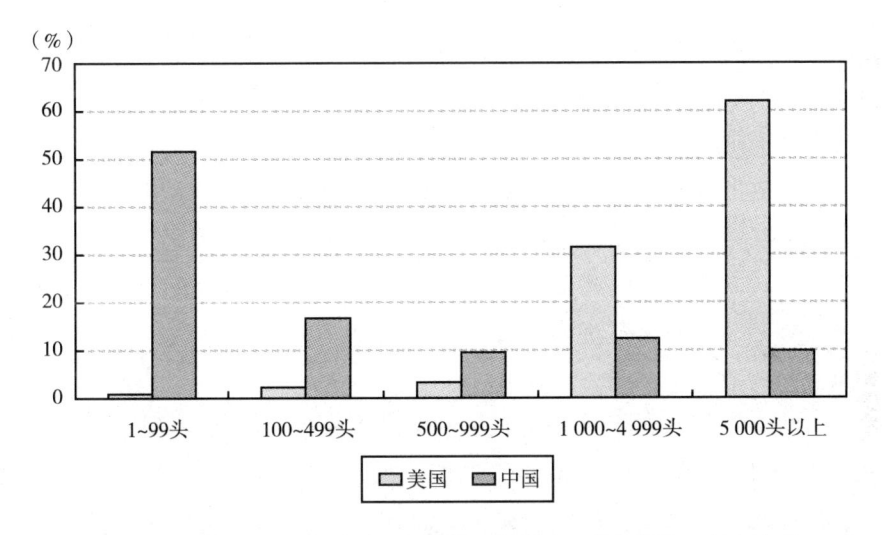

图 7-3 2009 年中美两国不同规模猪场存栏量(或出栏量)所占比重

注:美国和中国分别以存栏量和出栏量统计,但不影响其所占比重的分析。

资料来源:USDA-NASS(2010)和《中国畜牧业年鉴 2010》数据整理。

7.3 美国生猪规模养殖发展值得中国借鉴的经验

由于中美两国国情不同,中国生猪规模养殖模式不能完全照搬美国的发展模式,但从美国的生猪规模养殖进程中可以汲取一些经验。

7.3.1 通过实施合同生产，推动猪场的专业化与规模的扩大

几十年来，美国猪场的结构变化除了猪场数量持续减少、猪场规模不断扩大外，还有一个重要特点，就是从传统的分娩—育肥猪场（即从配种开始到育肥上市都在同一个猪场进行）向单一阶段专业化生产的大型猪场转移。历史上，美国生猪生产大多来自玉米产量丰富地区的分娩—育肥猪场，这些猪场用其相对便宜的自产饲用玉米喂猪，然后在当地市场销售。但从20世纪70年代开始，伴随着生猪生产快速转入局部封闭或全封闭饲养，以及一系列技术与管理措施的进步，使得用大型专业化设施以及专业化劳动力生产生猪成为可能，猪场加速向专业化转型（McBride & Key，2007）。

美国的生猪生产可分为四个阶段：（1）配种妊娠阶段（从母猪配种开始至妊娠期饲养）；（2）产仔哺乳阶段（从仔猪出生至仔猪断奶）；（3）仔猪保育阶段（从仔猪断奶至13.6~36.3千克体重）；（4）生长育肥阶段（从13.6~36.3千克体重猪至上市屠宰）。根据生产阶段的数量，美国生猪猪场可分为分娩—育肥猪场（包括全部4个阶段）、分娩—保育猪场（包括前3个阶段）、分娩—断奶猪场（包括前2个阶段）、断奶—保育猪场（即第3个阶段）、保育—育肥猪场（即第4阶段），如图7-4所示。

调查分析表明，分娩—育肥猪场所占比重在1992年占50%以上，但到2004年下降到1/3；而在生长育肥阶段专业化的保育—育肥猪场所占比重则从1992年的19%上升至2004年的40%。此外，不同类型猪场生产规模的增长速度也不同，其中，分娩—育肥猪场规模在1992~2004年间增长了66%，但保育—育肥猪场在同一期间却增长了5倍多。结果，保育—育肥猪场生猪出栏量增加得更多，使得分娩—育肥猪场生猪出栏量所占比重从1992年的60%以上下降到2004年的20%以下；而保育—育肥猪场生猪出栏量所占比重则从1992年的22%上升至2004年的70%以上（见表7-4）。在产仔哺乳与仔猪保育阶段专业化生产的猪场数量也在不断增长，在2004年占到猪场总数的7%，其规模一般也较大，其中分娩—断奶猪场和断奶—保育猪场平均分别出售3.3万和2.2万头（Key & McBride，2007）。

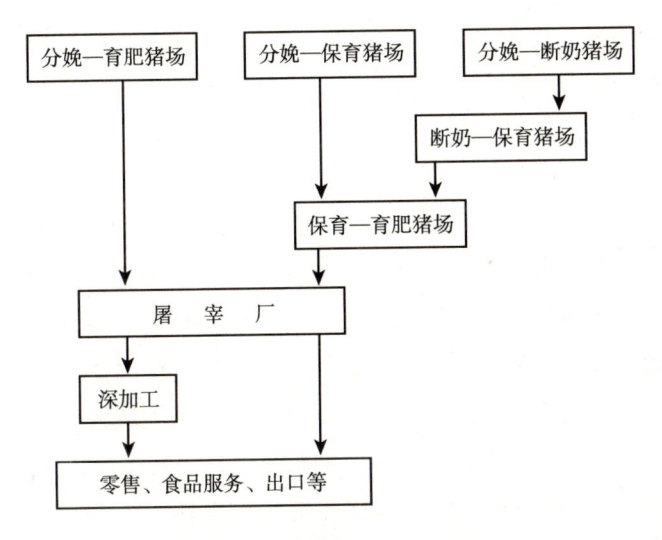

```
分娩—育肥猪场    分娩—保育猪场    分娩—断奶猪场
                                  ↓
                                断奶—保育猪场
                      ↓
                 保育—育肥猪场
        ↓
     屠 宰 厂
        ↓
     深加工
        ↓
  零售、食品服务、出口等
```

图 7-4 美国生猪生产的结构

资料来源：MacDonald & McBride（2009）。

表 7-4　　　　1992~2004 年美国生猪生产的结构变化　　　　单位：%

项　目	1992	1998	2004
分娩—育肥猪场			
占猪场总数的比重	54	49	31
出栏量占出栏总量的比重	65	38	18
猪场平均规模（头）	886	1 239	1 472
保育—育肥猪场			
占猪场总数的比重	19	31	40
出栏量占出栏总量的比重	22	55	77
合同猪场所占比重	11	34	50
合同猪场出栏量所占比重	22	62	73
猪场平均规模（头）	804	2 756	4 730
所有猪场			
占猪场总数的比重	100	100	100
出栏量占出栏总量的比重	100	100	100
合同猪场所占比重	3	15	28
合同猪场出栏量所占比重	5	40	67
猪场平均规模（头）	945	2 589	4 646

资料来源：Key & McBride（2007）。

这种结构变化的形成，部分原因是源于生猪生产组织管理模式的创新，即合同生产的巨大增长。合同生产是指生猪饲养者（或生产方）与生猪拥有者（或联合方、合约方）之间签订的协议，其中，合约方提供保育猪、饲料、兽药等各种投入以及兽医服务、管理咨询等，而生产方提供猪舍、设施、劳动力及管理服务等。合约方一般拥有合同猪场生猪的所有权，并按照服务费用协议（而不是生猪市场价格）对饲养者给予相应补偿。合约方一般通过与肉品加工企业（或屠宰公司）之间签订的营销合同或其他协议来销售生猪。当然，肉品加工企业也可作为合约方，直接与生猪饲养者签订生产合同。这种合同协议可以将众多的猪场组织起来，并在某一生产阶段进行生猪专业化养殖。美国合同生产猪场及其出栏量在1992年仅占总量的3%和5%，但到2004年分别提高到28%和67%。2004年，保育—育肥猪场的50%及其生猪出栏量的70%以上都是在生产合同下生产的。相似地，专业化的分娩—断奶猪场的67%和专业化的断奶—保育猪场的90%以上都签有合同协议。相比而言，分娩—育肥猪场的合同生产几乎没有。猪场的平均规模从1992~2004年是逐年增加的，但在合同下生产的猪场增长最快。1992年，对于保育—育肥猪场，合同猪场的生猪规模平均比非合同猪场多1 000多头，而到1998年和2004年，这种差异分别达到3 700多头和4 500头（见图7-5）（Key & McBride，2007）。

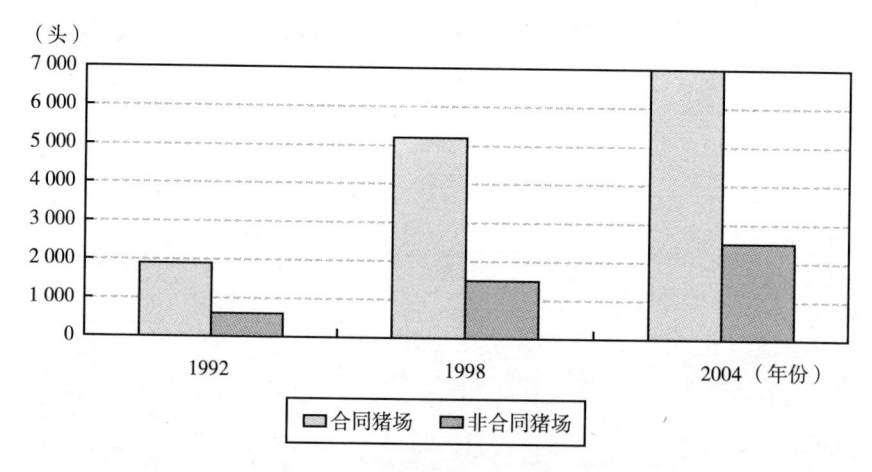

图 7-5　1992~2004 年美国培育—肥育猪场在合同与非合同下的生猪出栏规模比较

从长远看，合同生产能够提供优质生猪，降低原料成本的不稳定性，抵御各种风险。通过合同，猪肉加工方在节约资本和劳动力的同时，能够改善卫生条件，降低交易成本，获得较大的产能，而生猪生产方能够降低市场风险，获得资金支持（Pan & Kinsey, 2002.）。

7.3.2 通过加强新技术研究与应用，促进规模养殖生猪生产水平的提高

遗传改良、营养学、饲养工程设施、兽医兽药服务以及管理等方面的技术革新及应用，推动了美国生猪生产性能与养猪效率的提高以及生产风险的降低，从而推动了美国养猪业的结构变化（Key & McBride, 2007）。

由于大规模、专业化猪场能够在更大的规模上分摊固定成本，更易利用生产率的进步，因此它们更愿意对生猪生产新技术进行投资。如表 7-5 所示，美国猪场规模越大，其仔猪断奶年龄越早，体重也越轻。当然，这种措施可能会增加仔猪死亡率，但同时会更有效地利用分娩设施。较大规模猪场通常也会更多地使用人工授精、末端杂交等繁育技术以及分性别饲养、分段饲养与全进全出管理等肥育技术。2004 年，对于分娩—育肥猪场，美国小规模猪场仅有 4% 采用人工授精技术（AI），而超大规模猪场则达到 92%。随着规模的增大，使用全进全出育肥措施的猪场从 14% 增加到 83%（McBride & Key, 2007）。

表 7-5　　2004 年美国不同规模分娩—肥育猪场采用的生产措施

指　标	小规模 (1~499 头)	中规模 (500~1 999 头)	大规模 (2 000~4 999 头)	超大规模 (≥5 000 头)
断奶日龄（无）	37	29	24	18
断奶重（千克）	12.7	9.5	7.3	5.4
死亡损失率（占断奶仔猪的%）	3.05	5.55	4.51	5.77
人工授精（%）	4	12	51	92
末端杂交（%）	11	38	43	73

续表

指标	规模			
	小规模 (1~499头)	中规模 (500~1 999头)	大规模 (2 000~4 999头)	超大规模 (≥5 000头)
阶段饲养（%）	42	53	61	84
饲喂4种以上日粮（%）	28	60	78	81
全进全出分娩（%）	35	51	58	85
全进全出肥育（%）	14	20	54	83

资料来源：McBride & Key (2007)。

较大规模猪场因更多地采用新技术而导致其饲料、劳动力和资本等三大投入的利用效率也较高。2004年，对于美国分娩—育肥猪场，超大规模猪场的平均饲料效率约比小规模猪场高40%，其劳动需要量也仅为小规模猪场的一部分，资本效率（以每头母猪断奶仔猪数和每单元生猪生产量表示）在不同规模猪场之间也有显著的差异。其中，超大规模猪场每头母猪断奶仔猪数比小规模猪场约多6头，每分娩单元分娩窝数和每肥育单元肥育猪数分别约为小规模猪场的5倍和3倍（见表7-6）。生猪生产成本也因猪场规模增大而下降，其中中规模与小规模猪场的生猪生产成本差异最大（见图7-6）。

表7-6　　2004年美国不同规模分娩—肥育猪场的生产水平

指标	规模			
	小规模 (1~499头)	中规模 (500~1 999头)	大规模 (2 000~4 999头)	超大规模 (≥5 000头)
每窝断奶仔猪数（头）	7.17	7.31	8.79	8.72
每头母猪断奶仔猪数（头）	12.46	13.12	17.49	18.73
上市体重（千克）	114.0	116.7	117.1	116.2
饲料转化率（千克耗料/千克增重）	5.16	3.55	4.23	2.99
劳动效率（小时/50千克增重）	2.37	0.83	0.45	0.19
每分娩单元分娩窝数	1.75	5.12	3.61	9.52
每肥育单元肥育猪数	1.15	2.31	2.41	3.03

资料来源：McBride & Key (2007)。

(美元/100磅增重)

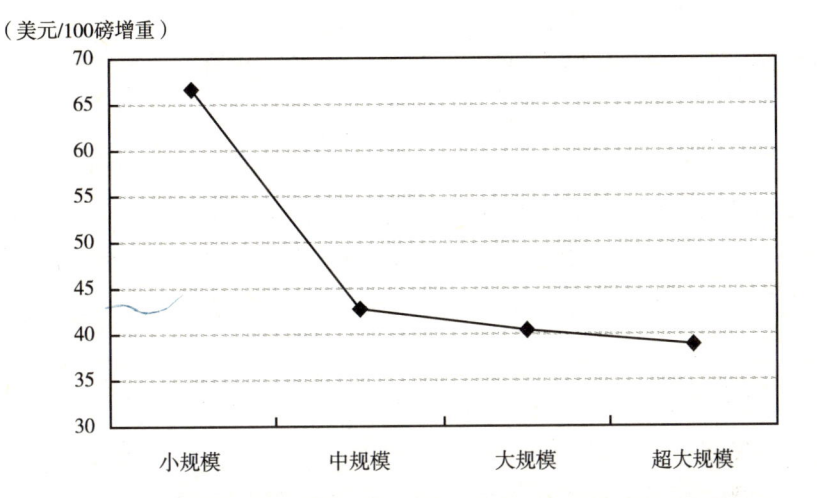

图 7-6　2004 年美国不同规模分娩—育肥猪场的生猪生产成本

资料来源：McBride & Key（2007）。

7.3.3　通过有效管理猪场废弃物，实现环境保护与生猪规模养殖的协调发展

美国在推动生猪养殖专业化与集约化的同时，十分重视解决粪便废弃物集中排放所带来的环境污染问题。

1. 制定实施严格的法律法规是美国防治养猪业污染的主要措施

养殖业污染主要是指对水体与空气的污染。美国有关养殖业污染防治的联邦法律包括《清洁水法》、《清洁空气法》、《综合环境反应、赔偿与责任法》、《紧急规划与社区知情权法》等。其中，1977 年修订出台的《清洁水法》对养殖业的影响最大。该法将集约化畜禽养殖场（CAFO）列为点源污染源，规定其粪便废弃物排放必须申请获得美国国家污染物减排系统（NPDES）许可证，并遵守相应的技术标准和排放限值。其中，CAFO 按畜禽存栏量分为 3 类：（1）大型 CAFO：对于猪场，是指存栏 25 千克以上猪 2 500 头或 25 千克以下猪 10 000 头；（2）中型 CAFO：对于猪场，是指存栏 25 千克以上猪 750~2 500 头或 25 千克以下猪 3 000~10 000 头，并且排放粪便废弃物到水体中；（3）小型 CAFO：对于猪场，是指 25

千克以上的猪 750 头以下或 25 千克以下的猪 3 000 头以下，但被当地主管部门认定为明显污染源。2003 年，为进一步控制大型畜禽养殖场废弃物养分的排放，美国环保局（EPA）对《清洁水法》有关规定作了重大修订，要求认定为 CAFO 和需要获得 NPDES 许可的畜禽养殖场必须制定并实施养分管理计划，并对通过粪便废弃物施用到土地的养分数量设定限值；同时，无需获得 NPDES 许可，但希望寻求雨水排放到农田得到豁免的畜禽养殖场也必须制定并实施养分管理计划，确保粪便废弃物排放对农田造成的污染降至最低（Key et al.，2009）。

《清洁空气法》对养殖业污染物的排放限制相对比较宽松。《综合环境反应、赔偿与责任法》（CERCLA）和《紧急规划与社区知情权法》（EPCRA）这两项法律都是通过信息披露增强政府与公众对释放到环境中化学物质的来源与数量的了解。其中，CERCLA 要求，对有害物质释放量超过"可报道量"（即 24 小时 100 磅）的设施需向美国 EPA 报告；而 EPCRA 则要求，在 CERCLA 下报告的任何释放量都需向所在州及当地政府报告。美国 EPA 已开始实施 CERCLA 与 EPCRA 有关防止畜禽养殖场有害污染物（NH_3 和 H_2S）释放的报告要求（Key et al.，2009）。

另外，为降低法规的执行成本，美国设立了一些财政资助项目，如环境质量激励项目（EQIP），畜禽养殖场可以向其申请一定的资助，用以制定和实施营养管理计划，建造适宜的废弃物管理储存设施，或以合法的方式将废弃物转运至农田（Key et al.，2009）。

2. 农牧结合是美国化解养猪业污染的重要途径

美国大部分大型农场都是农牧结合型，从种植制度安排到生产、销售等各个环节都十分重视种植业与养殖业的紧密联系，而且是养殖业规模决定着种植业结构的调整，养殖业与种植业之间在饲草、饲料、肥料 3 个物质经济体系形成相互促进、相互协调的关系，养殖场的动物粪便或通过输送管道或直接干燥固化成有机肥归还农田，既防止环境污染又提高了土壤的肥力（周俊玲，2006）。从粪肥的施用情况来看，猪场规模越大，其在本场农地施用粪肥的面积越大，同时因本场农地限制而以无偿的方式将粪肥转移到附近农场的比重也越高（Key et al.，2009）。

3. 探索废弃物治理的技术措施是美国降低养猪业污染的重要方向

种植养分吸收量高的作物。例如，狗牙根牧草（俗名"百慕大草"，Bermuda grass）能吸收大量的氮元素，因此种植这种牧草可以提高单位面积的废弃物处理量。2004 年，美国利用种植狗牙根牧草来处理废弃物的猪场已达 11%，而且猪场规模越大，其比重越高（Key et al.，2009）。

在肥育猪饲粮中添加微生物植酸酶。植酸酶的添加，提高了饲料中有机磷的利用率，不仅可以降低粪便废弃物磷的排泄量，减少施用的农田数量，而且可以减少饲料中无机磷的补充量，降低饲料成本。2004 年，在美国使用植酸酶的猪场已达 13%，而且猪场规模越大，其比重也越高（Key et al.，2009）。

培育基因改造"环保猪"。美国科学家通过生物工程技术已培育出唾液腺分泌植酸酶的猪，因此无需再向饲料中添加植酸酶制剂，依靠自身分泌的植酸酶来消化植酸磷，不仅可以减少磷的排泄，而且可以降低饲料成本（佚名，2010）。

7.4 小　　结

（1）美国养猪业从 20 世纪 50 年代开始出现巨大的规模和结构变化。

猪场总数大幅减少，在 1950～2009 年 60 年间净减少 98%，2009 年仅有猪场 7.15 万个；而猪场平均存栏规模则不断扩大，在 1950～2009 年间净增长 50 倍，2009 年达到 921 头。2002 年以来，美国不同规模猪场数量所占比重呈现"两头逐年增加、中间逐年降低"的趋势，其中，小规模猪场（存栏数 1～499 头）所占比重一直在 75% 以上；中规模猪场（存栏数 500～1 999 头）与大规模猪场（存栏数 2 000～4 999 头）所占比重分别在 15% 与 10% 以下；超大规模猪场（存栏数 5 万头以上）所占比重在 3% 以上，2009 年增长到 4.1%。但从猪场存栏数所占比重来看，小规模猪场所占比重一直在 6% 以下，2009 年降至 3.1%，其中年末存栏数在 100 头以下的猪场存栏量所占比重在 2009 年已不足 1%；中规模猪场所占比重在

20%以下，2009年降至10.8%；大规模猪场所占比重在22%以下，2009年达到24%；超大规模猪场所占比重一直在50%以上，2009年增至62%。

（2）中国的生猪规模养殖水平与美国尚存在很大的差距。

2009年，美国1 000头以上规模猪场的年末存栏量占存栏总量的93.5%，而1 000头以下规模猪场的存栏量所占比重仅为6.5%；中国正好相反，1 000头以上规模猪场的年出栏量仅占出栏总量的22%左右，而1 000头以下规模猪场的出栏量所占比重高达78%。这表明，美国生猪市场主要是由1 000头以上规模猪场决定的，而中国生猪市场主要是由1 000头以下规模猪场决定的。

（3）中国从美国的生猪规模养殖进程中至少可以汲取三点经验。

一是创新生产组织管理模式，不断扩大合同生产比重，推进生产的专业化与规模的扩大；二是加强新技术研究与推广应用，不断提高生猪生产性能与生产率；三是有效管理猪场废弃物，实现环境保护与生猪规模养殖协调发展。

第 8 章

研究结论与政策建议

8.1 研究结论

1. 中国生猪规模养殖受多种因素推动得到快速发展，但与养猪发达国家仍有较大差距

中国生猪生产在畜牧业和肉类消费中仍占据主导地位，在世界养猪业中也占有重要位置。2010 年，猪肉产量占全国肉类总产量的 64.0%，占世界猪肉总产量的 46.4%。生猪产量的持续增加离不开规模养殖的快速发展。中国散养猪场数量不断减少，而规模养殖猪场则逐年大幅增加。生猪规模养殖的快速发展主要得益于人口增长与经济社会发展、技术进步、粮食增产、市场竞争、政策扶持等多种因素的推动。

但中国生猪规模养殖水平并不高，行业集中度与生产水平都偏低。2009 年，中国猪场总数仍高达 6 700 多万个，年出栏量 50 头以下的散养猪场及其出栏量仍占总量的 96% 和 38% 以上；1 000 头以下的猪场及其出栏量所占比重高达 99.9% 和 78%；而 1 000 头以上的规模猪场及其出栏量仅占总量的 0.1% 和 22% 左右。美国正好相反，2009 年猪场总数仅为 7 万多个，年存栏量 100 头以下的猪场占 70.5%，但其存栏量占总量的比重不足 1%；1 000 头以下的猪场占 83.5%，但其存栏量所占比重仅 6.5%；而 1 000 头以上的规模猪场已占到 16.5%，其存栏量占总量的 93.5%。此外，中国生猪的养殖水平与养猪业发达国家相比也有相当大的差距，目前仅处于世界平均水平。

2. 中国生猪规模养殖存在明显的区域差异与区域移动

近年来，各地区的生猪规模养殖比重都明显提高。至 2009 年，东部、中部、西部和东北等 4 个地区的生猪规模养殖比重平均分别为 74.2%、67.9%、38.6% 和 69.1%，仍以东部地区最高，西部地区最低。其中，规模养殖比重在 50% 以下的 9 个省份都属于西部地区。

生猪规模养殖发展有从东部向中部、西部和东北地区转移的趋势。年出栏 500 头以下的规模猪场在东部、中部和东北地区有逐年降低趋势，而在西部地区则有逐年增大趋势；年出栏 500 头以上的规模猪场在东部地区所占比重逐年下降，而中部、西部与东北地区都呈现不同程度的上升趋势。从规模猪场出栏量在全国所占比重来看，东部地区有逐年降低趋势，中部与西部地区有逐年增大趋势，而东北地区变化不大。截至目前，生猪规模养殖水平仍以东部和中部地区较高，且猪场规模越大，其所占比重越大；而西部和东北地区正好相反。

3. 中国生猪生产在不同地区呈现不同的区域优势特征

中部地区的生猪养殖具有明显的综合比较优势并逐年增强，东部和东北地区的综合比较优势逐年增大，而西部地区综合比较优势逐年降低。生猪综合比较优势的区域特征与生猪规模养殖的区域分布特征基本一致。具体而言，生猪生产的优势区域主要分布于东南沿海地区、长江中下游地区以及西南地区等水稻生产优势区，而华北小麦、玉米生产优势区以及东北玉米生产优势区并非生猪生产优势区域。

4. 中国生猪养殖成本随猪场规模扩大呈现"U"型变化，而养殖效益则呈现倒"U"型变化，中小规模养殖具有一定的成本效益优势

按总成本分析，散养生猪的每头总成本始终处于最高值，其他 3 种规模养殖生猪相差不大，但对于每 50 千克总成本或每千克增重总成本，中小规模养殖要低于散养和大规模养殖。而按养殖效益分析，中小规模生猪养殖的总利润与资金收益率要高于散养和大规模养殖。此外，散养生猪的成

本收益年度间波动幅度要大于3种规模养殖方式，显示其抗市场风险的能力较差。对于间接费用，大规模养殖生猪要明显高于其他3种养殖方式，尤其是固定资产折旧费用、管理费用和财务费用，表明大规模养殖的管理水平亟待提升。综合考虑规模用地、饲料供给、环保政策以及现有科技水平等制约因素，中国生猪养殖在未来较长一段时期应以发展适度规模为宜，而不应过度追求规模的扩大。

5. 不同规模养殖生猪的全要素生产率都呈现正向增长，但年均增长率差异明显，且增长源泉也各不相同

散养、小规模、中规模和大规模生猪养殖的全要素生产率年均增长率分别达到0.8%、0.7%、0.9%和1.8%，其中大规模养殖生猪明显大于其他3种养猪方式。4种养殖规模生猪全要素生产率增长的源泉呈现不同特征，其中散养主要源于技术进步，中小规模养殖主要源于技术效率改善，而大规模养殖主要源泉在于技术进步和技术效率改善的共同作用。同时，散养的技术效率下降，中小规模养殖的技术进步缓慢甚至停滞。从不同地区来看，东部和西部地区比较重视中、大规模生猪养殖，中部地区比较重视大规模生猪养殖，而东北地区比较重视散养和小规模养殖。

6. 中国生猪的技术效率已达到较高水平，亟须研发新技术实现技术突破

2010年，4种生猪养殖规模的综合技术效率、纯技术效率和规模效率都较高，进一步提高的空间有限。对于任一种养殖方式，大多数省份都达到技术有效，说明中国生猪养殖对现有技术的潜力已得到充分的挖掘应用，需引进新技术来提高生猪养殖技术水平。相对于3种规模养殖方式，散养的规模无效省份较多，且大部分可通过继续扩大养殖规模提高规模效率水平。相对于其他3个地区，西部地区3种规模养殖生猪的3个效率水平都较高，尤其是纯技术效率都达到1。通过生产前沿面投影分析，技术无效单元在生猪养殖上出现了较大的资源浪费，其中散养和大规模养殖的投入冗余要大于小规模和中规模养殖，说明散养和大规模养殖的技术效率相对较低。

8.2 政策建议

(1) 充分发挥不同养殖规模的优势,构建合理的生猪养殖规模结构。

散养、小规模、中规模和大规模养殖等 4 种生猪养殖方式各有优劣。散养能够充分利用农作物副产品等非常规饲料,配合饲料用量较少,节约了饲料用粮,有利于减缓"人畜争粮"的矛盾,但难以开展技术推广服务和质量监管,抗风险能力较差,导致技术效率较低,养殖效益波动较大,猪肉产品质量得不到保障。而规模养殖有利于技术推广应用、疫病防控与质量监管,养殖成本效益相对稳定,特别是中小规模养殖具有明显的成本效益优势,但需要占用一定的资金、耕地与饲料资源,尤其是大规模养殖如果粪污处理跟不上,还有可能造成严重的环境污染。因此,在中国猪肉需求刚性增长、土地资源有限、粮食长期紧平衡这样一个国情的情况下,养猪业发展应坚持猪场适度规模原则,充分发挥各种养殖规模的优势,因势利导,因地制宜,逐步形成合理的、多元化的生猪养殖规模结构。

鼓励和引导有一定实力的散养户逐步扩大养殖规模,并向中小规模养殖过渡。2000 年以来,中国生猪散养户加速减少,但到 2009 年还有 6 000 多万户,依然十分庞大;与此同时,生猪散养户的养殖规模也在逐步增大,平均从 2002 年的 4.3 头增加到 2009 年的 5.3 头。从 2010 年的规模效率分析来看,中国绝大部分省份的散养处于规模报酬不变或递增阶段,有利于扩大养殖规模。从长远考虑,今后中国生猪散养户还将继续呈现数量加速减少而规模逐步扩大的发展趋势,并与规模养殖形成合作并存的格局。要想完全消灭散养是不现实的,就是在养猪发达的美国,其年存栏 1~99 头生猪的猪场在 2009 年仍高达 70% 左右。因此,任何时候都不应放松对生猪散养户的管理,而应扬长避短,增强散养户的抗风险能力与盈利能力,为散养户扩大养殖规模提供必要的信贷支持,引导其健康发展。

大力发展中小规模养殖,继续增强其在生猪生产中的主体地位。2009 年,中国年出栏量 50~1 000 头的猪场出栏量已占到出栏总量的 39%,如果再加上 1 000~5 000 头的猪场出栏量,累计达到 50% 以上,今后应巩固这一地位，不断提高其生猪生产水平。

适度发展大规模养殖，提升生猪养殖技术与管理水平。在中国生猪养殖技术与经营管理水平不高、土地与饲料资源受限的情况下，应避免盲目发展大规模猪场，尤其是万头以上猪场。要做好科学规划，按照生猪标准化规模养殖示范创建的要求稳步推进大规模猪场建设，并在技术管理水平上下工夫，发挥出明显的规模优势，实现规模经济。

当然，对于散养、小规模、中规模和大规模养殖的划分标准都是相对的，不应一成不变，而要随着农村经济发展和生猪养殖水平的提高而进行调整。

（2）加大科技创新与应用力度，不断提升生猪生产水平。

加快生猪科技进步是推动生猪产业稳定发展、保障猪肉产品有效供给的根本措施。从近10年生猪全要素生产率的分析来看，中国的养猪业总体科技进步不大，中小规模养殖甚至停滞不前，技术推广程度也不均衡。因此，无论从满足猪肉需求的角度，还是从缩小与养猪发达国家差距的角度，中国亟须加强科技创新与应用，提高生猪养殖水平与管理水平。

应重点加强生猪良种繁育技术、营养与饲料配制技术、健康养殖技术、疫病防控技术、环境工程技术、屠宰加工技术以及智能信息技术的研究，提高生猪生产能力与猪场管理水平。种猪和饲料质量的优劣是决定生猪生产性能高低的两个关键因素。目前，中国母猪的繁殖性能和饲料利用率与国外优良品种还有较大差距。例如，我国母猪年产仔数平均16头，而国外养猪发达国家达到22头以上；生猪的饲料转化率在3.1∶1，而国外良种达到2.5∶1。此外，中国生猪的出栏率和个体胴体重都有待提高。优良种猪的选育是一项长期的系统工程，需要国家持续不断地加大科研投入，也需要科研人员持之以恒地开展选育。要将常规的选育技术与先进的生物技术相结合，将国外良种的有序引进和国内猪种资源的有效利用相结合，加速培育适合不同区域条件、不同饲料资源、不同肉质要求的优良品种，提高母猪年产仔数，减少能繁母猪数。要加强早期断奶技术、分段饲养肥育技术、全进全出管理技术、饲料配制技术的研究，促进生猪良种与良法结合，提高生猪生长速度，缩短上市周期，提高生猪出栏率，降低生猪存栏量。针对中国饲料资源尤其是蛋白质饲料的紧缺问题，要加快饲料资源的评价与开发利用，研制针对不同养殖规模、不同饲料类型的饲料配制技术，逐步改变单一使用"玉米—豆粕型日粮"的饲料配制结构，缓解饲料用粮的紧张局面，提高生猪饲料转化率与饲料资源利用率。要加强不同规模养殖猪场的养殖技术、疫病防控技术、环境工程技术以及智能信息技术的协同攻关与集成配套研究，大幅提高生猪规模养殖水平。要加强生猪屠宰加工与贮藏保鲜技术研究，发展冷链物流技术，推行以猪肉运输为主的流通方式，逐步取代以活猪运输为主的格局，大幅降低疫病传染的几率。此外，要根据不同地区、不同养殖规模加强用工数量、仔猪重量、饲料费用等生产要素投入结构的优化研究，合理配置要素资源，提高资源利用率和产出水平。

在研发先进技术的同时，应加快生猪养殖新技术的推广应用，提高生猪养殖水平与技术效率。新技术只有真正应用到生猪生产中，才能发挥其生产力。近几年，中国加强了生猪体外授精技术的应用，加快了品种改良进程。连续开展生猪标准化规模养殖示范创建，带动了生猪规模养殖的发展，提升了生猪规模养殖的技术水平，技术效率明显改善。但对散养生猪的技术推广明显重视不够，其技术效率出现明显的倒退。因此，中国除需继续加强规模养殖的技术推广外，迫切需要加强农村技术推广服务体系网络建设，通过技术培训、专家指导、养殖大户示范带动等各种途径，提高生猪散养户的技术吸收和应用能力，切不可因养猪业向规模化方向转变而忽视散养生猪的技术推广。

（3）创新生产组织形式，加快生猪产业化进程。

要增强猪场特别是生猪散养户抵御市场风险的能力，减少猪肉市场的频繁波动，必须通过建立合理有效的联合协作机制走产业化发展的道路。

鼓励养猪企业、饲料企业或屠宰加工企业延长产业链，发展纵向一体化经营，在其企业内部全部完成饲料生产、种猪繁育、仔猪培育、肉猪肥育、疫病防控、屠宰加工、流通销售等整个产业链，全程监控猪肉生产过程，推行标准化生产，保障猪肉质量安全。

引导有实力的龙头企业，特别是肉类食品屠宰加工企业，与生猪养殖基地或生猪养殖户签订生猪生产合同，以"公司+农户"或"公司+基地+农户"的方式发展一体化经营，形成稳定的利益共同体，增强市场竞争能力和抗风险能力。正如温氏模式①那样，由龙头企业向养殖户提供猪苗、饲料、兽药等投入品以及技术服务，养殖户提供场地、养殖设备、劳动力，并按照企业的标准流程进行饲养，最后将生猪以固定价格出售给企业。这种合同生产方式在中国具有一定的生命力，不仅解决了企业扩大养殖规模的集中用地难题和养殖户抗风险能力弱小的问题，而且可以保障猪肉的质量安全。

扶持各种养猪专业合作社和行业协会的发展，提高生猪养殖户的组织化程度。通过规范经营的养猪合作社或行业协会，建立千家万户的小生产与千变万化的大市场之间的纽带，发挥技术指导、市场引导、协商主导的作用，有效规避市场风险，稳定养殖户的收入。

(4) 有序推动生猪规模养殖区域移动，促进生猪规模养殖合理布局。

养猪业属于耗粮型畜牧业，其发展的重要基础在于上游饲料原料的供给。从节约养猪成本和粮食转化增值的角度，饲料原料丰富的地区具有发展生猪生产的先天优势。但从中国生猪的发展趋势来看，推动生猪规模养殖形成明显区域差异的主要诱因并非资源禀赋条件，而是经济技术水平的差异。因此，要推动生猪规模养殖向资源优势区转移，有必要在资源优势区采取倾斜扶持政策，加大资金投入力度。近10年来，随着发达地区出于环保考虑而对生猪养殖的限制，以及区域经济协调发展、生猪养殖技术的突破等，生猪规模养殖有从东部地区向中部、西部和东北地区转移的趋势，但作为玉米主产区的东北地区规模猪场生猪出栏量所占比重并未明显提高，生猪养殖在东北地区不具有比较优势。推动生猪规模养殖向东北地区较快移动，应作为今后生猪规模养殖的重点政策措施之一。

此外，还要根据各地区生态条件和现有养殖水平，有所侧重地发展生猪生产。东部地区由于经济发达、资本雄厚、科技与管理水平较高，具有发展大规模猪场的有利条件，可以高起点发展大规模猪场，为其他地区发

---

① 温氏模式是由中国养殖企业——广东温氏食品集团股份有限公司创建的"公司+农户"合作饲养模式，即由公司向合作农户统一供应猪苗、饲料、兽药，统一提供技术服务，实行保护价收购，并免费办理生猪保险。在种苗、饲料、药物、技术、生产、销售等整个产业链中，合作农户只负责生产环节，公司可凭借自身强大的财力、物力，将种苗、饲料、药物、技术、管理等环节做大做强。

展大规模养殖探路。而中部和东北地区应重点放在中小规模的生猪养殖。但在西部地区，生猪散养户在2009年仍然占到全国散养户的50%以上，其出栏量占到全国散养户出栏总量的40%以上，特别是西南5个省份的生猪散养户及其出栏量又占到西部地区的85%以上。因此，西部地区特别是西南地区，以丘陵山区为主，不适合发展规模太大的猪场，要着重抓好生猪散养户的发展。

(5) 提高猪场粪污的治理能力，促进生猪规模养殖可持续发展。

从养猪发达国家的发展经验来看，发展生猪规模养殖，必须优先考虑环境的承载率或土地载畜量以及对猪场粪污的有效治理能力，实现生猪粪污的减量化排放、无害化处理和资源化利用。

要根据各地区土地资源和吸纳猪场粪便的能力，按照农牧结合或种养结合的发展思路规划布局养猪场，将其粪便处理转化为有机肥来肥田，实现良性循环，这是处理猪场粪便最经济有效的途径。

要制定和执行严格的养殖业排污限量标准，防止大规模养猪场造成严重的环境污染。中国已制定了一系列的法律法规，对养殖业污染物排放与治理进行规范。国家有关部门要按照法律法规的规定，对规模猪场的建设和粪污排放进行严格监管，对未达标的猪场或违反规定的行为给予惩处。同时，国家应加大环境污染的治理投入，通过排污设施或粪污处理费用的补贴或贴息贷款等措施，帮助规模养殖场减轻因治理粪污而带来生产成本增加的负担，维持其成本效益优势。

要运用科技手段减少猪场粪污。从品种改良角度，要培育生长速度快、饲料转化率高的生猪品种，缩短饲养周期，减少生猪粪污排放总量。从饲养管理角度，要为生猪的生长发育提供适宜的环境条件，充分发挥生猪的生产性能，达到缩短饲养周期、减少粪污排放的目的。从饲料来源角度，可考虑配制平衡全价日粮，提高养分的利用率，如在日粮中添加必需的氨基酸，降低粗蛋白水平，可以减少氮的排放量；添加植酸酶降解植酸磷，可以减少磷的排放量；添加活性炭、沙皂素等除臭剂，可有效控制臭味，降低有害气体的污染。从改进生产工艺角度，通过粪尿干湿分离、干粪堆积发酵等方法对猪场粪尿进行净化处理，将生猪粪便处理转化为有肥料再利用，发展生态型、环保型养猪业。对于规模养猪场，还可通过建设沼气工程，利用粪便废弃物生产沼气能源，同时沼渣沼液还田施肥，从而使猪场粪便得到资源化综合利用。此外，还可生物技术角度，研发自身机体分泌植酸酶的"环保猪"或转植酸酶基因的玉米，提高日粮植酸磷的消化利用率，从而有效降低磷的排泄量。目前，中国已研制成功转植酸酶基因玉米，如进行商业化生产用于饲料，将会产生显著的社会经济效益。

附录 中国加快生猪规模养殖的扶持政策

附录1

国务院关于促进畜牧业持续健康发展的意见
（国发〔2007〕4号）

各省、自治区、直辖市人民政府，国务院各部委各直属机构：

畜牧业是现代农业产业体系的重要组成部分。大力发展畜牧业，对促进农业结构优化升级，增加农民收入，改善人们膳食结构，提高国民体质具有重要意义。"十五"以来，我国畜牧业取得了长足发展，综合生产能力显著提高，肉、蛋、奶等主要畜产品产量居世界前列，畜牧业已经成为我国农业农村经济的支柱产业和农民收入的重要来源，进入了一个生产不断发展、质量稳步提高、综合生产能力不断增强的新阶段。但我国畜牧业发展中也存在生产方式落后，产业结构和布局不合理，组织化程度低，市场竞争力不强，支持保障体系不健全，抵御风险能力弱等问题。当前，我国正处在由传统畜牧业向现代畜牧业转变的关键时期，为做大做强畜牧产业，促进我国畜牧业持续健康发展，现提出如下意见：

一、指导思想、基本原则和总体目标

（一）指导思想。以邓小平理论和"三个代表"重要思想为指导，全面落实科学发展观，深入贯彻党的十六届五中、六中全会精神，坚持"多予少取放活"和"工业反哺农业、城市支持农村"的方针，加快畜牧业增长方式转变，大力发展健康养殖，构建现代畜牧业产业体系，提高畜牧业综合生产能力，保障畜产品供给和质量安全，促进农民持续增收，推进社会主义新农村建设。

（二）基本原则。坚持市场导向，充分发挥市场机制在配置资源中的基础性作用；加强宏观调控，保障畜牧业平稳较快发展。坚持协调发展，推进畜牧业产销一体化经营；优化区域布局，构建优势产业带。坚持依靠科技，鼓励科技创新，推广先进适用技术，加快科技成果转化，促进产业升级，提升畜牧业竞争力。坚持环境保护，推行清洁生产，强化草原资源保护，发展生态畜牧业，实现可持续发展。坚持政府扶持，鼓励多元投入，积极引导社会资本投入畜牧业生产，建立多元化投入机制。

（三）总体目标。到"十一五"末，畜牧业生产结构进一步优化，自主创新能力进一步提高，科技实力和综合生产能力进一步增强，畜牧业科技进步贡献率由目前的50%上升到55%以上，畜牧业产值占农业总产值比重由目前的34%上升到38%以上；良种繁育、动物疫病防控、饲草饲料生产、畜产品质量安全、草原生态保护等体系进一步完善；规模化、标准化、产业化程度进一步提高，畜牧业生产初步实现向技术集约型、资源高效利用型、环境友好型转变。

二、加快推进畜牧业增长方式转变

（四）优化畜产品区域布局。要根据区域资源承载能力，明确区域功能定位，充分发挥区域资源优势，加快产业带建设，形成各具特色的优势畜产品产区。大中城市郊区和经济发达地区要利用资金、技术优势，加快发展畜禽种业和畜产品加工业，形成一批具有竞争优势和知名品牌的龙头企业。东部沿海地区和无规定动物疫病区要加强畜产品出口基地建设，发展外向型畜牧业，提高我国畜产品的国际市场竞争力。中部地区要充分利用粮食和劳动力资源丰富的优势，加快现代畜牧业建设，提高综合生产能力。西部地区要稳步发展草原畜牧业，大力发展特色畜牧业。

（五）加大畜牧业结构调整力度。继续稳定生猪、家禽生产，突出发展牛羊等节粮型草食家畜，大力发展奶业，加快发展特种养殖业。生猪、家禽生产要稳定数量，提高质量安全水平；奶类生产要加强良种奶牛基地建设；肉牛肉羊生产要充分利用好地方品种资源，生产优质牛羊肉。

（六）加快推进健康养殖。转变养殖观念，调整养殖模式，创新生产、经营管理制度，发展规模养殖和畜禽养殖小区，抓好畜禽良种、饲料供给、动物防疫、养殖环境等基础工作，改变人畜混居、畜禽混养的落后状况，改善农村居民的生产生活环境。按照市场需求，加快建立一批标准化、规模化生产示范基地。全面推行草畜平衡，实施天然草原禁牧休牧轮牧制度，保护天然草场，建设饲草基地，推广舍饲半舍饲饲养技术，增强草原畜牧业的发展能力。

（七）促进畜牧业科技进步。加快畜牧兽医高新技术的研究和开发，积极利用信息技术、生物技术，培育畜禽新品种。坚持自主创新与技术引进相结合，不断提高畜牧业发展的技术装备水平。加强基层畜牧技术推广体系建设，加快畜牧业科技成果转化，抓好畜禽品种改良、动物疫病诊断及综合防治、饲料配制、草原建设和集约化饲养等技术的推广。强化畜牧业科技教育和培训，提高畜牧业技术人员和农牧民的整体素质。加强国家基地、区域性畜牧科研中心创新能力建设，支持畜牧业科研、教学单位与企业联合，发展畜牧业高新科技企业。

（八）大力发展产业化经营。鼓励畜产品加工企业通过机制创新，建立基地，树立品牌，向规模化、产业化、集团化、国际化方向发展，提高企业的竞争力，进一步增强带动农民增收的能力。建立健全加工企业与畜牧专业合作组织、养殖户之间的利益联结机制，发展订单畜牧业。鼓励企业开发多元化的畜禽产品，发展精深加工，提高产品附加值。进一步调整畜产品出口结构，实现出口产品、出口类型多元化，不断提高我国畜产品在国际市场的占有份额。要创造条件，扶持和发展畜牧专业合作组织与行业协会，维护其合法权益；专业合作组织和行业协会要加强行业管理及行业自律，规范生产经营行为，维护农民利益。

三、建立健全畜牧业发展保障体系

（九）完善畜禽良种繁育体系。实施畜禽良种工程，建设畜禽改良中心和一批畜禽原种场、基因库，提高畜禽自主繁育、良种供应以及种质资源保护和开发能力，建立符合我国生产实际的畜禽良种繁育体系，普及和推广畜禽良种，提高良种覆盖率。积极推进种畜禽生产企业和科研院所相结合，逐步形成以自我开发为主的育种机制。加快种畜禽性能测定站建设，强化种畜禽质量检测，不断提高种畜禽质量。

（十）构建饲草饲料生产体系。大力发展饲料工业，重点扶持一批有发展潜力的大型饲料企业，提高产业集中度。建立饲料标准试验中心和饲料安全评价系统，制定饲料产品和检测方法标准，强化饲料监测，实现全程监控。加大秸秆饲料、棉菜籽饼等非粮食饲料开发力度，支持蛋白质饲料原料和饲料添加剂研发生产。加快牧草种子繁育基地建设，增强优质草种供应能力。在牧区、半农半牧区推广草地改良、人工种草和草田轮作方式，在农区推行粮食作物、经济作物、饲料作物三元种植结构。加快建立现代草产品生产加工示范基地，推动草产品加工业的发展。

（十一）强化动物疫病防控体系。实施动物防疫体系建设规划，强化动物疫病防控，做好畜禽常见病和多发病的防控工作。做到种畜禽无主要疫病，从源头提高畜禽健康水平。加快无规定动物疫病区建设，逐步实行动物疫病防控区域化管理。加强重大动物疫情监测预警预报，提高对突发重大动物疫病应急处置能力。建立和完善畜禽标识及疫病可追溯体系。对高致病性禽流感、口蹄疫等重大动物疫病依法实行强制免疫。加强兽药质量和兽药残留监控，强化动物卫生执法监督。继续推进兽医管理体制改革，健全基层畜牧兽医技术推广机构，稳定畜牧兽医队伍。

四、加大对畜产品生产流通环节的监管力度

（十二）加强畜产品质量安全生产监管。建立健全畜产品质量标准，强化质量管理，完善检测手段，加大对畜产品质量的检测监控力度。建立畜产品质量可追溯体系，强化畜禽养殖档案管理。实行养殖全过程质量监管，规范饲料、饲料添加剂及兽药的使用，大力发展无公害、绿色、有机畜产品生产。

（十三）加强畜禽屠宰加工环节监管。推行屠宰加工企业分级管理制度，开展畜禽屠宰加工企业资质等级认定工作，扶优扶强。全面开展屠宰加工技术人员和肉品品质检验人员技能培训，继续实行屠宰加工技术人员、肉品品质检验人员持证上岗制度和肉品品质强制检验制度。坚决关闭不符合国家法律法规和相关标准要求的屠宰场（点），严厉打击私屠滥宰及制售注水肉、病害肉等不法行为。

（十四）加强畜产品市场监管。建立统一开放竞争有序的畜产品市场，严禁地区封锁，确保畜产品运销畅通。充分发挥农村经纪人衔接产销的作用，促进畜产品合法流通。落实畜产品市场准入和质量责任追究制度，加大对瘦肉精等违禁药品使用的查处力度，保证上市肉类的质量。加强对液态奶和其他畜产品的市场监管，完善液态奶标识制度。

（十五）加大畜产品进出口管理力度。鼓励畜产品加工企业参与国际市场竞争，按照国际标准组织生产和加工，努力扩大畜产品出口；大力推行"公司＋基地＋标准化"出口畜产品生产加工管理模式。实施出入境检验检疫备案制度。加强对大宗畜产品进口的调控与管理，保护农民利益，维护国内生产和市场稳定。严厉打击走私，有效防止境外畜产品非法入境。强化对进口畜产品的检验检疫，完善检验检测标准与手段，防止疫病和有毒有害物质传入。

五、进一步完善扶持畜牧业发展的政策措施

（十六）完善畜牧业基础设施。逐步加大投资力度，加强畜牧业规模化养殖小区水、电、路等公共基础设施建设，推进畜禽健康养殖。继续实施退牧还草工程，加强西南岩溶地区草地治理，保护和建设草原，加快草业发展。探索建立草原生态补偿机制，维护生态安全。

（十七）扩大对畜牧业的财税支持。各级人民政府和各有关部门要增加资金投入，重点支持畜禽良种推广、种质资源保护、优质饲草基地和标准化养殖小区示范等方面建设，提高资金使用效益，进一步改善畜牧业生产条件。在安排农业综合开发、农业科研、农业技术推广及人畜饮水等专项资金时要对畜牧业发展给予大力支持。继续清理畜禽养殖和屠宰加工环节不合理税费，继续实行对饲料产品的优惠税收政策，减轻养殖农户负担，降低生产成本。"十一五"期间引进优良种畜禽、牧草种子，继续免征进口关税和进口环节增值税。调整完善畜产品出口退税政策。

（十八）加大对畜牧业的金融支持。运用贴息等方式，引导和鼓励各类金融机构增加对畜牧业的贷款。鼓励社会资本参与现代畜牧业建设，建立多元化的融资渠道。金融部门要结合畜牧业发展特点，改善服务，提高效率，探索创新信贷担保抵押模式和担保手段，对符合信贷原则和贷款条件的畜牧业生产者与加工企业提供贷款支持。农村信用社要进一步完善农户小额信用贷款和农户联保贷款制度，支持广大农户发展畜禽养殖。要引导、鼓励和支持保险公司大力开发畜牧业保险市场，发展多种形式、多种渠道的畜牧业保险，加快畜牧业政策性保险试点工作，探索建立适合不同地区、不同畜禽品种的政策性保险制度，增强畜牧业抵御市场风险、疫病风险和自然灾害的能力。

（十九）合理安排畜牧业生产用地。坚持最严格的耕地保护制度，鼓励合理利用荒山、荒地、滩涂等发展畜禽养殖。乡（镇）土地利用总体规划应当根据本地实际情况安排畜禽养殖用地。农村集体经济组织、农民、畜牧业合作经济组织按照乡（镇）土地利用总体规划建立的畜禽养殖场、养殖小区用地按农业用地管理。畜禽养殖场、养殖小区用地使用权期限届满，需要恢复为原用途的，由畜禽养殖场、养殖小区土地使用权人负责恢复。在畜禽养殖场、养殖小区用地范围内需要兴建永久性建（构）筑物，涉及农用地转用的，依照《中华人民共和国土地管理法》的规定办理。

六、加强对畜牧业工作的组织领导

（二十）把发展畜牧业摆在重要位置。地方各级人民政府要把扶持畜牧业持续健康发展列入重要议事日程，制定畜牧业发展规划，并纳入当地经济和社会发展规划，认真组织实施。要加强调查研究，及时解决畜牧业发展中遇到的各种矛盾和问题。各级畜牧兽医主管部门要充分发挥其规划、指导、管理、监督、协调、服务的职能作用；其他各有关部门要各司其职，密切配合，通力合作，共同促进畜牧业持续健康发展。

（二十一）依法促进畜牧业发展。各地区、各部门要深入学习宣传和贯彻实施畜牧法、草原法及动物防疫法等法律法规，落实支持畜牧业发展的各项措施。加大普法力度，提高生产经营者的法律意识。加强行政执法体系建设，不断提高依法行政能力和水平。

（二十二）做好信息引导工作。建立健全畜牧信息收集、分析和发布制度，加强对畜牧业生产的预测预警，及时发布市场信息，指导生产者合理安排生产，促进畜产品的均衡上市，防止畜产品价格大起大落。要发挥舆论导向作用，正确引导畜产品健康消费，扩大消费需求。

国务院
二〇〇七年一月二十六日

附录 2

国务院关于促进生猪生产发展稳定市场供应的意见
（国发〔2007〕22 号）

各省、自治区、直辖市人民政府、国务院各部委、各直属于机构：

受前几年生猪价格过低、去年以来饲养成本上升和部分地区发生猪蓝耳病疫情等因素的影响，我国生猪生产出现下滑，造成近几个月猪肉供应偏紧，价格出现较大幅度上涨。生猪生产是农业的重要组成部分，猪肉是大多数城乡居民的主要副食品。抓好生猪生产，保持合理的价格水平，对稳定市场供应、满足消费需求、增加农民收入、促进经济发展具有重要意义。各地区、各有关部门必须立足当前，着眼长远，在切实搞好市场供应的同时，建立保障生猪生产稳定发展的长效机制，调动养殖户（场）的养猪积极性，从根本上解决生猪生产、流通、消费和市场调控方面存在的矛盾和问题。现就促进生猪生产发展和稳定市场供应工作提出以下意见：

一、加大对生猪生产的扶持力度

发展生产是稳定市场供应的基础，要立足国内，采取综合有效的政策措施，促进生猪生产尽快恢复，满足人民群众的生活需要。

（一）建立能繁母猪补贴制度。为了保护能繁母猪生产能力，国家按每头 50 元的补贴标准，对饲养能繁母猪的养殖户（场）给予补贴。各地要抓紧制订具体方案，尽快将中央财政下拨和地方配套的补贴资金发放到能繁母猪饲养者手中。有条件的地方可适当提高补贴标准。

（二）积极推进能繁母猪保险工作。为有效降低养殖能繁母猪的风险，鼓励能繁母猪生产，国家建立能繁母猪保险制度，保费由政府负担 80%，养殖户（场）负担 20%。中央财政对中西部地区给予差别补助。各地要积极支持保险机构开展能繁母猪保险业务，鼓励养殖户（场）投保，防范疫病等风险。今后要在总结能繁母猪保险工作的基础上，逐步开展生猪保险，并建立保险与补贴相结合的制度。

（三）完善生猪良种繁育体系。各地要增加投入，加快原良种猪场建设，提高良种覆盖率。国家对重点原良种猪场、扩繁场、省级生猪改良繁育中心给予适当支持。在生猪主产区推广良种猪人工授精技术，促进生猪品种改良。国家对购买良种猪精液给予补助。

（四）建立对生猪调出大县（农场）的奖励政策。为充分调动地方发展规模化生猪生产的积极性，国家对生猪调出大县（农场）给予适当奖励。奖励资金要专项用于改善生猪生产条件，加强防疫服务和贷款风险、保费的补助等方面。

（五）扶持生猪标准化规模饲养。实行标准化规模饲养是生猪生产的发展方向。地方各级人民政府要采取措施，鼓励大型标准化生猪养殖场的建设，引导农民建立养殖小区，降低养殖成本，改善防疫条件，提高生猪生产能力。国家对标准化规模养猪场（小区）的粪污处理和沼气池等基础设施建设给予适当支持。

（六）加快农村信用担保体系建设。要鼓励信用担保和保险机构扩大业务范围，采取联户担保、专业合作社担保等多种方式，为规模养殖场和养殖户贷款提供信用担保和保险服务，解决养猪"贷款难"问题。银行业金融机构要对标准化规模养殖场的贷款给予重点支持。地方财政要对担保机构的生猪贷款风险给予必要的补助。

二、建立和完善生猪的公共防疫服务体系

（一）强化生猪防疫。要坚持预防为主，免疫与扑杀相结合，控制生猪疫情。对列入国家一类动物疫病和高致病性猪蓝耳病实行免费强制免疫，所需疫苗经费由中央财政和地方财政共同负担，中央财政对不同地区给予差别补助。对注射疫苗等其他防疫费用，由地方各级人民政府列入财政预算予以保证。对因防疫需要组织扑杀的生猪，各地要参照口蹄疫扑杀补助标准和负担办法给养殖户（场）补助。对病死猪要坚决做到不准宰杀、不准食用、不准出售、不准转运，必须进行无害化处理。

（二）加强疫情监测和疫苗生产供应。要严格疫情的监测与报告制度，及时掌握疫情的发展趋势。要扩大高致病性猪蓝耳病等疫苗的生产，满足防疫需要。要把种猪和母猪作为免疫重点，组织好疫苗的调拨，优先保证疫情较重地区的疫苗供应。要加强对疫苗生产、供应和使用环节的监督管

理，确保疫苗质量和使用安全。

三、加强市场调节和监管工作

（一）做好主要副食品供应工作。由于生猪生产恢复需要一段时间，做好今年下半年生猪等副食品供应工作任务相当艰巨。各地要完善稳定猪肉供应的应急预案，切实保障猪肉供应不断档、不脱销。同时，要抓好牛羊肉以及生产周期短、替代性强的禽肉和禽蛋等副食品生产，满足市场需要。为保障今年下半年特别是中秋、国庆"两节"猪肉供应，猪肉主销区省、直辖市及沿海大中城市要将地方储备充实到不低于当地居民7天消费量。充实储备工作由商务部会同财政部负责组织。加强猪肉产销区衔接合作，健全应急调运机制，落实鲜活农产品"绿色通道"政策，降低运输成本。引导大中城市居民食用冷鲜（冻）猪肉，科学消费，促进猪肉冷链物流的发展。

（二）加强猪肉及其制品的市场、质量和价格监管。要进一步落实各项监管措施，防止注水肉、病死猪肉、未经检疫检验或检疫检验不合格的猪肉进入市场，严厉查处违法经营、囤积居奇、哄抬价格等破坏市场秩序的行为。清理整顿生猪屠宰、销售过程中的各项收费，取缔非法收费，减轻经营企业（户）的不合理负担。

四、妥善安排低收入群体和大中专院校学生的生活

各地要根据猪肉等副食品价格上涨情况，采取适当提高低保标准、发放临时补贴等措施，确保低收入居民生活水平不降低。要保障大中专院校食堂肉类供应，采取定点直供、适当补贴等措施，稳定学生食堂饭菜价格。对家庭经济困难的学生给予必要的补助。

五、完善猪肉储备体系

建立健全中央与地方相结合的猪肉储备制度。中央储备主要满足应对突发事件和救灾的需要；地方储备主要用于局部应急和保证节日市场供应。要发挥储备的蓄水池作用，完善储备调节功能，在市场供大于求、猪价过低时，要增加储备数量，缓解农民"卖猪难"的矛盾；在市场供不应

求、猪价过高时，要增加投放。

六、改进生猪等畜禽产品生产消费统计工作

国家统计局要组织各地调查总队开展以生猪为主的主要畜禽生产抽样调查，直接上报汇总，分季定产，减少统计误差；在城市、农村住户调查中要增加相应的畜禽品种，提供更全面的住户消费量和消费价格信息。农业部要加强生猪生产信息的分析和预警。商务部要完善生猪屠宰量和猪肉等畜禽产品市场销售量的调查统计。发展改革委要进一步加强对生猪等副食品的成本调查和价格监测统计工作。

七、正确引导社会舆论

各级人民政府和有关部门要完善新闻发布制度，科学、准确、及时地发布有关信息，引导新闻媒体全面客观准确报道猪肉等副食品市场供应、价格和质量安全情况，正确分析猪肉价格上涨的原因，大力宣传政府扶持生产发展、稳定市场供应、妥善安排低收入居民生活和稳定大中专院校学生食堂饭菜价格、加大资助家庭经济困难学生力度等措施。新闻媒体要按照有关部门发布的信息报道，引导社会各方面客观看待猪肉价格上涨的影响，理性对待市场价格变化。要加强正面报道，主动引导舆论，防止不当炒作，努力形成和谐健康的舆论氛围。

八、加强对生猪生产供应工作的领导

发展生猪生产、稳定市场供应的主要责任在地方人民政府。各地区要提高对生猪生产重要性的认识，全面落实"菜篮子"市长（行政领导）负责制的各项要求，抓紧实施促进生猪生产的各项政策措施，妥善解决生猪生产基地建设、品种改良、母猪猪群保护、疫病防治、保险体系建设、贷款担保、屠宰加工、市场供应、质量价格监管、储备制度、应急机制等方面的矛盾和问题，尽快促进生猪生产的恢复。各城市要在郊区县建立大型生猪养殖场，保持必要的养猪规模和猪肉自给率。任何地方不得以新农村建设或整治环境为由禁止和限制生猪饲养。发展改革、财政、农业、商务、工商、质检、统计、银监、保监等国务院相关部门要各负其责，根据

本意见明确的各项政策措施，抓紧制定相应的配套文件，尽快将政策落到实处。同时，各有关部门要密切配合，加强信息沟通和监督检查，指导地方切实抓好生猪生产、供应和价格稳定工作。

国务院
二〇〇七年七月三十日

附录3

国务院办公厅关于进一步扶持生猪生产稳定市场供应的通知（国办发明电〔2007〕53号）

各省、自治区、直辖市人民政府，国务院各部委、各直属机构：

2007年7月份，国务院印发了《关于促进生猪生产发展稳定市场供应的意见》（国发〔2007〕22号），出台了一系列促进生猪生产发展的政策措施，包括实施能繁母猪补贴，启动母猪政策性保险，完善生猪良种繁育体系，支持标准化规模养殖场建设，给予生猪调出大县奖励，建立健全生猪疫病防控体系等。这些政策措施的落实，调动了广大农民发展养猪业的积极性，生猪生产正在逐步恢复，生猪存栏上升，母猪补栏增加，规模养猪发展加快，猪肉市场货源充足。

但是，目前生猪生产仍存在生产成本较高、养殖比较效益下降、部分养殖户贷款难、防疫任务艰巨、环保压力大等问题，少数地区地方配套资金不落实、不到位，扶持资金使用不透明、不合规，对生猪生产的恢复发展造成不利影响。近一段时期特别是10月下旬以来，猪肉价格出现反弹回升并持续高位运行，成为影响我国居民消费价格水平上涨的一个重要因素。为解决上述问题，进一步扶持生猪生产发展，建立和完善保障生猪生产稳定发展的机制，满足城乡居民消费需求，经国务院同意，现就有关事项通知如下：

一、加大能繁母猪补贴政策支持力度

抓好能繁母猪生产是保持生猪生产持续发展的基础和前提。要稳定现行能繁母猪补贴政策，提高补贴标准，在本年度对养殖户（场）饲养的能繁母猪每头补贴 50 元的基础上，下一年度（2008 年 7 月 1 日至 2009 年 6 月 30 日）每头补贴增加到 100 元。

二、继续推进能繁母猪保险

坚持实施能繁母猪保险政策，在总结经验的基础上，逐步完善保险政策和办法。现阶段要保持政策稳定，对母猪保险实行单独核算，保额、保费和政府补助标准暂不调整。各有关保险公司要继续加大工作力度，努力扩大保险覆盖面，力争能繁母猪"应保尽保"。各级财政部门要加大工作力度，及时将财政配套保险补助资金落实到位。

三、继续扶持生猪规模养殖

规模养殖是生猪生产发展的趋势。2008 年，中央财政继续安排 25 亿元资金扶持一批生猪标准化规模饲养场（小区）基础设施特别是粪污处理设施建设。农村户用沼气建设项目的安排要考虑发展生猪生产的因素，在资金分配上向生猪养殖重点地区倾斜。

四、继续实行生猪良种补贴政策

2008 年，中央财政继续安排资金，对生猪良种场建设和开展人工授精所需的良种猪精液给予补贴，推进生猪品种改良。农业和财政部门要进一步做好补贴项目的组织实施工作。

五、继续对生猪调出大县给予奖励

2008 年，国家继续实行生猪调出大县奖励政策。要及时总结经验，完善对生猪调出大县奖励资金的分配和使用办法，建立动态监测制度，确保把资金管好用好，切实发挥奖励资金的引导和带动作用。

六、切实抓好生猪防疫工作

继续抓好生猪强制免疫和高致病性猪蓝耳病等疫病的防控工作，安排好疫苗的生产、调拨和供应，满足防疫需要。进一步完善生猪防疫扑杀政策。为解决母猪因疫病扑杀与意外死亡补偿标准不一致的问题，从2008年开始，对已投保的能繁母猪，因发生疫病需要扑杀的，除由财政按国家规定的标准给予补助外，与保额之间的差额部分由保险公司予以赔付。各地要加强基层防疫体系建设，健全村级动物防疫员队伍，并给予必要的经费补助。

七、严格控制饲料价格上涨

有关部门要抓紧做好中央储备玉米对销区的调运和拍卖工作，控制饲料价格上涨，降低生猪生产成本。

八、继续加大信贷支持力度

银行业金融机构要加强和改进对发展生猪生产的金融服务，加大生猪产业链各环节信贷资金的投放力度，切实解决贷款难问题。要不断创新抵押担保方式，积极探索支农信贷的有效方式。

九、继续落实规模化畜禽养殖用地政策

各地区要进一步明确促进规模化养殖用地的政策，提高工作效率，切实解决发展规模化养殖用地需要，将农村集体经济组织、农民、畜牧业合作经济组织兴办规模化畜禽养殖场所需用地按农用地管理。

十、加强市场调节和监管工作

各地区要加强猪肉等"菜篮子"商品的货源组织、采购和投放工作，完善市场供应应急预案，切实保障主要副食品供应不断档、不脱销。尤其要做好2008年元旦、春节"两节"期间的猪肉供应工作。猪肉主销区省、直辖市及沿海大中城市要继续做好地方储备的充实工作。进一步健全中央与地方相结合的猪肉储备制度，完善储备调节功能。工商、质检、物价等有关部门要进一步落实猪肉市场监管的各项制度措施，严厉查处各类违法经营、囤积居奇、哄抬价格等破坏市场秩序的行为，防止注水肉、病死肉等不合格猪肉进入市场。加强猪肉产销区衔接工作，健全应急调运机制，落实鲜活农产品"绿色通道"政策，降低生猪运输成本。

十一、妥善安排好低收入群体和大中专院校学生的生活

各地区、各有关部门要抓紧落实提高企业退休人员基本养老金水平、失业保险金标准、最低工资标准、最低生活保障补助水平和给予高校学生食堂补贴等政策措施,有条件的地方还可以根据当地物价变动情况,再适当提高城市居民最低生活保障补助水平,保证困难群众生活水平不因物价上涨而降低。

十二、建立健全生猪生产预警监测体系和信息报送与发布机制

抓紧研究建立生猪生产预警监测体系,加强部门信息沟通,整合信息资源,建立统一、高效、权威、准确、反应迅速的信息报送与发布机制,及时提供准确、全面、客观的生猪生产、市场供应和价格信息。

十三、进一步加强组织领导

发展生猪生产、稳定生猪和猪肉价格,是控制副食品价格上涨、防止通胀的重要措施。各地区、各有关部门要从加强和改善宏观调控的大局出发,继续狠抓各项促进生猪生产、稳定市场价格政策措施的落实。切实落实"菜篮子"市长(行政领导)负责制,并尽快采取有效措施扶持本地区的生猪生产,切实保障市场供应。任何地方不得以新农村建设或整治环境为由禁止和限制生猪饲养。国务院各有关部门要抓好配套政策措施的制定和落实工作,同时进一步加强监督检查,督促、指导各地不折不扣地把政策落到实处,并注意研究解决政策落实中出现的新情况和新问题。

国务院办公厅
二〇〇七年十二月二十日

附录 4

国土资源部和农业部关于促进规模化畜禽养殖有关用地政策的通知(国土资发〔2007〕220 号)

各省、自治区、直辖市及新疆建设生产兵团国土资源厅(国土环境资源厅、国土资源局、国土资源和房屋管理局、房屋土地管理局),畜牧兽医

（农业、农牧、农林）厅（局、办、委）：

随着我国畜牧业的发展，饲养方式和结构发生了很大变化，规模化养殖对用地提出了新的要求。为贯彻落实《国务院关于促进生猪生产发展稳定市场供应的意见》（国发［2007］22号）和《国务院关于切实落实政策保证市场供应维护副食品价格稳定的紧急通知》（国发明电［2007］1号）精神，促进规模化畜禽养殖发展，现就用地有关问题通知如下：

一、统筹规划，合理安排养殖用地

（一）县级畜牧主管部门要依据上级畜牧业发展规划和本地畜牧业生产基础、农业资源条件等，编制好县级畜牧业发展规划，明确发展目标和方向，提出规模化畜禽养殖及其用地的数量、布局和规模要求。

（二）在当前土地利用总体规划尚未修编的情况下，县级国土资源管理部门对于规模化畜禽养殖用地实行一事一议，依照现行土地利用规划，做好用地论证等工作，提供用地保障。下一步新一轮土地利用总体规划修编时，要统筹安排，将规模化畜禽养殖用地纳入规划，落实养殖用地，满足用地需求。

（三）规模化畜禽养殖用地的规划布局和选址，应坚持鼓励利用废弃地和荒山荒坡等未利用地、尽可能不占或少占耕地的原则，禁止占用基本农田。各地在土地整理和新农村建设中，可以充分考虑规模化畜禽养殖的需要，预留用地空间，提供用地条件。任何地方不得以新农村建设或整治环境为由禁止或限制规模化畜禽养殖。积极推行标准化规模养殖，合理确定用地标准，节约集约用地。

（四）规模化畜禽养殖用地确定后，不得擅自将用地改变为非农业建设用途，防止借规模化养殖之机圈占土地进行其他非农业建设。

二、区别不同情况，采取不同的扶持政策

（一）本农村集体经济组织、农民和畜牧业合作经济组织按照乡（镇）土地利用总体规划，兴办规模化畜禽养殖所需用地按农用地管理，作为农业生产结构调整用地，不需办理农用地转用审批手续。

（二）其他企业和个人兴办或与农村集体经济组织、农民和畜牧业合作经济组织联合兴办规模化畜禽养殖所需用地，实行分类管理。畜禽舍等生产设施及绿化隔离带用地，按照农用地管理，不需办理农用地转用审批手续；管理和生活用房、疫病防控设施、饲料储藏用房、硬化道路等附属设施，属于永久性建（构）筑物，其用地比照农村集体建设用地管理，需依法办理农用地转用审批手续。

（三）办理农用地转用审批手续所需的用地计划指标，今年要从已下达的计划指标中调剂解决，以后要在年度计划中予以安排；占用耕地的，原则上由养殖企业或个人负责补充，有条件的，也可由县级人民政府实施的投资项目予以扶持。

三、简化程序，及时提供用地

（一）申请规模化畜禽养殖的企业或个人，无论是农村集体经济组织、农民和畜牧业合作经济组织还是其他企业或个人，需经乡（镇）人民政府同意，向县级畜牧主管部门提出规模化养殖项目申请，进行审核备案。

（二）本农村集体经济组织、农民和畜牧业合作经济组织申请规模化畜禽养殖的，经县级畜牧主管部门审核同意后，乡（镇）国土所要积极帮助协调用地选址，并到县级国土资源管理部门办理用地备案手续。涉及占用耕地的，要签订复耕保证书，原则上不收取保证金或押金；原址不能复耕的，要依法另行补充耕地。

（三）其他企业或个人申请规模化畜禽养殖的，经县级畜牧主管部门审核同意后，县（市）、乡（镇）国土资源管理部门积极帮助协调用地选址，并到县级国土资源管理部门办理用地备案手续。其中，生产设施及绿化隔离带用地占用耕地的，应签订复耕保证书，原址不能复耕的，要依法另行补充耕地；附属设施用地涉及占用农用地的，应按照规定的批准权限和要求办理农用地转用审批手续。

（四）规模化畜禽养殖用地要依据《农村土地承包法》、《土地管理法》等法律法规和有关规定，以出租、转包等合法方式取得，切实维护好土地所有权人和原使用权人的合法权益。县级国土资源管理部门在规模化畜禽养殖用地有关手续完备后，及时做好土地变更调查和登记工作。因建设确需占用规模化畜禽养殖用地的，应根据规划布局和养殖企业或个人要求,重新相应落实新的养殖用地,依法保护养殖企业和个人的合法权益。

四、通力合作,共同抓好规模化畜禽养殖用地的落实

(一)各地要依据法律法规和本通知的有关规定,结合本地实际情况,认真调查研究,进一步完善有关政策,细化有关规定,积极为规模化畜禽养殖用地做好服务。

(二)各级国土资源管理部门和畜牧主管部门要在当地政府的组织领导下,各司其职,加强沟通合作,及时研究规模化畜禽养殖中出现的新情况、新问题,不断完善相应政策和措施,促进规模化畜禽养殖的健康发展。

(三)各地在贯彻落实本通知中遇到的问题,要及时报国土资源部和农业部。

中华人民共和国国土资源部、中华人民共和国农业部
二〇〇七年九月二十一日

附录5

农业部关于加快推进畜禽标准化规模养殖的意见
(农牧发〔2010〕6号)

各省(自治区、直辖市)及计划单列市畜牧兽医(农业、农牧)局(厅、委、办),新疆生产建设兵团畜牧兽医局:

畜禽标准化规模养殖是现代畜牧业发展的必由之路。为深入贯彻中央经济工作会议关于加快经济发展方式转变和中央1号文件关于加快畜禽养殖标准化、规模化的精神,进一步发挥标准化规模养殖在规范畜牧业生产、保障畜产品有效供给、提升畜产品质量安全水平中的重要作用,推进畜牧业生产方式尽快由粗放型向集约型转变,促进现代畜牧业持续健康平稳发展,现提出以下意见:

一、加快推进标准化规模养殖的必要性和紧迫性

近年来,我国畜牧业取得长足发展,肉类、禽蛋产量连续多年稳居世

界第一,畜牧业产值约占农业总产值的比重达36%。畜牧业发展对于保障畜产品有效供给、促进农民增收作出了重要贡献。当前,我国畜牧业正处于向现代畜牧业转型的关键时期,各种矛盾和问题凸显:生产方式落后,畜产品质量存在安全隐患,疫病防控形势依然严峻,大宗畜产品市场波动加剧,低水平规模饲养带来的环境污染日趋加重。这些问题的存在,已不能适应全社会对于畜产品有效供给和质量安全、公共卫生安全以及生态环境安全的要求,成为制约现代畜牧业可持续发展的瓶颈。

发展畜禽标准化规模养殖,是加快生产方式转变,建设现代畜牧业的重要内容。这几年来,在中央生猪、奶牛标准化规模养殖等扶持政策的推动下,各地标准化规模养殖加快发展,生猪和蛋鸡规模化比重分别达60%和76.9%,已成为畜产品市场有效供给的重要来源。加快推进畜禽标准化规模养殖,有利于增强畜牧业综合生产能力,保障畜产品供给安全;有利于提高生产效率和生产水平,增加农民收入;有利于从源头对产品质量安全进行控制,提升畜产品质量安全水平;有利于有效提升疫病防控能力,降低疫病风险,确保人畜安全;有利于加快牧区生产方式转变,维护国家生态安全;有利于畜禽粪污的集中有效处理和资源化利用,实现畜牧业与环境的协调发展。

当前,畜禽标准化规模养殖仍然面临规模养殖比重低、标准化水平不高、粪污处理压力大等问题的挑战。因此,当务之急必须立足当前,着眼长远,加快畜牧业生产方式转变,继续深入推进标准化规模养殖,以规模化带动标准化,以标准化提升规模化,逐步形成畜禽标准化规模养殖发展新格局。各级畜牧兽医主管部门要切实增强加快推进畜禽标准化规模养殖的责任感和紧迫感,加大工作力度,创新工作举措,全力推进畜禽标准化规模养殖加快发展。

二、指导思想与目标

当前和今后一个时期,推进标准化规模养殖的指导思想是:深入贯彻落实科学发展观,进一步加大政策引导和扶持力度,以农牧结合、适度规模为基础,以标准化生产为核心,以畜禽养殖标准化示范创建为载体,创新体制机制,努力实现畜产品供需基本平衡、生产水平明显提高、养殖效益稳定增加、畜产品质量安全可靠、资源开发利用适度、生态环境友好和谐的综合目标，推动现代畜牧业又好又快发展。

力争到2015年，全国畜禽规模养殖比重在现有基础上再提高10-15个百分点，其中标准化规模养殖比重占规模养殖场的50%，畜禽标准化规模养殖场的排泄物实现达标排放或资源化利用，重大动物疫病防控能力显著增强，畜产品质量安全水平明显提升。

三、加强标准化规模养殖的规划布局

畜禽标准化规模养殖是一项长期的系统工程，必须认真谋划、扎实推进。要把畜禽标准化规模养殖建设规划，列入畜牧业发展"十二五"规划统筹考虑，同时兼顾与全国生猪、奶牛、肉牛和肉羊优势区域布局规划相结合，与当地国民经济与社会发展计划、与种植业布局规划相衔接。要因地制宜，分类指导，农区要把种养结合、适度规模养殖作为主推方向，牧区要大力推进现代生态型家庭牧场建设。各地要从实际出发，根据不同区域特点，综合考虑当地饲草料资源条件、土地粪污消纳能力、经济发展水平等因素，认真理清发展思路，明确发展目标，发挥比较优势，形成各具特色的标准化规模生产格局。要按照国土资源部、农业部《关于促进规模化畜禽养殖用地政策的通知》（国土资发〔2007〕220号）要求，确保规模养殖用地；按照《草原法》有关规定，把人工饲草料用地纳入草原建设保护利用规划，确保牧区现代生态型家庭牧场人工饲草料用地。

四、大力推行畜禽标准化生产

畜禽标准化生产，就是在场址布局、栏舍建设、生产设施配备、良种选择、投入品使用、卫生防疫、粪污处理等方面严格执行法律法规和相关标准的规定，并按程序组织生产的过程。各地畜牧兽医主管部门要围绕重点环节，着力于标准的制修订、实施与推广，达到"六化"，即：畜禽良种化，养殖设施化，生产规范化，防疫制度化，粪污处理无害化和监管常态化。要因地制宜，选用高产优质高效畜禽良种，品种来源清楚、检疫合格，实现畜禽品种良种化；养殖场选址布局应科学合理，符合防疫要求，

畜禽圈舍、饲养与环境控制设备等生产设施设备满足标准化生产的需要，实现养殖设施化；落实畜禽养殖场和小区备案制度，制定并实施科学规范的畜禽饲养管理规程，配制和使用安全高效饲料，严格遵守饲料、饲料添加剂和兽药使用有关规定，实现生产规范化；完善防疫设施，健全防疫制度，加强动物防疫条件审查，有效防止重大动物疫病发生，实现防疫制度化；畜禽粪污处理方法得当，设施齐全且运转正常，达到相关排放标准，实现粪污处理无害化或资源化利用；依照《畜牧法》、《饲料和饲料添加剂管理条例》、《兽药管理条例》等法律法规，对饲料、饲料添加剂和兽药等投入品使用，畜禽养殖档案建立和畜禽标识使用实施有效监管，从源头上保障畜产品质量安全，实现监管常态化。各地要建立健全畜禽标准化生产体系，加强关键技术培训与指导，加快相关标准的推广应用步伐，着力提升畜禽标准化生产水平。

五、推进标准化规模养殖的产业化经营

标准化规模养殖与产业化经营相结合，才能实现生产与市场的对接，产业上下游才能贯通，畜牧业稳定发展的基础才更加牢固。近年来，产业化龙头企业和专业合作经济组织在发展标准化规模养殖方面取得了不少成功的经验。要继续发挥龙头企业的市场竞争优势和示范带动能力，鼓励龙头企业建设标准化生产基地，开展生物安全隔离区建设，采取"公司＋农户"等形式发展标准化生产。积极扶持畜牧专业合作经济组织和行业协会的发展，充分发挥其在技术推广、行业自律、维权保障、市场开拓方面的作用，实现规模养殖场与市场的有效对接。各地畜牧兽医主管部门要加强信息引导和服务，鼓励产区和销区之间建立产销合作机制，签订长期稳定的畜产品购销协议；鼓励畜产品加工龙头企业、大型批发市场、超市与标准化规模养殖场户建立长期稳定的产销合作关系，并推动标准化规模养殖场上市畜产品的品牌创建，努力实现生产上水平、产品有出路、效益有保障。

六、突出抓好畜禽养殖污染的无害化处理

近年来，我国畜牧业发展对生态环境的影响日益显现，一些地方畜禽养殖污染势头加剧。2007年畜禽粪污化学需氧量（COD）排放量达到1 268.3万吨，占全国COD总排放量的41.9%。各地要坚持一手抓畜牧业发展，一手抓畜禽养殖污染防治，正确处理好发展和环境保护的关系。抓紧出台畜禽养殖废弃物综合防治规划，突出减量化、无害化和资源化的原则，把畜禽养殖废弃物防治作为标准化规模养殖的重要内容，总结推广养殖废弃物综合防治和资源化利用的有效模式。要结合各地实际情况，采取不同处理工艺，对养殖场实施干清粪、雨污分流改造，从源头上减少污水产生量；对于具备粪污消纳能力的畜禽养殖区域，按照生态农业理念统一筹划，以综合利用为主，推广种养结合生态模式，实现粪污资源化利用，发展循环农业；对于畜禽规模养殖相对集中的地区，可规划建设畜禽粪便处理中心（厂），生产有机肥料，变废为宝；对于粪污量大而周边耕地面积少，土地消纳能力有限的畜禽养殖场，采取工业化处理实现达标排放。各地在抓好畜禽粪污治理的同时，要按有关规定做好病死动物的无害化处理。

七、积极开展畜禽养殖标准化示范创建活动

典型引路、示范带动是加快推进畜禽标准化规模养殖的有效途径。2010年起，我部将启动实施畜禽养殖标准化示范创建活动，以生猪、奶牛、蛋鸡、肉鸡、肉牛和肉羊为重点，在主产区试点基础上逐步扩大至全国，通过政策扶持、宣传培训、技术引导、示范带动，发挥标准化示范场在标准化生产、动物防疫条件管理、安全高效饲料推广、畜禽粪污处理和产业化经营等方面的示范带动作用，全面推进畜禽标准化规模养殖进程。各有关省区要按照要求认真组织实施本地区的示范创建工作，科学制订实施方案，细化分解工作任务，加强宣传发动，积极营造广泛参与的良好氛围；成立创建专家组，加强对参与创建单位的技术培训与指导，帮助解决创建过程中遇到的技术难题；切实组织好评审验收工作，确保创建活动公正、公平、公开，验收达标的养殖场授予"农业部生猪（或奶牛、蛋鸡、肉鸡、肉牛、肉羊）标准化示范场"称号。各地要加强对标准化示范场的监督管理与指导，及时总结经验，确保创建成效。同时有条件的地区可结合本地实际，组织开展多种形式的示范推广。

八、切实加强推进标准化规模养殖的组织领导

发展标准化规模养殖是加快畜牧业生产方式转变的根本抓手。各级畜牧兽医主管部门要进一步提高认识，统一思想，切实把发展畜禽标准化规模养殖作为当前和今后一个时期建设现代畜牧业的重中之重，明确责任，强化措施，做到发展有思路、建设有重点、考核有指标。国家扶持畜禽标准化规模养殖的政策资金优先向示范场倾斜。各地要落实好生猪、奶牛标准规模养殖场（小区）建设和大中型沼气建设等项目，积极争取地方政府政策和资金支持，加强对畜禽标准化规模养殖场（小区）基础设施建设，扶持大中型畜禽养殖企业利用沼气等方式进行粪污处理，提高畜禽粪污集约化处理和利用能力。要充分利用各种新闻媒体，大力宣传标准化规模养殖的重要意义，推广各地发展标准化规模养殖的成功经验，普及标准化生产知识，增强广大养殖场户的标准化意识。发挥畜牧兽医技术支撑机构、科研院所、产业技术体系和行业协会的技术优势，广泛开展标准化生产培训与指导，提高畜禽标准化生产水平。

各地畜牧兽医主管部门要按照本意见精神，制定具体工作措施，细化目标任务，切实抓好组织落实，全力推进我国畜禽标准化规模养殖实现新的跨越。

附录6

畜禽养殖业污染防治技术政策

一、总则

（一）为防治畜禽养殖业的环境污染，保护生态环境，促进畜禽养殖污染防治技术进步，根据《中华人民共和国环境保护法》、《中华人民共和国水污染防治法》、《中华人民共和国固体废物污染防治法》、《中华人民共和国大气污染防治法》、《中华人民共和国畜牧法》等相关法律，制定本技术政策。

（二）本技术政策适用于中华人民共和国境内畜禽养殖业防治环境污染，可作为编制畜禽养殖污染防治规划、环境影响评价报告和最佳可行技术指南、工程技术规范及相关标准等的依据，指导畜禽养殖污染防治技术的开发、推广和应用。

（三）畜禽养殖污染防治应遵循发展循环经济、低碳经济、生态农业与资源化综合利用的总体发展战略，促进畜禽养殖业向集约化、规模化发展，重视畜禽养殖的温室气体减排，逐步提高畜禽养殖污染防治技术水平，因地制宜地开展综合整治。

（四）畜禽养殖污染防治应贯彻"预防为主、防治结合，经济性和实用性相结合，管理措施和技术措施相结合，有效利用和全面处理相结合"的技术方针，实行"源头削减、清洁生产、资源化综合利用，防止二次污染"的技术路线。

（五）畜禽养殖污染防治应遵循以下技术原则：

1. 全面规划、合理布局，贯彻执行当地人民政府颁布的畜禽养殖区划，严格遵守"禁养区"和"限养区"的规定，已有的畜禽养殖场（小区）应限期搬迁；结合当地城乡总体规划、环境保护规划和畜牧业发展规划，做好畜禽养殖污染防治规划，优化规模化畜禽养殖场（小区）及其污染防治设施的布局，避开饮用水水源地等环境敏感区域。

2. 发展清洁养殖，重视圈舍结构、粪污清理、饲料配比等环节的环境保护要求；注重在养殖过程中降低资源耗损和污染负荷，实现源头减排；提高末端治理效率，实现稳定达标排放和"近零排放"。

3. 鼓励畜禽养殖规模化和粪污利用大型化和专业化，发展适合不同养殖规模和养殖形式的畜禽养殖废弃物无害化处理模式和资源化综合利用模式，污染防治措施应优先考虑资源化综合利用。

4. 种、养结合，发展生态农业，充分考虑农田土壤消纳能力和区域环境容量要求，确保畜禽养殖废弃物有效还田利用，防止二次污染。

5. 严格环境监管，强化畜禽养殖项目建设的环境影响评价、"三同时"、环保验收、日常执法监督和例行监测等环境管理环节，完善设施建设与运行管理体系；强化农田土壤的环境安全，防止以"农田利用"为名变相排放污染物。

二、清洁养殖与废弃物收集

（一）畜禽养殖应严格执行有关国家标准，切实控制饲料组分中重金属、抗生素、生长激素等物质的添加量，保障畜禽养殖废弃物资源化综合利用的环境安全。

（二）规模化畜禽养殖场排放的粪污应实行固液分离，粪便应与废水分开处理和处置；应逐步推行干清粪方式，最大限度地减少废水的产生和排放，降低废水的污染负荷。

（三）畜禽养殖宜推广可吸附粪污、利于干式清理和综合利用的畜禽养殖废弃物收集技术，因地制宜地利用农业废弃物（如麦壳、稻壳、谷糠、秸秆、锯末、灰土等）作为圈、舍垫料，或采用符合动物防疫要求的生物发酵床垫料。

（四）不适合敷设垫料的畜禽养殖圈、舍，宜采用漏缝地板和粪、尿分离排放的圈舍结构，以利于畜禽粪污的固液分离与干式清除。尚无法实现干清粪的畜禽养殖圈、舍，宜采用旋转筛网对粪污进行预处理。

（五）畜禽粪便、垫料等畜禽养殖废弃物应定期清运，外运畜禽养殖废弃物的贮存、运输器具应采取可靠的密闭、防泄漏等卫生、环保措施；临时储存畜禽养殖废弃物，应设置专用堆场，周边应设置围挡，具有可靠的防渗、防漏、防冲刷、防流失等功能。

三、废弃物无害化处理与综合利用

（一）应根据养殖种类、养殖规模、粪污收集方式、当地的自然地理环境条件以及废水排放去向等因素，确定畜禽养殖废弃物无害化处理与资源化综合利用模式，并择优选用低成本的处理处置技术。

（二）鼓励发展专业化集中式畜禽养殖废弃物无害化处理模式，实现畜禽养殖废弃物的社会化集中处理与规模化利用。鼓励畜禽养殖废弃物的能源化利用和肥料化利用。

（三）大型规模化畜禽养殖场和集中式畜禽养殖废弃物处理处置工厂宜采用"厌氧发酵—（发酵后固体物）好氧堆肥工艺"和"高温好氧堆肥工艺"回收沼气能源或生产高肥效、高附加值复合有机肥。

（四）厌氧发酵产生的沼气应进行收集，并根据利用途径进行脱水、脱硫、脱碳等净化处理。沼气宜作为燃料直接利用，达到一定规模的可发展瓶装燃气，有条件的应采取发电方式间接利用，并优先满足养殖场内及场区周边区域的用电需要，沼气产生量达到足够规模的，应优先采取热电联供方式进行沼气发电并并入电网。

（五）厌氧发酵产生的底物宜采取压榨、过滤等方式进行固液分离，沼渣和沼液应进一步加工成复合有机肥进行利用。或按照种养结合要求，充分利用规模化畜禽养殖场（小区）周边的农田、山林、草场和果园，就地消纳沼液、沼渣。

（六）中小型规模化畜禽养殖场（小区）宜采用相对集中的方式处理畜禽养殖废弃物。宜采用"高温好氧堆肥工艺"或"生物发酵工艺"生产有机肥，或采用"厌氧发酵工艺"生产沼气，并做到产用平衡。

（七）畜禽尸体应按照有关卫生防疫规定单独进行妥善处置。染疫畜禽及其排泄物、染疫畜禽产品，病死或者死因不明的畜禽尸体等污染物，应就地进行无害化处理。

四、畜禽养殖废水处理

（一）规模化畜禽养殖场（小区）应建立完备的排水设施并保持畅通，其废水收集输送系统不得采取明沟布设；排水系统应实行雨污分流制。

（二）布局集中的规模化畜禽养殖场（小区）和畜禽散养密集区宜采取废水集中处理模式，布局分散的规模化畜禽养殖场（小区）宜单独进行就地处理。鼓励废水回用于场区园林绿化和周边农田灌溉。

（三）应根据畜禽养殖场的清粪方式、废水水质、排放去向、外排水应达到的环境要求等因素，选择适宜的畜禽养殖废水处理工艺；处理后的水质应符合相应的环境标准，回用于农田灌溉的水质应达到农田灌溉水质标准。

（四）规模化畜禽养殖场（小区）产生的废水应进行固液分离预处理，采用脱氮除磷效率高的"厌氧+兼氧"生物处理工艺进行达标处理，并应进行杀菌消毒处理。

五、畜禽养殖空气污染防治

（一）规模化畜禽养殖场（小区）应加强恶臭气体净化处理并覆盖所

有恶臭发生源，排放的气体应符合国家或地方恶臭污染物排放标准。

（二）专业化集中式畜禽养殖废弃物无害化处理工厂产生的恶臭气体，宜采用生物吸附和生物过滤等除臭技术进行集中处理。

（三）大型规模化畜禽养殖场应针对畜禽养殖废弃物处理与利用过程的关键环节，采取场所密闭、喷洒除臭剂等措施，减少恶臭气体扩散，降低恶臭气体对场区空气质量和周边居民生活的影响。

（四）中小型规模化畜禽养殖场（小区）宜通过科学选址、合理布局、加强圈舍通风、建设绿化隔离带、及时清理畜禽养殖废弃物等手段，减少恶臭气体的污染。

六、畜禽养殖二次污染防治

（一）应高度重视畜禽养殖废弃物还田利用过程中潜在的二次污染防治，满足当地面源污染控制的环境保护要求。

（二）通过测试农田土壤肥效，根据农田土壤、作物生长所需的养分量和环境容量，科学确定畜禽养殖废弃物的还田利用量，有效利用沼液、沼渣和有机肥，合理施肥，预防面源污染。

（三）加强畜禽养殖废水中含有的重金属、抗生素和生长激素等环境污染物的处理，严格达标排放。

废水处理产生的污泥宜采用有效技术进行无害化处理。

（四）畜禽养殖废弃物作为有机肥进行农田利用时，其重金属含量应符合相关标准；养殖场垫料应妥善处置。

七、鼓励开发应用的新技术

（一）国家鼓励开发、应用以下畜禽养殖废弃物无害化处理与资源化综合利用技术与装备：

1. 高品质、高肥效复合有机肥制造技术和成套装备。
2. 畜禽养殖废弃物的预处理新技术。
3. 快速厌氧发酵工艺和高效生物菌种。
4. 沼气净化、提纯和压缩等燃料化利用技术与设备。

（二）国家鼓励开发、应用以下畜禽养殖废水处理技术与装备：

1. 高效、低成本的畜禽养殖废水脱氮除磷处理技术。
2. 畜禽养殖废水回用处理技术与成套装备。

（三）国家鼓励开发、应用以下清洁养殖技术与装备：

1. 适合干式清粪操作的废弃物清理机械和新型圈舍。
2. 符合生物安全的畜禽养殖技术及微生物菌剂。

八、设施的建设、运行和监督管理

（一）规模化畜禽养殖场（小区）应设置规范化排污口，并建设污染治理设施，有关工程的设计、施工、验收及运营应符合相关工程技术规范的规定。

（二）国家鼓励实行社会化环境污染治理的专业化运营服务。畜禽养殖经营者可将畜禽养殖废弃物委托给具有环境污染治理设施运营资质的单位进行处置。

（三）畜禽养殖场（小区）应建立健全污染治理设施运行管理制度和操作规程，配备专职运行管理人员和检测手段；对操作人员应加强专业技术培训，实行考试合格持证上岗。

附录7

国务院办公厅关于促进生猪生产平稳健康持续发展防止市场供应和价格大幅波动的通知（国办发明电〔2011〕26号）

各省、自治区、直辖市人民政府，国务院各部委、各直属机构：

2007年以来，国家出台了一系列政策措施，有力地促进了生猪生产的发展，稳定了市场供应。但由于散养户退出生猪生产较快、生猪疫病多发和养猪成本不断增加等因素，以及一些地区和单位对持续做好这项工作的重要性认识不足，抓生猪生产和市场供应的工作力度不够，造成最近一个时期猪肉供应偏紧，价格大幅上涨，增加了消费者的生活负担，影响了物价总水平的稳定。如把握不当，会加剧周期性反复波动的情况，使生猪生产者缺乏长期发展生产的信心。各地区、各有关部门要在认真总结2007年以来各项政策措施实施经验的基础上，按照保持政策措施连续性、稳定性，增强市场调控前瞻性、准确性、有效性的总体要求，抓好落实工作，进一步强化"菜篮子"市长负责制，着力构建防止价格大起大落、生产大上大下的长效机制，减缓生猪市场的周期性波动，促进生猪生产平稳健康持续发展。经国务院同意，现就有关事项通知如下：

一、继续大力扶持生猪生产

（一）扶持生猪标准化规模养殖。发展生猪规模化养殖，是提高生猪生产稳定性的重要措施。地方各级人民政府要积极支持生猪标准化规模养殖场（小区）建设，改善饲养、防疫条件，提高粪污处理能力，确保本地区生猪生产能力不下降。"十二五"期间，每年继续安排中央投资25亿元支持生猪标准化规模养殖场（小区）建设，并视情况适当增加投资。

（二）完善生猪饲养补贴制度。实施能繁母猪饲养补贴制度，是保护生猪生产能力的关键环节。各地要继续按照每头每年100元的标准，对能繁母猪发放饲养补贴，中央财政对中西部地区给予60%的补助，对新疆生产建设兵团和中央直属垦区补助100%。

（三）完善生猪良种繁育政策。抓紧制定"十二五"原良种场建设规划，继续支持生猪原良种场建设，提高良种猪供种能力。继续落实国家对购买良种猪精液补助政策，加大补助力度，积极推广良种猪人工授精技术，促进品种改良。

（四）扩大对生猪调出大县的支持。继续实施生猪调出大县（农场）奖励政策，将奖励范围由目前的421个县增加到500个县，调动地方政府发展标准化规模养殖的积极性。奖励资金继续按现行办法专项用于改善生猪生产条件、加强防疫服务、贷款贴息和保费补助等方面。

二、切实加强生猪疫病公共防控体系建设

（一）实行免费强制免疫。坚持预防为主，免疫与扑杀相结合，切实做好生猪疫病防控工作。继续落实好对国家一类动物疫病免费强制免疫政策，支持疫苗生产和调拨，保障免疫工作需要。所需疫苗经费由中央财政和地方财政共同负担,中央财政给予适当补助。健全基层动物防疫队伍,中央财政对基层动物防疫员的工作经费补助标准由每人每年1 000元提高到1 200元,地方财政也要给予相应补助。

(二)完善生猪防疫扑杀和无害化处理政策。提高因防疫需要而扑杀的生猪补助标准,由目前的每头600元提高到800元。病死猪要坚决做到不准宰杀、不准食用、不准出售、不准转运,必须进行无害化处理。国家加大对病死猪无害化处理的支持力度,对屠宰环节病害猪损失补贴由每头500元提高到800元;对标准化规模养殖场(小区)养殖环节病死猪无害化处理费用给予每头80元的补助,由中央和地方财政按照生猪扑杀现行比例分担。

三、进一步强化信贷和保险对生猪生产的支持

(一)保障生猪生产必要的资金投入。各级财政要加大支持力度,在县级建立和完善担保贷款体系。加快推进农村信用担保体系建设,为标准化养殖场(小区)提供信用担保服务。着手建立规模养殖企业联合体担保贷款机制并制定具体实施办法,加强对标准化规模生猪养殖企业的信贷支持。

(二)落实好能繁母猪保险政策。按照现行规定,继续落实好能繁母猪保险保费补贴政策。建立更加严格的保险与耳标识别、生猪防疫和无害化处理联动机制,提高能繁母猪保险覆盖面。

四、加强生猪市场调控和监管

(一)建立和完善生猪市场调控机制。建立和完善以储备制度为基础的防止生猪价格过度下跌调控机制和保障市场供应机制,有效维护生产者、消费者和经营者合法权益。加大中央和地方政府猪肉储备总量,要以增加活体储备为主,适当增加储备冻猪肉数量,中央和地方财政要研究支持部分骨干企业建立商业储备,作为政府调控市场的补充资源,保障政府和商业储备的长期稳定运行。要建立健全预警指标,完善储备吞吐调节办法,切实防止生猪价格过度下跌和猪肉价格过度上涨。

(二)加强市场、质量和价格监管。进一步加强猪肉及其制品检疫和

检验，严禁未经检疫检验或检疫检验不合格的猪肉及其制品流入市场。严肃查处屠宰加工和销售病死猪肉和注水肉等不法行为，规范生猪市场交易行为和流通秩序。加强生猪市场监督检查，严厉查处违法经营、囤积居奇、哄抬价格等破坏市场秩序的行为。

五、完善生猪生产和市场统计监测制度

（一）加强监测统计工作。统计局要完善生猪抽样调查制度，尽快做到按月定产，及时发布生猪存栏、结构和出栏数量等信息。发展改革委要加强对生猪生产的成本调查和市场价格监测分析工作。农业部要加强生猪生产动态跟踪监测分析预警以及价格监测工作，重点加强生猪存栏结构、变化和生猪疫情的调查分析预警。商务部要继续做好生猪屠宰量和猪肉等畜禽产品市场销售量、价格的调查统计。有关部门要根据形势的发展，逐步扩大监测调查点覆盖范围，不断提高数据的及时性、准确性。

（二）保障工作经费。中央财政要安排资金，保证生猪等"菜篮子"商品生产、流通、消费领域统计、监测、分析工作的正常运行。

六、妥善安排低收入群体和家庭经济困难学生生活

尚未建立社会救助和保障标准与物价上涨挂钩联动机制的省份，要在今年底前全部建立。已经建立的省份，要按机制要求及时发放临时价格补贴。同时，要采取定点供应储备食品、落实好家庭经济困难学生资助政策、加强学生食堂管理等多种方式，确保学生食堂饭菜价格基本稳定。

七、正确引导市场预期

各地区、各有关部门要健全统一信息发布平台，按照职责定期发布相关信息，引导养殖户合理调整养殖规模，优化养殖结构。有关职能部门要完善新闻发布制度，及时、准确发布生猪等"菜篮子"商品的生产、市场和价格信息，客观分析价格变动的原因和影响，准确解读国家在扶持生猪生产发展、稳定市场供应、妥善安排低收入群体生活等方面采取的措施和取得的成效。要积极引导新闻媒体真实、客观、全面报道生猪市场变动的信息，平衡报道猪肉价格变动对生产者、消费者、经营者的影响，防止过度渲染，努力营造良好的舆论氛围。

八、强化地方政府责任

各地要把发展生猪生产、保证市场供应和价格基本稳定作为惠民生、促和谐的重要工作内容。

（一）保障必要的生猪养殖用地。各城市要在郊区县建立大型生猪养殖场，保持必要的生猪养殖规模和猪肉自给率。各地在加大环境保护力度的同时，要合理规划养殖区建设，保证养殖用地需要；并加大对规模养殖场粪污处理的支持力度。

（二）充分发挥猪肉储备调控作用。各地要切实落实主销区和沿海大中城市地方猪肉储备规模不低于当地居民10天消费量，其他城市不低于当地居民7天消费量的规定。根据生猪市场价格变动情况，合理把握猪肉储备吞吐的时间、节奏和力度，加强生猪生产和市场的调控。

（三）落实防疫责任。地方政府要加大基层动物防疫机构的投入，为基层动物疫病预防控制和动物卫生监督机构购置必要的检测设备，落实工作经费，改善工作条件，确保动物疫病防控需要；切实加强生猪疫情监测和防控，加大动物卫生监督执法力度，及时发现和处置疫情，严防疫情扩散和病死猪流入市场。

（四）制订落实工作方案。各省级人民政府要抓紧制定本省（区、市）促进生猪生产和价格稳定的工作方案，对促进生猪标准化规模养殖、支持公共防疫体系和粪污处理能力建设、完善能繁母猪补贴和保险制度、健全信用担保体系、推进生猪品种改良、保障必要的生猪养殖用地、充实地方政府储备、开展养殖环节和屠宰环节的病死猪无害化处理、应急保供稳价机制和工作经费保障办法等做出明确规定，并于2011年8月底前报国务院。

国务院相关部门要依据职责，加强对地方政府落实情况的监督检查，并及时上报国务院。对抓落实工作完成好的地方，要给予通报表扬，对政策落实不力、弄虚作假的地方要通报批评。同时，还要一并抓好牛羊肉、禽蛋奶和水产品等其他"菜篮子"产品的生产与市场供应工作。

国务院办公厅
二〇一一年七月二十七日

参 考 文 献

[1] 宾军宜：《四川推进规模养殖的前瞻性思考》，载《四川畜牧兽医》2007 年第 11 期。

[2] 柴斌锋：《中国玉米成本及经济效益研究》，中国农业出版社 2009 年版。

[3] 蔡宝祥：《我国畜禽传染病防治研究的主要成就和发展动向》，载《畜牧与兽医》2000 年第 3 期。

[4] 陈斌、易本驰、程丰：《二十世纪中国养猪业发展史》，载《信阳农业高等专科学校学报》2007 年第 1 期。

[5] 陈建新：《规模化养殖与环境污染的治理》，载《中国畜牧兽医报》2007 年 7 月 15 日。

[6] 陈焕生、聂风英：《国外养猪业发展的趋势与经验》，载《饲料研究》2005 年第 1 期、第 2 期。

[7] 陈诗波、王亚静、李崇光：《中国生猪生产效率及影响因素分析》，载《农业机械化研究》2008 年第 1 期。

[8] 邓蓉、张存根：《关于我国生猪生产发展问题研究》，参见张存根等主编：《畜牧业经济与发展（2006～2007）》，中国农业出版社 2008 年版。

[9] 邓蓉、张存根、王伟：《中国畜牧业发展研究》，中国农业出版社 2005 年版。

[10] 丁正洪：《农村适度规模养猪是我国养猪业的发展方向》，载《云南农业》2009 年第 10 期。

[11] 刁运华：《加快生产方式转变推动养猪水平升级》，参见沈广主编：《2008 年中国猪业进展》，中国农业出版社 2008 年版。

［12］杜丹清：《关于生猪规模化生产与稳定市场价格的研究》，《价格理论与实践》，2009年第7期。

［13］冯永辉：《我国生猪规模化养殖及区域布局变化趋势》，载《中国畜牧杂志》2006年第4期。

［14］冯永辉：《2007年我国生猪市场走势分析预测》，载《畜牧市场》2007年第2期。

［15］傅浩然、刘云富：《以规模养殖破解生猪发展难题——对传统养猪生产模式转型的思考》，载《四川畜牧兽医》2008年第4期。

［16］弗朗斯瓦·魁奈著，吴斐丹、张草纫译：《魁奈经济著作选集》，商务印书馆1997年版。

［17］高鸿业等：《西方经济学：微观部分》，中国人民大学出版社2004年版。

［18］葛翔、石有龙、刘诺等：《20年来我国养猪业的区域化与商品化生产预测》，载《饲料广角》2003年第2期。

［19］国家发改委价格司：《全国农产品成本收益资料汇编（2001～2011）》，中国统计出版社2001～2011年版。

［20］国家统计局：《中国统计年鉴（1980～2010）》，中国统计出版社1980～2010年版。

［21］国家统计局农村社会经济调查司：《中国农村统计年鉴（1985～2010）》，中国统计出版社1985～2010年版。

［22］郭剑：《发展适度规模养猪推进生猪产业化进程》，载《养猪》2003年第2期。

［23］国土资源部、农业部：《关于促进规模化畜禽养殖有关用地政策的通知》，http：//www.gov.cn/gzdt/2007-09/24/content_759819.htm，2007-09-21。

［24］郭伟奇：《畜牧业适度规模经营及影响因素分析》，载《现代农业》2010年第1期。

［25］国务院办公厅：《国务院关于促进畜牧业持续健康发展的意见》，http：//www.gov.cn/zwgk/2007-02/06/content_519464.htm，2007-02-06。

［26］国务院办公厅：《国务院关于促进生猪生产发展稳定市场供应的

意见》, http://www.mofcom.gov.cn/aarticle/b/g/200709/20070905095638.html, 2007-07-30。

[27] 海关总署:《中国海关统计年鉴 (1980~2009)》, 中国海关出版社 1980~2009 年版。

[28] 韩峰:《中国农产品成本收益核算指标体系演变及改进研究》, 中国农业大学硕士学位论文, 2005 年。

[29] 韩洪云、舒朗山:《中国生猪产业演进趋势及诱因分析》, 载《中国畜牧杂志》2010 年第 12 期。

[30] 何亮:《临河养猪业效益分析及规模化经营问题研究》, 内蒙古农业大学硕士学位论文, 2009 年。

[31] 何晓红、马月辉:《由美国澳大利亚荷兰养殖业发展看我国畜牧业规模化养殖》, 载《中国畜牧兽医》2007 年第 4 期。

[32] 胡浩、张锋、黄延珺等:《中国猪肉生产的区域性布局及发展趋势分析》, 载《中国畜牧杂志》2009 年第 20 期。

[33] 环保部科技标准司:《畜禽养殖业污染防治技术政策》, http://www.zhb.gov.cn/gkml/hbb/bwj/201101/t20110107_199664.htm, 2010-12-30。

[34] 黄德林:《中国畜牧业区域化、规模化及动物疫病损失特征和补贴的实证研究》, 中国农业科学院博士后论文, 2004 年。

[35] 黄英伟:《新中国生猪生产五十年发展研究》, 中国农业大学硕士学位论文, 2007 年。

[36] 金剑:《生产率增长测算方法的系统研究》, 东北财经大学博士学位论文, 2007 年。

[37] 李谷成:《基于转型视角的中国农业生产率研究》, 华中农业大学博士学位论文, 2008 年。

[38] 李桦、郑少锋、王艳花:《我国生猪规模养殖生产成本变动因素分析》, 载《农业技术经济》2006 年第 1 期。

[39] 李桦、郑少锋、郭亚军:《我国生猪不同饲养方式生产成本变动分析》, 载《西北农林科技大学学报 (自然科学版)》2007 年第 1 期。

[40] 李桦:《生猪饲养规模及成本效益分析》, 西北农林科技大学博士学位论文, 2007 年。

[41] 李继仁等：《加强校企合作 化解养猪行业人才缺乏困境》，载《黑龙江畜牧兽医》2011 年第 20 期。

[42] 李静、张昕欣、费本飞：《我国不同模式下生猪养殖的成本与收益对比——基于 1988—2006 年统计数据分析》，载《中国畜牧杂志》2008 年第 24 期。

[43] 李瑾、秦向阳：《基于比较优势理论的我国畜牧业区域结构调控研究》，载《农业现代化研究》2009 年第 1 期。

[44] 李齐贤：《规模养猪的生产流程与防病管理的新理念》，载《养猪》2009 年第 3 期。

[45] 江宜航：《生猪养殖格局变迁 融资问题不容忽视》，载《中国经济时报》2009 年 7 月 15 日。

[46] 刘芳、李瑞芬、沈卓：《北京市养猪业经济效益评价》，载《北京农学院学报》2005 年第 2 期。

[47] 刘礼：《加快规模化养殖进程的思考》，载《中国畜牧杂志》2005 年第 7 期。

[48] 刘少伯：《规模养殖业形势看好，散养户步入"拐点"——2007 年 4 月份以后肥猪价格市场预测与相关政策研究》，载《中国畜牧兽医报》2007 年 5 月 27 日。

[49] 刘玉满：《发达国家畜牧业经济发展趋势及对我国的启示》，载《饲料广角》2007 年第 13 期。

[50] 马惠兰：《区域农产品比较优势理论分析》，载《农业现代化研究》2004 年第 4 期。

[51] 马恒运、唐华仓、任晓静：《中国畜产品全要素生产力研究》，见：《促进农民增收的技术经济问题研究——中国农业技术经济研究会 2004 年学术研讨会论文集》，2004 年。

[52] 聂凤英：《2003 年我国猪肉市场形势分析》，载《中国食物与营养》2004 年第 2 期。

[53] 宁攸凉、乔娟、王征兵：《中国大中城市生猪大规模养殖模式的成本效率分析》，载《技术经济》2010 年第 2 期。

[54] 农业部：《2002 年猪肉市场形势分析》，载《中国畜牧兽医文

摘》2003 年第 3 期。

[55] 农业部畜牧业司：《中国畜牧业年鉴（1998—2009）》，中国农业出版社 1998～2009 年版。

[56] 农业部畜牧业司：《农业部关于加快推进畜禽标准化规模养殖的意见》，http：//www.moa.gov.cn/zwllm/zcfg/nybgz/201003/t20100329_1456972.htm，2010-03-29。

[57] 潘耀国：《中国畜牧业新特点和饲料行业发展走向》，载《中国饲料》2009 年第 14 期。

[58] 沈琼、张银定、潘向东：《不同饲养方式下生猪的成本收益差异分析》，载《中国动物保健》2004 年第 5 期。

[59] 佚名：《2004 年我国生猪市场分析及 2005 年行情预测》，载《饲料博览》2005 年第 4 期。

[60] 佚名：《美国用生物工程技术培育出"环保猪"》，载《中国家禽》2010 年第 21 期。

[61] 苏振环：《规模养猪促进养猪业的发展》，载《饲料与畜牧（规模养猪）》2009 年第 3 期。

[62] 田露、张越杰：《吉林省农户养猪生产效率分析》，载《吉林农业大学学报》2008 年第 5 期。

[63] 谭莹：《我国生猪生产效率及补贴政策评价》，载《华南农业大学学报（社科版）》2010 年第 3 期。

[64] 谭莹、李大胜：《生猪的规模化养殖与环境保护：困境及选择——基于美国生猪产业养殖经验》，载《中国农学通报》2010 年第 13 期。

[65] 汪三贵等：《我国畜牧业增长的因素分析》，载《农村经济与社会》1993 年第 1 期。

[66] 王济民、周礼、梁书民等：《生猪生产的饲料报酬和成本构成》，载《中国牧业通讯》1999 年第 5 期。

[67] 王林云：《中国养猪业的可持续发展与适度、有序生产》，参见中国畜牧兽医学会养猪学分会编：《2003 北京国际养猪研讨会暨展览会论文集》，2003 年版。

[68] 王明利：《转型中的中国畜牧业发展研究》，中国农业出版社2008年版。

[69] 吴春明、陈君、蒋保健：《农区畜牧规模化生产初探》，载《中国禽业》2004年第13期。

[70] 熊远著：《中国养猪业发展道路》，载《中国猪业》2006年第4期。

[71] 薛继春、王承华、胡源等：《畜禽规模养殖调查》，载《畜牧市场》2006年第8期。

[72] 薛毫祥、陈章言、曹天妹：《不同饲养方式下养猪成本效益浅析与思考》，载《江西农业学报》2006年第5期。

[73] 亚当·斯密：《国民财富的性质和原因的研究》，商务印书馆1972年版。

[74] 闫春轩：《畜牧业生产方式转变的形式、内容和途径》，载《中国草食动物》2008年第5期。

[75] 杨汉春：《盘点养猪2009之：我国主要猪病流行概况》，载《猪业科学》2010年第1期。

[76] 杨汉春：《2010年猪病流行情况与2011年猪病流行趋势及防控对策》，载《猪业科学》2011年第1期。

[77] 杨朝英、徐学荣：《中国生猪生产支持政策对价格调控的有效性分析》，见：《第六届博士生学术年会论文集》，2008年版。

[78] 杨宏军、赵宏坤：《规模化养猪场的环境污染和应对措施》，参见《第一届中国养猪生产和疾病控制技术大会——2005中国畜牧兽医学会学术年会论文集》，2005年版。

[79] 杨顺元：《全要素生产率理论及实证研究》，天津大学硕士学位论文，2006年。

[80] 杨湘华：《中国生猪业生产的效率及其影响因素分析》，南京农业大学硕士学位论文，2008年。

[81] 殷耀、李泽兵：《粮食安全压力来自饲料用粮》，载《农民日报》2004年9月7日。

[82] 尹正纯等：《生猪规模养殖场存在的问题与建议》，载《畜牧兽

医杂志》2009年第3期。

[83] 于爱芝:《中国生猪饲养业比较优势分析》,载《农业技术经济》2005年第1期。

[84] 于潇萌、刘爱民:《促使畜牧业养殖方式变化的因素分析》,载《中国畜牧杂志》2007年第10期。

[85] 詹和平:《山东省畜牧业生产的效率分析》,安徽农业大学硕士学位论文,2004年。

[86] 张存根等:《转变中的中国畜牧业:趋势与政策调整》,中国农业出版社2006年版。

[87] 张存根:《转变中的中国畜牧业》,载《中国禽业导刊》2009年第21期。

[88] 张广胜等:《微观经济学》,中国农业大学出版社2003年版。

[89] 张军:《生猪养殖业环境污染问题日益突出 须加强治理》,新华网陕西频道,2006年6月12日。

[90] 张军、施少华、陈诗一:《中国的工业改革与效率变化》,载《经济学(季刊)》2003年第1期。

[91] 张军民、李秋菊:《我国生猪适宜养殖模式的探讨》,载《中国农业科技导报》2008年第6期。

[92] 张美珍、薛继亮、罗创国:《基于分工演进视角下的规模不经济和中国猪肉价格波动》,载《中国畜牧杂志》2010年第6期。

[93] 张琪:《试论规模化养殖的利与弊》,载《中国牛业科学》2006年第2期。

[94] 张喜才、张利庠:《中国生猪产业链整合的困境与突围》,载《中国畜牧杂志》2010年第8期。

[95] 张晓辉、卢迈:《我国农户生猪饲养规模及饲料转化率变化趋势探讨》,载《中国农村经济》1997年第5期。

[96] 张晓辉、Agapi Somwam、Fnncis Tuan:《中国生猪生产结构、成本和效益比较研究》,载《中国畜牧杂志》2006年第4期。

[97] 张绪涛:《对农村养猪业发展的思考——在农村发展适度规模化养殖》,载《四川畜牧兽医》2007年第4期。

[98] 张毅：《猪价持续低迷引关注 生猪产业发展方式亟待转变》，载《人民网》2010年6月27日。

[99] 张子川：《生猪市场回顾与展望》，载《中国猪业》2009年第3期。

[100] 张子仪：《中国养猪业的今昔与展望》，参见《猪营养国际学术研讨会/农业部饲料工业中心第十届科技年会论文集》，2006年版。

[101] 郑少锋：《农产品成本核算体系及控制机理研究》，西北农林科技大学博士学位论文，2002年。

[102] 周道雷、李陆钦：《规模化养猪工程技术的发展现状和趋势》，载《养殖与饲料》2005年第7期。

[103] 周俊玲：《发达国家养殖业污染的防治对策与启示》，载《世界农业》2006年第8期。

[104] 周胜利：《我国生猪产业发展问题研究》，华中农业大学硕士学位论文，2005年。

[105] 周咏：《散养户和专业户饲养生猪的生产效率比较》，载《农业技术经济》1999年第3期。

[106] 颛锡良：《标准化规模养殖，离我们还有多远?》，载《北方牧业》2010年第1期。

[107] Abdalla C. W., Lanyon L. E, Hallberg M. C. What we know about historical trends in firm location decisions and regional shifts: policy issues for an industralizing animal sector. *Amer. J. Agric. Econ.*, 1995, 77 (5): 1229–1236.

[108] Aigner J., Lovell K., Sehmidt P. Formulation and estimation of stochastic frontier production function models. *Journal of Econometric*, 1977, 6: 21–37.

[109] Aigner D., Chu S. On Estimating the Industry production Function. *American Economic Review*, 1968, 58: 826–835.

[110] Banker R. D., Chames A., Cooper W. W. Some Models for Estimating Technical and Scale Inefficiencies in Data Envelopment Analysis. *Manage. Sci.*, 1984, 30 (September): 1078–1092.

[111] Ben-Belhassen B., Womack A. W. Measurement and Explanation of Technical Efficiency in Missouri Hog Production. *American Agricultural Eco-*

nomics Association (AAEA) Annual Meeting, Tampa, Florida, July 30 – August 2, 2000.

[112] Bishwa B. A., Harsh S. B., Cheney L M. Factors Affecting Regional Shifts of U. S Pork Production. *American Agricultural Economics Association Annual Meeting*, Montreal, Canada, July 27 – 30, 2003.

[113] Brewer C., Kliebenstein J., Hayenga M. Pork Production Costs: A Comparison Of Major Pork Exporting Countries. *Staff Paper No.* 302, Department of Economics, Iowa State University, 1998.

[114] Brum M. C., Harmon J. D., Honeyman M. S., et al. Hoop Barns for Grow-Finish Swine. *Agricultural Engineers Digest*, 2004, 41.

[115] Charnes A., Cooper W. W., Rhodes E. Measuring the Efficiency of Decision Making Units. *Eur. J. Operational Res.*, 1978., (2): 429 – 444.

[116] Caves D., Christensen L., Diewert E. The Economic Theory of Index Numbers and the Measurement of Input, Output, and Productivity. *Econometrica*, 1982, 50 (6): 1393 – 1414.

[117] Coelli T., Rao D. S., Battese G. An Introduction to Efficiency and Productivity Analysis. Kluwer, London, 1998.

[118] Davis H. S. *Productivity accounting*. Philadelphia: University of Pennsylvania Press, 1955.

[119] Denison E. F. The Sources of Economic Growth in the United States and the Alternatives Before Us. *Supplementary Paper No.* 13. New York: Committee for Economic Development, 1962.

[120] Färe R., Grosskopf. S. Malmquist Productivity Indexes and Fisher Ideal Indexes. *Economic Journal*, 1992, 102 (410): 158 – 160.

[121] Hallam A. Economies of Size and Scale in Agriculture: An Interpretative Review of Empirical Measurement. *Review of Agricultural Economics*, 1991, (13): 155 – 172.

[122] Hurt C. Industrialization in the Pork Industry. *Food, Farm & Resource Issues*, 1994, (9): 9 – 13.

[123] Jorgenson D. W., Zvi Griliches. The Explanation of Productivity

Change. *Review of Economic Studies*, 1967, 34 (3): 249 – 283.

[124] Key N., McBride W. *The Changing Economics of U. S. Hog Production*, ERR – 52, USDA – ERS, Dec. 2007.

[125] Key N., McBride W. D., Ribaudo M. Changes in Manure Management in the Hog Sector: 1998 – 2004. *Economic Information Bulletin Number* 50, USDA – ERS, March 2009.

[126] Key N., McBride W., Mosheim R. Decomposition of Total Factor Productivity Change in the U. S. Hog Industry. *Journal of Agricultural and Applied Economics*, 2008, 40 (1): 137 – 149.

[127] Kliebenstein J. B., Lawrence J. D., Duffy M. Economics of the Production Industry, In: Iowa's Pork Industry-Dollars and Scents. Iowa State University. *Agriculture and Home Economics Experiment Station*. University Extension. January, 1998.

[128] Ma Hengyun, Rae A., Jikun Huang. 2004. China's Livestock Production: Decomposing Total Factor Productivity. In: *9th Convention Of The East Asian Economic Association* 13 – 14 November 2004, Hong Kong.

[129] McDonald J. M., McBride W. D. The Transformation of U. S. Livestock Agriculture: Scale, Efficiency, and Risks. *Electronic Information Bulletin*, 2009, Number 43, USDA-ERS.

[130] Malmquist S. Index Numbers and Indifference Surfaces. *Trabajos de Estadistica*, 1953, (4): 209 – 242.

[131] McBride W. D., Key N. Economic and Structural Relationships in US Hog Production. *Resource Economics Division*, *Economic Research Service*, US Department of Agriculture. http://www.ers.usda.gov/publications/aer818/, 2003.

[132] McBride W. D., Key N. Characteristics and Production Costs of U. S. Hog Farms, 2004. *Economic Information Bulletin*, 2007, Number 32, U. S. Department of Agriculture, Economic Research Service.

[133] Meeusen W., van den Broeck J. Efficiency estimation from Cob-Douglas production functions with composed error. *International Economic Review*,

1977, 18: 435 - 444.

[134] Mikesell R. E. , Kephart K. B. , Abdulla C. W. Overview of Social Issues Related to the Swine Industry. University of Illinois Extension: Illiniois sowm (Swine Odor and Waste Management) papers. http://www.livestocktrail.uiuc.edu/sowm/paperDisplay.cfm? Content ID = 6504, 2004.

[135] Onal H. , Unnevehr L. , Bekric A. Regional Shifts in Pork Production: Implication for Competition and Food Safety. *American Journal of Agricultural Economics*, 2000, 82: 968 - 978.

[136] Pan Chenjun, Kinsey J. *The Supply Chain of Pork: U. S. and China*. Working Paper 02 - 01, The Food Industry Center University of Minnesota, 2002.

[137] Rhodes V. J. The Industrialization of Hog Production. *Review of Agricultural Economics*, 1995, 17: 107 - 118.

[138] Roe B. , Irwin E. G. , Sharp J. S. Pigs in space modelling the spatial structure of hog production regions. *American J. Of Agri. Economics*, 2002, 84 (2): 259 - 278.

[139] Rowland W. , Langemeier M. , Schurle B. , Featherstone A. A Nonparametric Efficiency Analysis of a Sample of Kansas Swine Operations. *Journal of Agricultural and Applied Economics*, 1998, 30 (1): 189 - 199.

[140] Schaffer H. D. , Koonnathamdee P. , Ray D. E. *An Economic Analysis of The Social Costs of the Industrialized Production of Pork in the United States*. Institute of Agriculture, Agricultural Policy Analysis Center, Department of Agricultural Economics. Knoxville: University of Tennessee, 2008.

[141] Sharma K. R. , Leung P. , Zaleski H. M. Economic analysis of size and feed type of swine production in Hawaii. *Swine Health and Production*, 1997a, 5 (3): 103 - 110.

[142] Sharma K. , Leung P. , Zaleski H. M. Productive Efficiency of the Swine Industry in Hawaii: Stochastic Frontier vs. Data Envelopment Analysis. *Journal of Productivity Analysis*, 1997b, (8): 447 - 459.

[143] Solow Robert. Technical Change and the Aggregate Production

Function. *Review of Economics and Statistics*, 1957, 39: 312 – 320.

［144］Stigler G. R. *Trends in Output and Employment*. New York: National Bureau of Economic Research, 1947.

［145］Stofferahn C. W. *Industrialized Farming and Its Relationship to Community Well-Being: An Update of a 2000 Report by Linda Lobao*. Report Prepared for the State of South Dakota, Office of the Attorney General. Department of Sociology, The University of North Dakota: Grand Forks, North Dakota, 2006.

［146］Sullivan J., Vasavada U., Smith M. Environmental Regulation and Location of Hog Production. *Agricultural Outlook*, 2000, September: 19 – 23.

［147］Tinbergen Jan. Zur Theorie der langfristigenw Wirtschaftsentwieklung. *Weltwirtscha-ftliches Archiv*, 1942, 55 (1): 511 – 549.

［148］Tonsor G., Featherstone A. M. Heterogeneous Production Efficiency of Specialized Swine Producers. *Southern Agricultural Economics Association Annual Meetings*, Orlando, FL, February 5-8, 2006.

［149］USDA-APHIS-VS-CEAH. *Swine* 2006, 2008.

［150］USDA-NASS. *Farms, Land in Farms, and Livestock Operations* 2009 *Summary*, 2010.

［151］USDA-NASS. *Agricultural Statistics* (2003 – 2010). Washington: U. S. Government Printing Office, 2003 – 2010.

图书在版编目（CIP）数据

中国生猪产业规模养殖经济分析 / 吴敬学，沈银书，张存根著．—北京：经济科学出版社，2013.12
（中国农业科学院农业经济与发展研究所研究论丛．第3辑）
ISBN 978 - 7 - 5141 - 4140 - 5

Ⅰ.①中… Ⅱ.①吴…②沈…③张 Ⅲ.①养猪业 - 经济发展 - 研究 - 中国 Ⅳ.①F326.33

中国版本图书馆 CIP 数据核字（2013）第 304831 号

责任编辑：齐伟娜　易　莉
责任校对：王肖楠
责任印制：李　鹏

中国生猪产业规模养殖经济分析
吴敬学　沈银书　张存根　著
经济科学出版社出版、发行　新华书店经销
社址：北京市海淀区阜成路甲 28 号　邮编：100142
总编部电话：88191217　发行部电话：88191540
网址：www.esp.com.cn
电子邮件：esp@esp.com.cn
天猫网店：经济科学出版社旗舰店
网址：http://jjkxcbs.tmall.com
北京季蜂印刷有限公司印装
710×1000　16 开　13.25 印张　200000 字
2013 年 12 月第 1 版　2013 年 12 月第 1 次印刷
ISBN 978 - 7 - 5141 - 4140 - 5　定价：35.00 元
（图书出现印装问题，本社负责调换．电话：88191502）
（版权所有　翻印必究）